幼儿班级活动参与权研究

YOUER BANJI HUODONG CANYUQUAN YANJIU

刘 雄◎著

东北师范大学出版社
NORTHEAST NORMAL UNIVERSITY PRESS

长春

图书在版编目（CIP）数据

幼儿班级活动参与权研究／刘雄著 . —长春：东北师范大学出版社，2022.12
 ISBN 978-7-5681-9274-3

Ⅰ.①幼… Ⅱ.①刘… Ⅲ.①学前教育—教学研究 Ⅳ.①G612

中国版本图书馆 CIP 数据核字（2022）第 239871 号

		□策划编辑：王红娟	
□责任编辑：王红娟		□封面设计：中联华文	
□责任校对：陈永娟		□责任印制：许　冰	

东北师范大学出版社出版发行
长春净月经济开发区金宝街 118 号（邮政编码：130117）
网址：http：∥www.nenup.com
电子函件：sdcbs@ mail.jl.cn
中联华文排版设计
三河市华东印刷有限公司印装
2024 年 1 月第 1 版　　2024 年 1 月第 1 版第 1 次印刷
幅面尺寸：170mm×240mm　　印张：17　字数：282 千

定价：78.00 元

前　言

儿童参与权是儿童的一项基本权利。幼儿期是人生的奠基阶段，幼儿园班级是绝大多数幼儿成长的重要场域。幼儿班级活动参与权作为幼儿的一项重要权利日益得到重视，但其理论研究有待进一步推进，实践样态也有待深描与解释。基于此，本研究的研究目的分为两部分：第一、探讨幼儿班级活动参与权的理论基础、价值基础、性质、条件性权利；第二、深描并解释幼儿班级活动参与权的实践样态。全书共分为"绪论""幼儿班级活动参与权的理论基础""幼儿班级活动参与权的基本意蕴""幼儿班级活动参与权实践与反思"四个部分。除去"绪论"部分，一共有六章。

绪论　本研究先从当前幼儿参与权的理论和实践状况入手，说明了幼儿参与权得到国际社会、国家和地区政府以及儿童权利学者的日趋重视。虽然幼儿参与权日趋得到重视，但在实践中，其实现仍然任重道远，其原因主要有对幼儿参与权的质疑、犹豫，以及虽然承认幼儿参与权，但由于理念导致的措施不当而不能有效尊重和保护幼儿参与权。同时，对幼儿参与权的理论研究也亟待更加深入。目前的"解放论"和"保护论"都难以为幼儿参与权的合理性提供理论基础。同时，本研究还对国内外相关文献做了深度综述。在此基础上，聚焦于本研究的研究问题，以此确立本研究在该研究领域中的位置。

第一章　幼儿班级活动参与权的理论基础　基于对权利认识的逻辑，本章从权利的应有层面对幼儿班级活动参与权的理论基础及正当性进行讨论，目的在于从幼儿班级活动参与权的应有层面进行确证，作为对实践中的幼儿班级活动参与权现状进行考量的价值立场。本章首先从儿童发展理论出发来认识幼儿班级活动参与权，并对这两类理论与儿童参与权的关系进行了分析，最后尝试以"需要"为基础对幼儿班级活动参与权的正当性予以论证。"需要"与"想要"不同,"需要"指向人性的完满,具有向善的特质,是社会互动的基础。同时,它也是理解人类社会的重要钥匙,个体的需要正是在履行对他人的义务的过程中得以满足的,而成功履行对他人的义务则意味着个体有权利要求满足履行义务所需要的条件。幼儿班级具有"社会共同体"的特点,幼儿在班级活动中具有参与权,这也是基于幼儿和成人的正当"需要"。幼儿的成功社会化并非单向度地向成人世界学习,而是一个幼儿和成人共同建构社会意义的过程,成人与幼儿之间是相互需要的关系。幼儿班级活动参与权是幼儿在园的一项基本权利,教师和园方等有为此积极作为的义务;正义、平等和自由是权利的价值基础,也是幼儿班级活动参与权的价值基础;幼儿班级活动参与权是幼儿自由权的体现,也是幼儿在班级活动中的一项积极权利。从参与权性质及实现条件的角度出发,在班级活动中,幼儿的知情权、言论自由权、意见受尊重权和监督权构成幼儿班级活动参与权的条件性权利,限定这些权利的原则是幼儿在行使和实现这些权利的同时不能侵害其他幼儿或权利主体的正当权利。

第二章 幼儿班级活动参与权的基本意蕴 本章探讨了幼儿班级活动参与权的价值基础,进而探讨幼儿班级活动参与权的性质、构成条件、限度等问题,目的在于确立本研究在幼儿班级活动参与权问题上的价值立场,厘清幼儿班级活动参与权的内涵。根据幼儿班级活动参与权的特性与价值,本章论证了正义、平等和自由是幼儿班级活动参与权的价值基础。通过对幼儿班级活动参与权性质进行分析,认为幼儿班级活动参与权是幼儿自由权的体现,也是幼儿在班级活动中的一项积极权利。根据对幼儿班级活动参与权性质的分析,以及从参与权实现条件的角度出发,把幼儿班级活动参与权的条件性权利划分为知情权、言论自由权、意见受尊重权和监督权,每种权利都有其界限。

第三章 幼儿班级活动参与权扎根理论研究设计 本章选取四川省C市三所幼儿园为样本,持续半年左右时间,实地半参与式、半结构性观察,以及对15名幼儿教师、18名幼儿进行访谈。按照扎根理论研究程序,对资料进行编码、分析,同时对研究的信度、效度、伦理考量进行了介绍。

第四章 幼儿班级活动参与权的行使场域 本章对幼儿教师的幼儿能力观以及园务管理如何影响幼儿班级活动参与权的行使进行了剖析。研究认为,发展心理学的阶段论以及对幼儿的窄化理解是幼儿教师幼儿能力观的主要特点，幼儿教师的幼儿能力观直接影响了幼儿班级活动参与权的行使。在实践中，不少幼儿教师机械地把发展心理学阶段式幼儿发展理论对应于幼儿，狭隘理解幼儿能力，倾向于低估幼儿能力。幼儿园园务管理是班级活动的保障，研究发现，园务管理的行政化与儿童视角的缺乏、班级活动组织时间的线性化和紧凑，以及对教师的科层式管理等影响着教师对规则的"依赖"，影响了班级活动的设计，也影响了幼儿班级活动参与权的行使与实现。

第五章　教师的幼儿班级活动参与权实践　研究发现，在幼儿教师的幼儿班级活动参与权实践方面，最大的问题在于教师对幼儿在班级活动中的知情权、言论自由权、意见受尊重权和监督权的误解。认知与行动不一致的深层次的原因在于教师的幼儿发展观、幼儿能力观以及对自身角色的认知，以此也就很好理解教师的行动逻辑。如：（1）在班级活动中，教师对幼儿知情权的理解主要局限于幼儿对活动要求、规则、安全的知情，体现的是教师的工具价值取向，幼儿获取、理解信息的能力被低估，甚至被单一化理解，会导致他们在行动中采取消极的沟通方式。（2）教师对幼儿表达能力的低估、表达方式的片面化理解影响着幼儿在班级活动中言论自由权的实践。教师易于利用与幼儿角色、地位、能力的差异形成对幼儿的单向权威。游戏是幼儿自由表达意见的重要方式，教师更倾向于追求其工具价值。（3）在幼儿意见受尊重权方面，教师的既有班级活动观、幼儿观造成教师以被动倾听幼儿为主，倾听工具化。在实践中，教师缺乏对幼儿的支持以及缺乏创设支持性环境。（4）"告状"及私下协调是幼儿在班级活动中行使监督权的日常表现。教师对幼儿"告状"的积极应对多于消极应对。"幼儿'好动'→制定规则→幼儿违规→告状→教师解决问题"是教师在班级活动中有关活动规则制定、实施、维护的行动逻辑。不符合幼儿需要的繁杂、精致化的规则反映了教师对班级活动管理的"焦虑"。幼儿也会通过与被监督幼儿的互动，监督班级活动规则的执行，教师对此基本持支持态度。

第六章　幼儿行使班级活动参与权的样态　研究认为，教师与幼儿的权利分享是构建"空间—关系过程"的核心，在实践中则表现为"教师主导—幼儿主导"的关系。据此，可以把幼儿班级活动参与权的样态分成陪侍型、卷入型、影响型、主导型。（1）室外环境创设、园务管理的"行政化"色彩以及家长不合理的诉求是"陪侍型"班级活动参与样态形成的主要原因。教师和幼儿在此样态中只能被动适应，幼儿至多能以自己的方式"寻求"外界预设之外的乐趣。（2）教师"以教师为中心"的班级活动观、儿童观以及"独立自主的"幼儿权利本质观是形成"卷入型"班级活动参与样态的主要原因。幼儿处于被动、被规训的地位，但幼儿以消极顺从、消极反抗、积极反抗来寻找"缝隙"以彰显自主。（3）幼儿与教师共同、平等地对班级活动设计、进程、评价产生影响是"影响型"班级活动参与样态的主要特征，在此样态中，教师的角色是引导者和支持者，幼儿的需要、兴趣、想法和意见对班级活动产生了实质性影响，但这一样态较为少见。

结论、反思与创新 在本研究的理论研究部分，采用了理论研究法；对幼儿班级活动参与权的正当性、价值基础、性质、构成条件等研究主要采用了演绎、推理的方法。这些方法本身的局限性决定了理论的不完善，因此，任何演绎、推理都建立在一个看似不可辩驳的公理之上。事实上，社会、文化和价值的多元一直挑战着一以贯之式的所谓公理，这些公理本身的内涵是需要批判的，而由此产生的理论不完善也在情理之中。我们能做的是通过不断地构建理论去接近事实真相。在描述解释幼儿班级活动参与权实践的过程中，本研究使用了扎根理论方法。虽然在研究过程中采取了一些方法、措施来确保其信度和效度，但研究方法本身的特点以及笔者能力限制等因素，在一定程度上影响了研究的结果。如理论饱和的相对性，理论抽样的结果具有不可重复性，在原则上需要把这一过程不断持续下去，因此很难达到绝对的理论饱和。在扎根理论研究中，主客双方都会影响理论建构，研究者尽力悬置先见，但却无法完全悬置先见。因此，这一客观事实的展现需要较长的时间，大量的精力、物力以及研究者巧妙的方法、策略。而这些都影响着最终的理论构建，也正因如此，建构的理论一定存在不完善之处。

目 录
CONTENTS

绪 论 ·· 1

第一章　幼儿班级活动参与权的理论基础 ················· 62
第一节　儿童发展理论与幼儿班级活动参与权 ················· 62
第二节　理性能力权利论与幼儿班级活动参与权 ············· 70
第三节　需要理论与幼儿班级活动参与权 ······················· 81
本章小结 ··· 95

第二章　幼儿班级活动参与权的基本意蕴 ··················· 98
第一节　幼儿班级活动参与权的价值基础 ······················· 98
第二节　幼儿班级活动参与权的性质 ···························· 112
第三节　幼儿班级活动参与权的条件性权利 ··················· 116
本章小结 ··· 132

第三章　幼儿班级活动参与权扎根理论研究设计 ········ 134

第四章　幼儿班级活动参与权的行使场域 ················· 149
第一节　教师眼中的幼儿：幼儿有什么样的能力？ ·········· 149
第二节　外在环境中的幼儿班级活动参与权 ··················· 157
本章小结 ··· 164

1

第五章 教师的幼儿班级活动参与权实践 ·················· **166**
 第一节 教师的幼儿班级活动知情权实践 ················ 166
 第二节 教师的幼儿班级活动言论自由权实践 ············ 170
 第三节 教师的幼儿班级活动意见受尊重权实践 ·········· 178
 第四节 教师的幼儿班级活动监督权实践 ················ 188
 本章小结 ·· 197

第六章 幼儿行使班级活动参与权的样态 ·················· **200**
 第一节 "陪侍型"班级活动参与样态 ···················· 202
 第二节 "卷入型"班级活动参与样态 ···················· 206
 第三节 "影响型"班级活动参与样态 ···················· 217
 本章小结 ·· 224

结论、反思与创新 ·· **226**

后 记 ·· **230**

附 录 ·· **232**

主要参考文献 ·· **238**

"我们的使命,就是要确保每个儿童享有健康、食物、教育的权利,保护他们免遭一切形式的虐待、忽视、剥削和暴力。我们要使儿童的声音能被听到,让儿童们参与解决他们自己面临的问题。"①

——救助儿童会(Save the Children)

创始人:埃格兰泰恩·杰布(Eglantyne Jebb)

绪 论

一、研究缘起

(一)幼儿参与权日趋得到重视

随着儿童观的变化与发展,儿童拥有权利成了国际社会以及社会各界绝大多数人的共识。随着人们对儿童权利认识的加深,儿童参与权作为儿童的一项基本权利日渐得到重视,这主要体现在一系列对缔约国具有法律约束力的国际公约的颁布,儿童权利学者对儿童参与权的理论和实践研究,以及各国对实现儿童参与权的政策及实践等方面。

参与权作为一项重要的人权以及对儿童的认识是儿童享有参与权的两大背景。《世界人权宣言》(1948)首次提出把参与权作为儿童享有的重要权利,其中,第19条和第20条规定了包括儿童在内的所有人的参与权。旨在衡量全世界人民公民权利和政治权利的《公民权利和政治权利国际公约》第18、19、21、22和25(1)条规定了儿童有权参与影响他们福祉的事务。随着对儿童权利研究的进一步深入,国际社会对儿童具体权利的认识也在不断加深。1989年颁布的《儿童权利公约》(Convention on the Rights of the Child)明确了儿

---

① 苏红.倾听你的声音:救助儿童会简介[J].慈善,2016(4):66.

童的各项权利，可以归纳为儿童享有生存权、发展权、受保护权和参与权。《联合国千年宣言》（联合国，2000）不仅重申了在其他条约下做出的承诺，而且敦请各国应"共同努力实现更具包容性的政治进程，允许所有公民真正参与我们所有国家的事务"（第25条），它还敦促确保包括儿童在内的所有公民都能高度参与，以实现千年发展目标。2003年，联合国儿童基金会（UNICEF）在《世界儿童状况报告》中将"维护与促进未成年人的发言权与参与权"确立为报告主题。联合国还以儿童参与权为主题分别在2006年和2009年做了"一般性评论"（General Comments），以加深人们对儿童参与权的理解，以及对各国在实现儿童参与权的具体措施方面进行指导。

在联合国《儿童权利公约》的推动下，各国政府在实现儿童参与权方面采取了不少措施，主要表现为制定与儿童参与权相关的法律法规、政策，设立实现儿童参与权的相应组织机构。如2004年，英国设立了由英国儿童事务专员领导的全国性组织——儿童事务专员办公室（The Office of the Children's Commissioner），该组织旨在维护英国所有儿童和青少年的参与权和利益。也出现了一些为维护和实现英国儿童参与权的民间和非营利组织，如由英国青年理事会（British Youth Council）、英国儿童权利联盟（Children's Rights Alliance for England）、国家儿童局（National Children's Bureau）、英国救助儿童会（Save the Children UK）组成的"参与工作坊"（Participation Works），其提供全面的参与活动和资源规划，包括研讨会、培训课程和从业人员网络等，旨在服务、支持25岁以下的儿童和青少年，能够有效地让儿童和青少年参与影响他们生活服务的开发、提供和评估。全国参与论坛（National Participation Forum）汇集了公共、私营和第三方的组织和协会，旨在加强领导者和决策者对儿童参与的承诺。克罗地亚共和国（社会政策和青年部，2014）颁布了促进儿童参与其战略目标的文件[1]。在北欧国家的儿童教育中，重点已从"与儿童合作"的概念，即教师寻求与儿童在成人设计的活动和经验中的合作（而不是简单的遵守），转移到儿童实际影响规划教育的过程。[2] 在瑞典，儿

---

[1] PECNIK N, MATIC J, MILAKOVIC A T. Fulfillment of the child's participation rights in the family and the child's psychosocial adjustment: Children's and parents' views [J]. Revija Za Socijalnu Politiku, 2016, 23 (3): 399-421.

[2] SAMUELSSON P I, SHERIDAN S. Delagtighed som värdering och pedagogik [J]. Pedagogisk forskning, 2003 (1-2): 70-84.

童参与权已载入《儿童法》《儿童福利法》、学校日托方案,以及市镇的儿童公民项目;在挪威、瑞典和冰岛,儿童有自己的巡视官,丹麦也成立了类似的机构,或者叫参议团。这些官方的支持者力图确保儿童的声音不仅能被听到,而且能被社会正确理解。①

幼儿期是儿童期乃至人生的重要阶段。在儿童参与权日益得到重视的背景下,幼儿参与权也逐渐成为人们关注的焦点。在加拿大,最近开发的许多课程/框架都体现出幼儿参与理念,即基于"一种新的儿童模式、对儿童作为公民拥有权利的新关注和对儿童早期经验意义的新认识"(MacNaughton et al, 2007)。这种模式反映在不列颠哥伦比亚省政府颁布的《早期学习框架》(2008)中,该框架将幼儿视为塑造其身份、产生和传播关于其周围世界的合法者,有权参与该世界的社会行为者;幼儿则被认为是"基于他们的个人能力以及他们独特的社会、语言和文化遗产,有能力和充满潜力、具有复杂身份的人"。CIAI②(2015)认为,幼儿参与不仅与行使所有其他权利有关,而且是《2015—2017年战略计划》(*Strategic Plan 2015—2017*)中四个主要领域之一,即保护、教育、健康/营养和幼儿参与。

在亚太地区,新西兰政府颁布的教育法案把幼儿参与作为其重要的指导思想;《2009—2020年澳大利亚国家儿童保护框架》(*The National Framework for Protecting Australia's Children 2009—2020*)和《儿童学习框架》(*The Early Years Learning Framework for Australia*)都把幼儿定位为积极的决策者。在澳大利亚政府委员会的政策文件中,首次承认幼儿有权参与影响他们的决定,并且由于他们影响自己的生活,还被视为这些权利的积极行使者和代理人(COAG, 2009)。

改革开放之后,我国制定了一系列和儿童权利相关的法律法规,且于

---

① BROSTROMA S. Children's participation in research [J]. International Journal of Early Years Education, 2012 (10): 78-90.
② CIAI 全称为意大利儿童援助协会(Italian Association for Aid to Children),是一个致力于促进承认儿童为个人并捍卫其基本权利的组织。CIAI 的核心价值观之一是始终站在儿童一边,遵循《儿童权利公约》,避免使用以成人为中心的方法来解释儿童的需要。

1990年签署了联合国《儿童权利公约》，成立了国务院妇女儿童工作委员会①。《中华人民共和国未成年人保护法》（2012年修正本）的第1章第3条明确规定："未成年人享有生存权、发展权、受保护权、参与权等权利，国家根据未成年人身心发展特点给予特殊、优先保护，保障未成年人的合法权益不受侵犯。"在《全国家庭教育指导大纲》（2010）、《中华人民共和国民法总则》（2017）、《中华人民共和国婚姻法》（2001年修正）、《中华人民共和国收养法》（1998年修正）等一系列法律法规和政策性文件中，都有涉及儿童参与权的相关条款。我国先后发布了三个国家纲要以推动我国儿童权利保护与发展，即《九十年代中国儿童发展规划纲要》（1992）、《中国儿童发展纲要（2001—2010年）》（2001）、《中国儿童发展纲要（2011—2020年）》（2011）。《中国儿童发展纲要（2011—2020年）》中明确提出"坚持儿童优先原则，保障儿童生存、发展、受保护和参与的权利，提高儿童整体素质，促进儿童健康、全面发展"。五个基本原则中，儿童参与原则位列其中，即"儿童参与原则。鼓励并支持儿童参与家庭、文化和社会生活，创造有利于儿童参与的社会环境，畅通儿童意见表达渠道，重视、吸收儿童意见"②。《上海儿童发展"十一五"规划》中明确提出"要依法落实儿童参与权，孕育公民意识，各部门积极维护儿童的决策参与权"③。在儿童早期阶段，幼儿参与权也不断得到重视，如2012年颁布的《3—6岁儿童学习与发展指南》中，"参与"作为理念贯串于幼儿发展五大领域。2001年颁布的《幼儿园教育指导纲要（试行）》中体现幼儿参与理念的"乐于参与""主动参与"等词汇表明了对幼儿作为

---

① 1990年2月22日，国务院妇女儿童工作委员会的前身——国务院妇女儿童工作协调委员会正式成立，取代了原由全国妇联牵头的全国儿童少年工作协调委员会，成为国务院负责妇女儿童工作的议事协调机构。1993年8月4日，国务院妇女儿童工作协调委员会更名为国务院妇女儿童工作委员会，简称国务院妇儿工委，是国务院负责妇女儿童工作的议事协调机构，负责协调和推动政府有关部门执行有关妇女儿童的各项法律法规和政策措施，发展妇女儿童事业。其主要职能：（1）协调和推动政府有关部门做好维护妇女儿童权益工作；（2）协调和推动政府有关部门制定和实施妇女和儿童发展纲要；（3）协调和推动政府有关部门为开展妇女儿童工作和发展妇女儿童事业提供必要的人力、财力、物力；（4）指导、督促和检查各省、自治区、直辖市人民政府妇女儿童工作委员会的工作。
② 辽宁省政府.辽宁省人民政府关于印发辽宁省妇女发展规划和辽宁省儿童发展规划的通知[EB/OL].法邦网，2012-05-05.
③ 郑善礼.儿童参与权法律保护制度研究[D].青岛：中国海洋大学，2015.

活动主体参与活动的重视。

值得注意的是，国际社会一般遵循《儿童权利公约》对儿童（0—18周岁）的年龄界定，学龄前①儿童理所当然地包含在这一年龄界定中。国际组织，如联合国儿童权利委员会在2006年颁布的《第7号一般性意见：在幼儿期落实儿童权利》(General Comment No. 7: Implementing Child's Rights in Early Childhood) 专门讨论早期儿童的参与权问题；如前所述，不少国家也制定了有关早期儿童参与权的法律、法规和政策。研究早期儿童的学者把儿童参与权推及低龄儿童，尤其关注在学前阶段儿童参与权的实现（在本研究文献综述部分有详细介绍），这一领域的研究正逐渐成为一个热点。

(二) 幼儿参与权的实现仍然任重道远

在儿童参与权日益得到重视的同时，儿童参与权的实现却仍然堪忧。联合国儿童权利委员会在2009年发表的《第12号一般性意见：儿童表达意见的权利》(General Comment No. 12: The right of the child to be heard) 中指出，儿童的参与权未得到《儿童权利公约》缔约国的充分保障。该委员会强调，许多国家出于政治和经济原因侵犯了儿童参与权。某些儿童群体，特别是来自边缘化群体和弱势群体的儿童，在权利的适用方面面临着某些障碍，而且大多数现有实践都存在质量问题。该委员会还强调，人们普遍认为儿童迫切需要照顾和保护，而且成人认为自己比儿童更适合做出决策。

儿童参与权与社会对儿童、童年构建之间的关系仍然紧张。造成这种局面的原因有两个：其一，人们对儿童参与权的认识存在问题，虽然不少人承认儿童参与权对儿童发展、对社会发展具有重要意义，但是对"儿童参与权"本身的理解不全面或不正确，观点上的偏差反映在实现儿童参与权的实践中，把儿童参与权的实现成人化的做法就深刻体现了这一点；其二，存在对儿童参与权的犹疑，甚至反对，有人担心儿童参与权的出现会削弱成人对儿童的权威，认为儿童的参与可能会限制和约束父母决定儿童福祉和发展的权利，也会使国家面临侵犯家庭育儿权利的风险。② 兰斯多恩（Lansdowne, 1995）指出，过去几十年儿童的情况类似于妇女，即缺乏社会、经济和政治权利，

---

① 各国政府对学龄前的界定不太一样，有些国家是0—5岁，有些国家是0—6岁。
② KRAPPMANN L. The weight of the child's view (Article 12 of the Convention on the Rights of the Child) [J]. The International Journal of Children's Rights, 2010 (18): 501-513.

他们的参与潜力被低估，公民权利被剥夺。在社会中，儿童通常无权发表意见，也很少被认真对待。显然，权力、地位和关系会影响成人对儿童的看法，并影响儿童参与成人主导的社会活动。儿童的参与权与社会对儿童作为参与成员以及"成人—儿童"权力关系的看法有关。兰斯多恩建议，可以从女权主义运动中学到有价值的教训，改变基于刻板印象、文化和生物倾向的儿童观念。卡莉（Carly Anne Evans，2009）的研究也证实了人们对儿童参与权的观念问题导致了其在实践中的行为偏差。卡莉在英格兰和威尔士的儿童福利政策对儿童参与权的道德影响研究中发现，儿童参与机会面临三个障碍，即采取家长式的照顾义务，缺乏明确的基于权利的参与权话语，以及将童年视为没有责任的黄金时代。哈特（Hart，1992）在其研究中也写道："遗憾的是，比真正的儿童参与项目更多的是象征主义的参与实例。"

就作为整体的儿童参与权而言，其实现情况令人担忧，幼儿的参与权更是如此。兰斯多恩（1994）指出："事实上，就幼儿而言，大多数参与性工作都集中在8岁以上儿童身上，幼儿被视为过于无知和/或不成熟，无法有意义地参与有关自己的决定或为我们对世界的了解做出贡献。"基于传统发展心理学的儿童观根深蒂固地影响着人们对年幼儿童的看法，其参与权的实现更是步履维艰。挪威作为学前教育较为发达的北欧国家，2017年颁布的最新的《幼儿园框架计划》是其全国性的学前教育法案，其中关于幼儿园的教育内容和任务的第一部分为"社会对幼儿园的委托"，该部分的第五节即为"幼儿的参与"，可见其对幼儿参与权的重视，但是在实现幼儿参与权的实践方面仍然存在问题。贝（Berit Bae，2009）对挪威两所幼儿园（3—6岁儿童）教师对幼儿参与权的理解进行定性研究时发现：一方面，教师存在将幼儿参与权简单化的想法，如果将这种情况简化为强调个人选择的正式惯例，幼儿的参与权就会受到威胁；另一方面，这种简单化的想法可能满足了幼儿园所有者向外界表明他们致力于实现幼儿参与的需要，然而，当谈到在实践中支持儿童表达观点和确保儿童的言论自由权利时，这些想法是不够的，反而可能会让幼儿和其他人错误地看待日常生活中的民主过程。

虽然我国在1990年签署了《儿童权利公约》，但在我国现行的教育法律及方针政策中，儿童参与更多是作为原则体现出来，并没有专门、独立的儿童参与权保护和实施的章节。虽然这些法规以及不少相关政策屡次提到要鼓励儿童参与，但是其强制力和可操作性有待加强。这与我们长期以来以传统文化以及机械理解儿童发展为底色形成的儿童观有很大的关系。另外，我国颁布的三个纲要也并未专门就儿童参与权做特别的讨论，儿童参与权只是作为一般性理念被提出。如何完善相关立法，能否在《中华人民共和国未成年人保护法》或当前正在加紧研制的《中华人民共和国学前教育法》中增加相应的参与权保护条例，这一切都值得探索。

在我国幼儿园，教师主导、掌控班级活动的样态仍然占据主流，班级活动的发起者多以教师为主，师幼的互动多以教师单向的发起为主，在一系列有关师幼互动的研究（刘晶波等学者）中证明了这一点。支娜在其研究中指出："幼儿很少会有发起问题的时间和机会，有时有的幼儿会提出一些问题，但教师为了能够完成教育任务，直接忽视幼儿的问题。"[①] 对幼儿发展心理学理论的机械理解仍然占据着广大幼教工作者的头脑，机械地套用幼儿发展心理学阶段性理论的后果是忽视幼儿的个体差异，对幼儿能力发展的狭隘理解，低估幼儿能力。虽然在幼儿园教育教学活动中，不少幼儿教师认识到幼儿参与教育教学活动的必要性和价值，但不一定把它当成幼儿的权利来看待，甚至把它当成锦上添花。当教育教学活动被其他因素左右时，幼儿的参与权往往成为牺牲品。在集体教育教学之外的活动中，幼儿的参与权得不到尊重和保护的现象也时有发生，究其根本，还是未深刻认识到幼儿参与不仅是关乎教育教学成效的问题，更是关乎道德、法律以及价值层面的问题。

（三）幼儿参与权理论研究亟待深化

自 20 世纪 80 年代后期以来，对儿童权利的研究已经扩大（Quennerstedt，2013）。最近，该领域的研究开始关注儿童的参与权和自决权（Peterson-Badali and Ruck，2006），以及儿童参与的实践（Ben-Arieh and Attar-Schwartz，2013）。

从目前所获国内文献资料分析来看，在对待幼儿参与的问题上有两种声音：其一，把幼儿参与当成幼儿教育的一项重要原则，即把幼儿参与作为实现教育目的的重要条件之一，强调幼儿参与的工具性价值；其二，把幼儿参与作为幼儿的一项基本权利，和幼儿的生存权、发展权、受保护权相并列，

[①] 支娜. 幼儿园集体教学中教师提问方式的特点与改进 [J]. 学前教育研究，2010（2）：63-69.

这一观点认为幼儿参与本身即幼儿的权利，即幼儿参与具有本体价值而非工具性价值。

迄今为止，在我国关于幼儿参与权的研究中，把它作为幼儿教育和幼儿发展的一项重要原则来研究是目前学界的主要关注点之一。这主要体现在相关的研究成果中。持这一研究倾向的研究者大多致力于研究幼儿参与或不参与对幼儿教育和幼儿发展的影响，且绝大多数研究者肯定了幼儿参与对幼儿教育和幼儿发展的重要价值。在此基础上，研究者进一步聚焦于研究如何通过提高或者控制幼儿参与来实现幼儿参与对幼儿教育和幼儿发展的价值。研究主要集中在幼儿参与园内活动方面，其追求重在参与对教育教学效率的提高以及对幼儿身心发展的意义，并非从权利的层面上来讨论。仅仅把幼儿参与作为一项原则来看显然是不够的，因为人们在实现目的的过程中，方法和原则可能是变化的。

而把幼儿参与当成幼儿的一项权利乃至基本权利来研究是目前关于幼儿参与权研究的另一重要关注点。这一关注重点在于研究幼儿参与权的正当性以及在此基础上幼儿参与权的保障和实现问题。学者们基于不同的视角对儿童参与权进行了论证，并形成了不同的理论体系。在实践中，形成了以"幼儿理性能力不足"为基础的"保护论"和以"幼儿是人"这一事实推导出的带有强烈道德色彩的"解放论"。"保护论"主要基于幼儿发展理论，该系列理论强调幼儿发展的阶段性，认为不同阶段的幼儿具备相应年龄阶段的特点和能力。在实践中这种认识被普遍推广。根据幼儿发展理论，幼儿是"正在成为的人"。该理论基于幼儿生理和心智不成熟，缺乏一定的行为能力和理性能力这一事实，"保护论"对幼儿参与权表现出犹疑态度，甚至拒斥幼儿参与权。该理论在实践中影响深远，这一理论与实践反过来加剧了幼儿权利理论建构的困境。"解放论"则以童年社会学理论和对传统幼儿发展理论提出疑问为基础。该派学者从文化差异的角度出发，认为幼儿的能力并非全然如幼儿发展理论声称的那样具有严格的阶段性特点，幼儿的能力往往和幼儿接触的文化、家长和社会对幼儿的期望、幼儿所处的环境等因素紧密相关，因此，能力不应该成为拒斥幼儿参与权的充分理由。童年是一种社会建构，幼儿和成人具有相同的道德地位，我们对幼儿理性能力有限的观点应持审慎的态度。理解这些争论并形成正确的立场有赖于我们对幼儿道德地位、能力的重新审视与反思，因为这直接影响到我们对幼儿在生活学习中是否有参与权、有什么样的参与权等问题的理解以及实践方式。

幼儿参与到底是幼儿教育和幼儿发展的一项重要原则，还是幼儿的一项基本权利，或者两者兼具？幼儿参与权的理论基础及正当性何在？对这样一些问题的探讨和澄清，将有利于幼儿参与权理论的构建以及理论对实践的观照。

二、已有研究述评及本研究的主要问题

本研究以谷歌学术（Google Scholar）、百度学术、Springer Nature电子期刊（全学科）与电子书、ProQuest系列全文数据库、CNKI、"超星发现"等为资料平台搜集文献（涵盖专著、硕博士论文、学术期刊、政府发布的政策、法律文本以及非政府组织相关研究和报告等）。总体而言，直接研究幼儿班级活动参与权的文献相对较少，多为与儿童参与权或幼儿园幼儿参与权相关的文献，不少研究以《儿童权利公约》对儿童年龄的界定（0—18周岁）为准，因此，对儿童参与权的研究也涵盖了幼儿这一年龄阶段，也有不少专门针对幼儿这一特定年龄阶段参与权而进行的研究。这些文献展示了目前学界对儿童参与权和幼儿参与权研究的基本情况。已有的研究主要涵盖了"儿童参与权的理论基础、对儿童参与权的理解、对儿童参与权的评价、儿童参与权的意义、儿童参与权的实现状况及其促进措施、幼儿参与权研究"等主题。

（一）儿童参与权的理论基础

对"儿童为什么拥有参与权"这一问题的回答应联系相关的儿童权利理论，因为正是在对儿童作为权利拥有者的认识的基础之上，才产生了对"儿童为什么拥有参与权"的讨论。就目前来看，西方对这一问题的回答有以下三种理论视角。

1. 人权理论对儿童作为参与权主体的论证

进入20世纪以来，"发现儿童"运动的结果导致人们儿童观的转变，儿童不再是私人的财产、成人的附属品，儿童和成人一样享有道德主体地位的观念逐渐深入人心。在西方带有"普遍主义"色彩的人权观念兴起之后，推及儿童享有人权的论证是早期儿童权利论者的思维方式，即承认儿童是"人"，那么儿童就应该和成人一样，是相同的道德主体，因此，儿童也就享有和成人一样的道德权利。若是否认儿童具有人权，则是否认儿童是人的事实,而参与权是人权的重要组成部分,因此,儿童参与权顺理成章。这一逻辑实际上反映了自然法权利思想。

人权视角对儿童参与权的正当性论证并未得到所有人的认可,因为儿童在现实中难以表现出和成人一样的理性能力,因而儿童参与权的正当性被质疑。面对这样的困境,有些学者重新思考理性能力和参与权之间的关系,通过挑战理性能力作为人拥有参与权的必要条件这一观念来论证儿童拥有参与权,他们试图借助发展心理学,如多元智力理论、脑科学的最新研究成果,甚至新童年社会学对于能力的看法来证明儿童具有理性能力,或者不能以成人的理性能力作为衡量儿童理性能力的标尺,从而证明儿童拥有参与权的正当性。

2. 基于利益原则的论证

一些学者则不否认理性能力是拥有参与权的必要条件,通过改变对权利的认知来证明儿童拥有参与权的正当性。阿恰德(Archard)认为"定义权利的一种方法是确定权利所保护的利益"①,这个定义表明儿童是权利持有人,成人应当是这些权利的执行人。儿童被视为有权享有社会法律和政治框架认可权利的公民,但不一定能够行使其权利,例如以与成年人相同的方式参与影响他们的决定,又如参加哪些幼儿服务通常是成人在孩子的生活中根据孩子的最大利益做出的决定。由于儿童的年龄较小,成年人有责任为孩子的最佳利益采取行动。埃克拉尔(Eekelaar)则对权益进行了有效分类。② 首先,基本利益在两个层面上起作用:在家庭中,父母有义务在能力范围内为儿童提供照顾;在国家层面上,国家有责任加强对忽视儿童的预防。其次,发展利益被定义为"平等的机会,最大限度地利用'儿童'在童年时期所能得到的资源,因此,他们的能力被……发展到最佳状态"③。一般来说,这样做的责任在家庭内部,但是更广泛的社会经济和政治环境直接影响到这一点:"就发展利益而言,……社会可以选择与其总体社会目标协调地实现它,这可能

---

① ARCHARD D. Children, rights and childhood [M]. London: Routledge, 1993: 65.
② EEKELAAR J. The emergence of children's rights [J]. Oxford Journal of Legal Studies, 1992, 6 (2): 37-58.
③ EEKELAAR J. The emergence of children's rights [J]. Oxford Journal of Legal Studies, 1992, 6 (2): 47.

（但不一定）涉及创造机会平等和减少社会决定的不平等。"① 最后，自主利益使儿童有权做出自己的选择和决定，这种选择和决定"不仅可能与儿童自身的基本或发展利益冲突，而且可能与儿童父母的利益冲突"②。基于利益原则的论证，儿童参与权的存在基础在于，参与权是儿童的个人利益，法律应保护儿童的这种利益，使之免遭侵犯，这是儿童参与权不可或缺的要素，但这种论证范式却忽视了儿童理性能力不成熟的事实。

3. 新童年社会学对儿童参与权的论证

借鉴符号互动主义和社会建构主义理论，以及受"没有单一普遍现象'儿童'，而是多元化儿童观念"③ 的影响，20世纪80年代出现的新童年社会学标志着对童年和儿童的思考发生了重大范式转变。新童年社会学首先挑战了许多关于儿童和童年的习以为常的假设，促进了对儿童更深、更丰富的背景知识的理解，特别是对他们的决策能力的理解。例如批判心理学家指出，过时的发展年龄阶段理论和专业实践夸大了成人和儿童之间的认知和情感差异，认为儿童与成人相比，仅仅由于儿童的年龄较小，他们在认知和情感上就存在"缺陷"。④ 新童年社会学把儿童看作有能力的社会行动者和积极行动者，从这个角度来看，儿童并不是被动地被构建童年，他们能够帮助成人构建现实，这一思潮源于对低估儿童能力并认为儿童无能和脆弱的观点的反对。新童年社会学将儿童视为具有自身价值的个体，是正成为成年人和公民的人，是已经的"存在"。蒂斯达尔等学者（Tisdall et al., 2012）认为"'是（being）'和'成为（becoming）'已成为被用来批判当代成人生活不稳定性的概念"。因此，考虑到"成年"这个概念在当今这个不确定的时代已经不稳定，对"是"作为稳定的最终成就的偏好是模糊的，也可能意味着所有人的整个人生都可以被看作"正在成为"。从儿童社会学的角度出发，儿童能够胜任儿童的地位，像所有人类一样，处于"正在成为"的过程中。对于成人或儿童而言，没有明确和稳定的身份，儿童能动性是"新童年社会学"的关键要素，

---

① EEKELAAR J. The emergence of children's rights [J]. Oxford Journal of Legal Studies, 1992, 6 (2): 47.
② EEKELAAR J. The emergence of children's rights [J]. Oxford Journal of Legal Studies, 1992, 6 (2): 47.
③ MACONOCHIE H. Young children's participation in a sure start children's centre [D]. Sheffield: Sheffield Hallam University, 2013.
④ BURMAN E. Deconstructing developmental psycholog [M]. London: Routledge, 1994: 335.

儿童被认为积极地决定他们的生活和周围社会。他们是构建自己文化的有能力的行动者，并且像成年人一样，有能力（同样受到限制）来塑造自己的人格。参与是新童年社会学框架的另一个重要组成部分，因为儿童被认为具有自己的本体论地位、知识、能力和权利。

（二）对儿童参与权的理解

目前，由于社会学、法哲学和权利哲学等研究的进一步推进，对儿童参与权的理解也发生了很大的变化，出现了从类型学、社会政治、包容性等方面对儿童参与权的理解。

1. 儿童参与权的类型学理解

（1）"3P"理论

兰斯多恩（1994）将《儿童权利公约》条款分为获得照顾权（provision）、受保护权（protection）和参与权（participation）。获得照顾权是家庭生活的最低标准（第5、27条），是获得父母照顾（第18条），健康、教育（第24、28条），社会保障（第26条），身体护理、特殊护理（第6、23条），发展（第29条），娱乐、文化和休闲（第31条）的权利。受保护权是免受身体虐待和性虐待（第19、34条）、剥削（第32、35、36条）、药物滥用（第33条）、不公正（第40条）和冲突（第38条）的权利。参与权是咨询和被纳入考虑的权利（第12条），身体完整和隐私权（第16条），信息、言论和意见自由权（第17条），以及质疑代表他们做出决定的权利（第13、14条）。

（2）"阶梯"类型

阿恩斯坦（Arnstein，1969）在研究公民参与规划时将公民参与按照程度划分为三个层次。最低的层次为"不参与"，包含两个等级——操纵和装饰。中间层次包括告知、咨询和安抚三个部分，它们实际上被称为"象征的参与"。这三个层次依次是伙伴关系、授权权利和公民控制，它们都是"公民权利"的程度。哈特首次将阿恩斯坦的"公民参与阶梯"作为思考儿童和青少年参与的工具。他把儿童的参与分成从"不参与"等级（"操纵""装饰"和"象征主义"）上升到中等水平，从被"分配但被告知"或"咨询和告知"到最高等级（"成人发起的、共享的决定""儿童发起和指导"，在最顶层"儿童发起，与成人分享决定"），代表了与儿童一起工作的成人面临的挑战，使儿童的实践真正具有参与性。这种模式已经主导了儿童参与的话语和思考，包括尝试使阶梯适应儿童个人生活私人决策的背景，在某种程度上，超出了哈特的想象。但哈特的"参与阶梯"也招致了批评，并发展出了替代框架。就目前而言，较有代表性的是富兰克林（Franklin, 1997）和特雷泽（Treseder, 1997）的修改框架。

特雷泽省略了哈特阶梯的三个"不参与"部分，然后他把梯子拉平，以便去除层级元素，在圆形布局中列出五种类型的"参与度"："儿童发起，与成人分享决定""咨询和告知""分配但告知""成人发起，与儿童分享决定""儿童发起和指导"。其背后的思想是，不同类型的参与活动和关系适合于不同的环境，并且从业人员（实际上是儿童和青少年）不应该觉得当自己以涉及较少程度权利或参与的方式工作时在某种程度上是失败的，或者认为其目标是失败的。在任何情况下，都应该达到儿童指导或共同指导的最高水平。事实上，这一点是哈特提出的。

富兰克林采取了一种不同的方法，他用哈特的梯子做了两件事。首先，他没有去掉较低的等级，而是增加了两个等级——"成人统治"和"成人友善统治"。其次，他改变了最高级别的顺序，使得"儿童领导"排在最前面，然后是"儿童领导，成人帮助"，最后是"共同决定"。富兰克林的阶梯贯穿了从完全缺乏权利到儿童完全主导权利的整个领域。阶梯上，低阶梯和高阶梯之间的关键区别在于儿童有权利指导决策过程的程度。这样做更接近于阿恩斯坦最初的目的，在某些方面可以说比哈特更激进。

我们可以看到这两个对哈特的阶梯的理解，代表了儿童参与的两个截然不同的观点。在哈特最初的表述中，最高点是儿童与成人共享决策，而特雷泽的改造虽然避开了等级方法，却与此基本一致，提出了价值相等的不同参与性工作模式。相比之下，富兰克林的版本提出了一个不同的视角，即实践的价值明确地取决于权利从成人移交给儿童的程度。

2. 社会和政治意义上的儿童参与权

从社会关系角度看待儿童参与权，主要涉及网络、包容、成人与儿童的关系，以及参与性实践可以创造的社会交往机会。从政治关系角度看待儿童参与权，即有关政治话语——谈论权利、挑战和改变。

（1）自由主义与儿童参与权

自由的、有代表性的民主形式的好处是，只要个体符合公共道德和法律标准，就可以相对自由地追求自己的私人利益，而不受国家的干涉。同时，在大量公民同意的基础上，一小部分人可以以经济为基础做出公共决定。缺点是，只有少数精英才有机会参与公开辩论和决策。这种"以投票为中心"的民主概念提供了一种决定胜负的机制，但没有形成共识、舆论或妥协的机制。那些属于边缘化少数群体的人，他们几乎没有希望赢得多数票，甚至被排除在行使任何实际权利之外，因为除了投票箱或官方协商的狭隘范围之外，公民参与的空间很小。

在自由民主模式下，儿童因年龄而被排除在选举参与之外，因此受到歧视。儿童没有政治权利，只有有限的公民和社会权利。穆萨米塔（Moosa-Mitha, 2005）认为，马歇尔关于公民权利的自由概念是一个"成年主义者"，是衡量儿童的标准，并将其构建为"尚未成为公民的人"。科恩（Cohen, 2005）断言，儿童是世界上每一个自由民主国家中最大的、未表现出来的群体，但儿童是"在达到成年之前具有紧迫政治利益的个人"。其认为，儿童缺乏独立的政治发言权，这也就意味着他们的利益往往无法得到承认。

为了解决自由民主模式下儿童参与权的问题，欧美国家及其他一些国家或地区将儿童纳入非约束性协商，在自由主义参与传统的基础上，建立模仿成人代表性的民主机构（如学校和青年委员会）、儿童议会。贝概述了在儿童早期环境中强调正式的、有代表性程序的缺陷，例如个人选举、参加会议或遵循多数人决定的原则。其认为，这种做法"导致了对个人选择技术的关注……几乎不考虑差异和多样性"。这种活动对于参与其中的少数儿童的社会和教育价值可能相当可观，但往往实际政治影响很小，正如前面提到的批评所指出的。一方面，模仿主流制度的结构存在双重缺陷：①由于儿童没有投票权，实际上脱离了主流政治；②主流的代表制未能使大多数选民以任何直接的方式参与到主流政治中来。另一方面，有很多正在进行的活动更具真实"参与性"，而且那些参与其中的人经常觉得这些活动是令人兴奋和有活力的，但这与"真正的"政治没有任何明确的联系。因此，在大多数情况下，儿童的参与仅限于家庭和学校这样非正式的、政治上的"安全"空间。正如梅耶尔（Mayall, 2001）所指出的，儿童被安置在私人领域内，"保护"他们，使之不受公共领域的影响。儿童可以通过追求个人利益和消费者选择，自由地参与私人领域，只要他们符合公认的行为标准，成人的干预就最小。同时，善良的成人可以代表儿童做出更大、更广泛的决定，并为儿童的利益而做出努力。

(2) 共和主义与儿童参与权

与自由主义不同，共和主义理论强调了在公共领域积极参与政治和审议的内在价值。公民权的这一概念将自由视为他人参与政治实践的能力，在这种实践中，公民在决策中拥有同等的发言权。公民身份是通过履行公民义务和社会其他人承认自己的成员身份来实现的，因此，自由主义在很大程度上是以个人权利来构想公民身份的，而共和主义则强调责任。在共和主义中，人们希望通过参与和公众审议做出更好的决策来实现良好的治理，由于每个人都有机会公开表达自己的观点，因此被视为更加合法，通过鼓励和相互同情来培养良好的公民。共和主义的好处是公民可以作为平等成员自由地参与社会政治活动。然而，穆萨米塔（2005）认为，在共和主义中，参与是"通过一种从狭义上定义的规范性的立场，在这种立场中，只有特定类型的活动参与才被视为公民政治"。历史上，这些活动包括参与政府机构、婚姻、军事和市场。因此，儿童和其他不符合这些标准的人被排除在公民参与之外，并被剥夺公民身份。

儿童研究领域的学者，如因弗尼齐（Invernizzi, 2008）认为，儿童的公民身份往往没有得到认可，因为它不符合当代公民责任的规范模板，即经济自力更生和政治参与。然而，儿童有能力，而且确实履行了公民义务，因为他们为家庭、当地社区和社会的共同利益做出了许多社会和经济贡献。例如卡沃特拉普（Qvortrup, 2008）指出，儿童对社会分工的贡献——学校教育对社会的重要性。史密斯等人（Smith et al., 2005）指出，儿童通过志愿服务和社会行动参与公共领域。奥德森（Alderson, 2008）认为，即使是新生儿病房中的早产儿，也能够通过"表达"他们对护理程序的偏好来为社会做出经济贡献，如果这些程序被敏感地"阅读"并得到成人的响应，则可以使婴儿提前离开病房，从而降低成本。

自由主义和共和主义的理论都呈现出一种成人主义、规范的参与形象。参与在概念上要么是通过代表性民主，要么是通过集体的方式得以实现，主要是被动的追求。在自由主义中，参与性自我被理解为独立的、自主的权利持有人，其主要参与私人领域，被动参与公共领域。在共和主义中，参与性自我等同于负责任的、有道德的公民主要参与公共领域。然而在这两种传统中，参与被认为是成人公民的保留权利，因为儿童不被认为具有公民的美德和能力，因此，儿童的参与在政治理论中大多被忽视。然而，新的儿童社会学研究对传统的儿童观和儿童被排斥在公民身份和参与实践之外提出了挑战，女权主义和"差异化"的民主理论对自由主义和共和主义传统提出了挑战。

(3) 女权主义

科克本（Cockburn, 1998）认为，女权主义学者通过质疑传统民主理论，对重新评估参与和公民权做出了至关重要的贡献。女权主义认为，传统的民主模式声称存在普世主义原则，却基于一种错误的普世主义，这种错误的普世主义导致了基于性别的"他者化"和排斥女权。女权主义者不仅挑战了公民身份和参与实践的性别本质，还质疑了自主、独立个体的概念，他们更倾向于强调个体与他人的联系，而不是个体的自主性和独立性，与参与有关的自主性不需要虚幻的自给自足，而是基于个体的选择能力和行动能力，这取决于人类的相互依赖。

同样，摩斯等人（Moss et al., 2005）也赞同女权主义者的观点，他们认为，公民身份是通过相互联系实现的，每个人都依赖于关怀。相互依赖的概念和"关怀伦理"（Sevenhuijsen, 1998）挑战了传统的自由和民主理论。关怀不应再被视为公民身份的障碍，而应被视为公民身份的一种表现。这些女权主义者关于公民身份、关怀和男女之间的人类相互依赖的论点也适用于成人和儿童。儿童依赖于成人，但成人也依赖于儿童在构建社会和接受照顾中的作用。女权主义学者呼吁模糊公共和私人之间的界限，认为二分法会导致歧视，他们认为，公民在不同领域内拥有多重身份。女权主义者的批评揭示了女权缺乏认可以及人们是如何将女性排除在"全面参与"社会之外的。同样，儿童在很大程度上被限制在私人领域并被边缘化，不是以性别为基础，而是以代际关系为基础。穆萨米塔（2005）认为，公私二分法导致了儿童利益和需求的边缘化，剥夺了儿童真正的公共身份，忽视了他们对社会做出的宝贵贡献。虽然妇女越来越多地成为公共和私人领域的一部分，但儿童仍然隐藏在私人领域，被排除在许多公共空间之外，或集中在成人控制的空间内。因此，科克本（2007）认为，不应该把改变以适应政治空间的责任放在儿童和其他被边缘化的人身上，相反，政治空间必须改变自己，以适应儿童和其他经常被忽视的成人的日常世界。

(4) 以差异为中心的理论

金里卡（Kymlicka, 2002）指出，在当代，先前被排斥的群体不再愿意被同化、边缘化或沉默，因为他们在种族、文化、性别、能力或性取向上与主流文化不同，他们需要一个更具包容性的民主概念，这一概念承认他们的身份，而不是侮辱他们，包容而不是排斥他们的差异。因此，深化民主的呼吁涉及承认文化差异和承认结构性不平等的斗争，以便边缘化群体能够作为公民参与公共领域。

泰勒（Taylor，1995）和霍耐特（Honneth，2004）等学者提出了一种通过与他人对话促进的"承认政治"，这种对话关系被认为对于个体身份的发展至关重要。如弗雷泽（Fraser，2000）和杨（Young，2000）认为，"承认"涉及一种解决社会地位的政治，以便使被"误解"的人或群体定位为"能够与其他人平等参与社会的完整成员"。他们认为，"承认"需要更多地关注文化多元化和群体差异化的权利，以解决下层群体面临的地位不平等问题。虽然作为一个特定群体的儿童在这些学者的叙述中没有被特别说明，但菲茨杰拉德等人（Fitzgerald et al.，2010）认为，承认政治是一个合适的"镜头"，通过它来理解儿童的参与，因为"它允许关注身份（对儿童是谁的理解）以及地位（儿童能够充分参与社会的方式）"。

基于承认政治理论，一些学者，如李斯特（Liszt，2007）、穆萨米塔（2005）提出了一些解决儿童被错误承认的策略。策略包括承认和尊重儿童与成人共同的东西以及二者之间的差异，承认儿童的能动性和儿童在他们参与的不同领域和关系中的存在，阐明儿童特殊的"文化权利"，以解决他们由群体差异而引发的压迫和不利问题，并提供促进儿童作为政治和社会行动者参与的机制。

这些承认的主张与弗雷泽（1999）提出的"参与平等"的概念有相似之处。弗雷泽（1999）指出，包容性公民身份要求"允许社会所有成员作为同伴互相交流的社会安排"。她认为参与平等需要以下两个条件：一是分配物质和法律资源，以确保参与者的独立性和"发言权"；二是制度化的文化价值模式，即"表达对所有参与者的平等尊重，确保其获得社会尊严的平等机会"。杨在《包容与民主》（2000）一书中，提出了结构和文化变革的一些必要条件，她认为，结构上的不平等往往会通过正式的民主机制的运作得到加强，而投票平等只是政治平等的一个最低条件。她的论点是代表和参与"相互需要"，因此，儿童避开了自由派和共和党模式定义的非参与性/参与性分歧。虽然杨没有将她的论点与儿童联系起来，但托马斯（Thomas，2007）认为，杨的理论与儿童的关系是显而易见的。

综上所述，政治理论家在分析中以差异为中心，质疑那种选择某些人参与和属于政治共同体的霸权话语和实践。它们挑战了自由主义和共和主义参与概念中固有的规范性二元体系，并将参与的含义扩展到非参与/参与、私人/公共、共识/冲突分歧之外。承认（差异）和再分配（平等）的政治为儿童开辟了一个可能的空间，并承认他们作为参与主体存在于他们相互作用的多个领域和关系中。

3. 权力和治理理论

希尔等人（Hill et al., 2004）认为，"几乎所有关于儿童参与的论述都至少含蓄地提到了权力的概念，然而，很少会涉及明确的……权力的含义和权力如何运作"。审查权力是什么以及如何运作对于理解儿童的参与至关重要，因为任何参与协商或决策的过程都涉及某种权力。参与声称赋予儿童权利，并使他们摆脱压迫行为。这是基于一种"独立自主"（sovereign）的权力观，在这种权力观中，权力被理解为一种集中在少数人手中的商品。然而，福柯关于权力的著作承认这种"独立自主"模式，但将权力理解为一种行动形式而非商品。这两种权力观都对儿童参与理论产生了影响。

(1)"独立自主"的权力观

"独立自主"的权力观是一种"权力从社会等级的顶端向下散发、用于控制和使人们服从，并重新创造维持统治关系的意识形态"（Maguire, 1987）。权力被希利（Healy, 2005）认为是一种在强大主体中固有的属性，是一种由一群主体（如统治阶级）强加给其他主体的力量。它在拥有它的人（如成人）和缺乏它的人（如儿童）之间是两极分化的，因此，它被视为消极的或压抑的。从这个意义上讲，权力是一个零和博弈，这种权力观支持了关于儿童参与的讨论，例如，如何减少权力差异，以及如何"赋予"和"给予声音"。事实上，在上述参与类型学分析中就嵌入了"独立自主"的权力观，因为类型学根据谁有权力对儿童的参与进行分类：成人、儿童或两者兼而有之。例如在哈特（1992）的分类法中，成人和儿童之间的"共享权力"通常被理解为参与的"最高点"。在希尔（2001）的模型中，完全参与需要成人"放弃"他们的一些权力，虽然在类型上有所不同，但其本质是相同的，即如果成人愿意的话，权力被理解为成人拥有但可以转移给儿童的东西。

参与类型学就此而言是一种非常有用的分析框架，可以根据权力的概念来看待儿童的参与，因为权力是对他人行使的。但当我们考虑到儿童及其参与时,"独立自主"的权力观是有问题的:成人体力和能力优于儿童,儿童在经济和政治上依赖于成人。然而,"独立自主"的权力观没有考虑到儿童的社会能动性,因此,梅耶尔(2000)和克里斯坦森(Christensen, 2004)认为,权力的讨论需要从承认而不是忽视儿童的从属地位开始,然后超越这一"独立自主"权力观点,即一个群体拥有权力,另一个群体没有权力,转向更为复杂的理解。

(2) 福柯式权力观

福柯式的权力观并不否认儿童参与活动中的权力差异受权力的影响,但却挑战了对这些影响是如何产生的既定理解。根据福柯(Foucault, 1976)所言,权力不集中在社会结构的某些领域,也不是个人持有、占有、划分或分配的商品,它只通过行动存在,作为所有社会关系的一个特征和力量无处不在。因此,权力不是强大的个人、团体或机构中固有的,而是分散在复杂的话语网络、技术和关系中的。权力不是一种"事物",而是一种"关系",是流动的,对不断的变化和影响是开放的。加拉赫(Gallagher, 2008)认为,如果我们把对权力的福柯式理解应用于儿童的参与,我们将会把注意力从谁拥有权力上转移开,从而考虑权力如何通过关系网络、在什么条件下行使,以及有什么影响。由于所有这些因素都会发生变化,我们需要认识到参与是动态的,因此,福柯的观点有助于承认参与活动中存在多重权力转移关系:儿童工作者和儿童研究人员与参与者、不同年龄和不同性别的儿童等。

在《规训与惩罚》(1977)和《权力/知识》(1980)中,福柯探索了知识和权力的规训机制塑造"主体"的方式,利用日益复杂的监控技术来创造、分类和控制社会主体中的异常现象,并将个体构建为"温顺的主体"。规训权力能够通过知识和真理的主张以及运用一系列技术或规训,如监督、规范化、排除、分类和管制等,塑造整个群体和个体主体性。因此,规训权力是一种客观的力量(Foucault, 1982)。将福柯的思想运用到参与中,作为一种话语和技术,参与可以被看作另一种"全景敞视"(panopticism):一种更有效地管理儿童的手段,而不必让儿童意识到这一点。这不是通过强迫或直接武力,而是通过"倾听"的技巧,使儿童更经常地受到监视。它也通过"正常化"某些期望的参与形式来实现,从而定义在参与方面的不足之处。加拉赫(2008)指出,儿童研究人员普遍认为福柯将权力作为一种具有危险影响的社会控制形式。然而,他认为,福柯后来关于"治理"的研究提出了一种更为

19

矛盾的权力概念：危险和充满希望。与权力本质上是消极或压抑的观点形成鲜明对比的是，福柯认为权力本身就具有生产力的性质，即使在最压迫时也是如此。

福柯提出的治理理论是基于对权力作为社会生产而非社会控制的分析。它描述了个人自我管理的过程，或者正如福柯（1982）所说，治理是"行为的行为"。在全球化、当今社会日益复杂以及自由民主兴起的背景下，如果没有其他行动者的合作，国家不可能再进行管理。因此，有效的治理并不取决于粉碎主体的能动性，而是以特定的方式培养这种能动性，使自我是约束自我的同谋。因此，主体被重新定义，例如作为自主学习者或参与学习的儿童。这一论点的核心是权力的行使需要自愿主体的服从。对于福柯来说，权力在"规范化"的情况下最有效，即自我期望和自我治理产生顺从的主体，这些主体通过自己的思想、言语和行为积极地再现主导话语，例如"参与"，而不是被迫这样做。

参与也可能导致顺从和不服从，这为理解儿童的参与提供了可能，例如，通过顺从、哄骗、劝说、拒绝、坚持或逃避等策略来检验权力是如何被行使的。在儿童中心的背景下，理解儿童参与的含义是考虑儿童如何行使权力来遵守或抵制实践者对其行使的权力。从福柯的角度来看，如果我们将参与理解为一种权力形式，那么参与就有可能在使决策得以制定的同时约束决策，并在模糊的同时构建新知识。加拉赫（2008）认为，这种对权力的模糊理解对于理解儿童的参与特别有用，因为它有助于克服流行的关于参与叙述中固有的极端化思想。总而言之，福柯对权力的理解揭示了儿童的参与是模棱两可的：既危险又充满希望，既压抑又富有成效，既是控制手段又是自我实现和抵抗的手段。

4. 参与的"关系和空间"（relational and spatial）

与女性主义强调关系和包容相似，受到哈贝马斯思想的影响，参与的"关系和空间"视角也强调主体之间的关系：包容和理解。珀西史密斯等人（Percy-Smith et al., 2010）认为，在英国，儿童的参与往往被狭隘地定义为"声音""咨询"或"倾听"儿童，这并不奇怪，因为在联合国《儿童权利公约》和其他后续立法中强调"倾听儿童"的观点。它还反映了一种新自由主义对强调选择、个性化和个人主义话语相关权利的理解。然而，在大多数国家，参与往往具有"积极为家庭和社区做出贡献"的更广泛含义，对参与的理解还包括对社区的归属感，而不仅仅是个人权利。

珀西史密斯（2006）认为，现在是时候超越当前西方化的"倾听"和"儿童参与"，以开放参与作为一个关系和对话过程。格雷厄姆等人（Graham et al.，2010）认为，当参与被描绘成一种对话性的遭遇时，成人和儿童会一起澄清正在发生的事情，并考虑新的可能性。这是一个"远比仅仅听儿童的声音更广泛的焦点，因为它的潜力是变化的"。这使得珀西史密斯（2006）和曼尼翁（Mannion，2010）将儿童参与权重新定义为"成人—儿童关系和协作代际空间"。珀西史密斯（2006）认为，更多的协作方法意味着通过所有年龄段的人之间共同解决问题，可以采取更多可能的行动。对于珀西史密斯来说，参与不仅是个人表达观点的一种方式，而且需要被视为一个代际学习和对话的集体过程。菲茨杰拉德等人（2010）将其描述为从单逻辑到对话的转变，珀西史密斯（2006）借鉴了哈贝马斯（Habermas，1987）的系统和生活世界理论以及行为研究的传统，提出了将参与理解为"交流行为空间"的概念，这些空间是通过学习、反思、对话和行动的过程来创建的。学习和行动需要发生在个人层面、人际关系层面和系统层面。

克拉克等人（Clark et al.，2005）提出，参与不仅是作为权利，或者作为一种策略或计划不时地被应用，而且作为一种生活方式、一种文化、一个持续的过程和关系、一种伦理。通过这种方式，参与超越了权利和更广泛的拥有发言权的"积极公民"的概念。达尔伯格等人（Dahlberg et al.，2005）和克拉克等人（2005）因此建议，参与话语应较少地被理解为权利和规则，更多的是开放和尊重另一方，以关心、相互依赖和团结的人际观念为特征的伦理。在这种论述中，倾听和参与可以被解释为技术实践、方法或工具，而且将参与视为渗透到所有实践和关系中的伦理。因此，参与可以从技术和管理走向伦理和政治。

5.《儿童权利公约》中的儿童参与权

梅尔顿（Melton，2006）认为，《儿童权利公约》（以下简称《公约》）通常强调儿童参与权的两个方面。第一，参与是一个总体原则，它指的是一系列权利和自由：言论自由（第13条）、思想和宗教信仰自由（第14条）、结社自由及和平集会（第15条）、隐私权（第16条）和知情权（第17条）。第二，儿童的参与权也是一项独立的权利，如第12条所述：缔约国应确保有主见能力的儿童有权对影响到其本人的一切事项自由发表自己的意见，对儿童的意见应按照其年龄和成熟程度给以适当的看待。

(1) 适用于所有年龄的儿童

首先,必须将第 12 条理解为适用于所有年龄的儿童(联合国儿童权利委员会,2009,第 20—21 段)。联合国儿童权利委员会强调,非常年幼的儿童也有自己的意见并能够与他人交流。因此,成人的责任在于利用必要的时间和空间来学习倾听儿童不同的表达,无论是通过语言或者非语言交流,如肢体语言、游戏、绘画等。其次,第 12 条既适用于作为个人的儿童,也适用于作为一个群体或区域的儿童(联合国儿童权利委员会,2009,第 9 段)。联合国儿童权利委员会认为,确保儿童能够在"影响到其本人的一切事项"(第 4、12 条)上表达自己的意见意味着必须非常广泛地理解第 12 条的范围。它涉及影响儿童的政策和决定的许多方面,超越了教育、健康、儿童福利、游戏和娱乐等更明显的问题(联合国儿童权利委员会,2009,第 26—27 段)。第 12 条规定了儿童在任何影响他们的程序中发表意见的权利(联合国儿童权利委员会,2009,第 32—34 段)。这项权利适用于刑事和民事诉讼以及任何可能影响其生活决策的行政诉讼。

(2) 给予儿童的意见以与其成熟程度相应的重视

委员会非常明确地表示,仅仅听取儿童的意见是不够的,还必须根据年龄和成熟程度认真考虑他们的意见(联合国儿童权利委员会,2009,第 28—31 段)。发言权就是被倾听的权利,实际上,在说话和被倾听之间是有差距的①。儿童的观点,无论是个人问题还是集体问题,都必须给予应有的重视,因此,如果无法在任何决定或随后的行动中反映这些意见,则应努力向儿童传达做出决定的原因以及会如何考虑他们的意见。《公约》承认父母和其他负责儿童的人,包括教师,在为儿童提供指导方面发挥的重要作用。然而,第 12 条还包括承认儿童不断发展的能力,这是解释权利实现的原则。显然,学龄前儿童参与决策的能力明显不同于 10 岁的儿童。因此,它要求以承认发展因素的方式提供指导,以便随着儿童年龄的增长,他们能变得更有能力为自己承担责任,换言之,应该给予一切机会让儿童参与他们自己关心的事情。显然,儿童能够对决策承担责任的程度将取决于儿童的能力水平、所涉及的

---

① Every child is a new chance for the whole human race [D]. Ottawa: The Landon Pearson Resource Centre for the Study of Childhood and Children's Rights, 2007.

决策类型及其对自己和他人的影响。

（3）与《公约》中的其他条款相联系

《公约》还体现了言论、宗教、思想、结社自由以及信息和隐私权，从而承认儿童是有权形成自己的观点和选择的个人。联合国儿童权利委员会强调，在确定儿童的最大利益时，必须根据年龄和成熟程度考虑他们的意见。事实上，它认为，"如果不尊重第12条的组成部分，就不能正确适用第3条"（联合国儿童权利委员会，2009，第70—74段）。当然，儿童在社会中一直以多种方式进行参与，例如在社区一级，通过游戏和艺术参与社会，以及他们对家庭的经济贡献。然而，在《公约》的范围内，"参与"一词已经得到扩展，现在被广泛用作描述儿童表达意见和认真对待儿童观点过程的简写。"参与"可以被定义为儿童表达的持续过程，并积极参与涉及他们的事务的不同层面的决策。它需要儿童和成人在相互尊重的基础上进行信息共享和对话，并确保充分考虑儿童的意见，同时考虑到儿童的年龄和成熟程度。

6. 参与权利益相关者对儿童参与权的理解

前面五种主要是研究者对儿童参与权的理解，那么在实践中，儿童参与权的直接利益相关者对儿童参与权的理解也是当前学界的一大关注点。

泰勒等人（2009）在六个国家中进行的儿童视角中的儿童权利研究发现，儿童对自己权利的感知方式与成人理解相似（见表1），涵盖了联合国《儿童权利公约》的大部分权利。

表1 儿童对儿童权利的理解[①]

儿童权利类别	定义 （Lansdown，1994）	儿童的看法 （Taylor and Smith，2009）
受照顾权 （生存权）	享有最低家庭生活标准以及获得父母照顾、健康、教育、社会保障、体育保健、娱乐、文化和休闲的权利	父母照顾和养育、教育、维持（食物、衣服和住房）、健康环境、娱乐/娱乐机会、医疗保健、交通、出游空间、获得资源（例如学校设备）

---

① TAYLOR N J, SMITH A B, GOLLOP M. Children as citizens? International voices [M]. Dunedin: University of Otago Press, 2009: 81-98.

续表

儿童权利类别	定义 (Lansdown, 1994)	儿童的看法 (Taylor and Smith, 2009)
受保护权	免受歧视、身体虐待和性虐待、剥削、滥用药物、不公正和冲突伤害的权利	防止同龄人欺凌,学校、家庭和社区安全,远离毒品和酒精,免受歧视和种族主义,防止性虐待、暴力和强迫劳动,并受到公平对待
参与权	公民和政治权利,例如获得姓名和身份的权利、被咨询和被考虑的权利、人身完整权、信息权、言论和意见自由权,以及质疑代表他们做出决定的权利	有发言权,选择朋友,受到尊重,表达意见,被倾听,做出自主选择,拒绝,参与解决冲突,选择宗教信仰,参与决策,并有行动自由

(三) 对儿童参与权的评价

在过去的几十年里,已经开发了许多儿童参与的模型。这些模型揭示了参与过程的复杂性,以及如何在儿童的日常生活中实施以及评价这些过程。

1. 哈特(1992)参与阶梯

受阿恩斯坦(1969)的公民参与规划过程启发,哈特(1992)开发的"参与阶梯"(见图1)是最受欢迎的模型之一。阶梯包含不同程度的参与,它们以八级标准线性排列。

八个阶梯依次是:Level 1. 操纵。如学龄前儿童携带他们不理解的有关社会政策对儿童影响的政治标语,这就是操纵。Level 2. 装饰。如给儿童穿着与某些原因有关的T恤衫,他们可能穿着这种衣服在某个活动中唱歌、跳舞,但他们对这一切都不太了解,在组织活动时也没有发言权,儿童在那里是因为茶点,或者一些有趣的表演,而不是其他原因。Level 3. 象征性参与。儿童明显有发言权,但事实上,在主题或交流方式上几乎没有选择,也几乎没有机会表达自己的观点。Level 4. 成人为儿童指派任务,但会告知儿童。儿童理解项目的意图,知道谁做出了关于他们参与的决定以及为什么,儿童有一个有意义的(而不是"装饰性的")角色,他们在项目明确后自愿参加了这个项目。Level 5. 被咨询且被告知。项目是由成人设计和运行的,但是儿童理解这个过程,他们的意见得到了认真对待。Level 6. 成人发起,并与儿童分享决定。阶梯的第六级是真正

<<< 绪 论

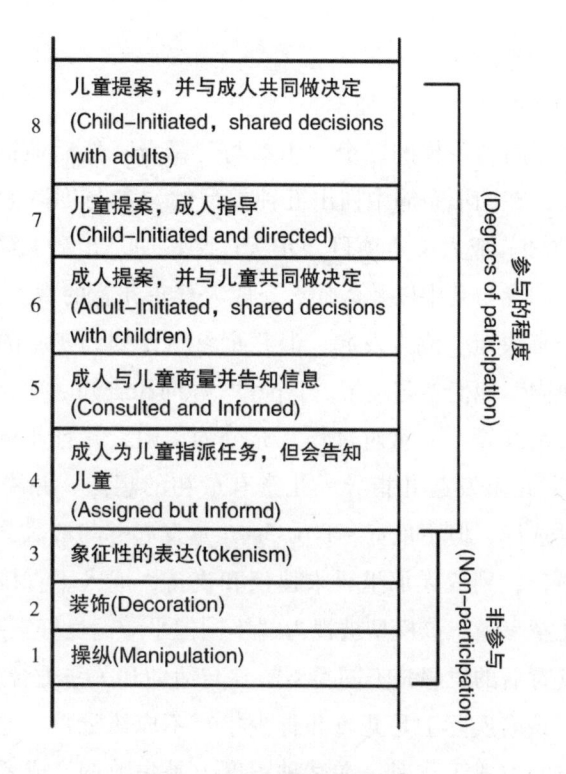

8	儿童提案，并与成人共同做决定 (Child-Initiated, shared decisions with adults)	参与的程度 (Degrees of participation)
7	儿童提案，成人指导 (Child-Initiated and directed)	
6	成人提案，并与儿童共同做决定 (Adult-Initiated, shared decisions with children)	
5	成人与儿童商量并告知信息 (Consulted and Infornod)	
4	成人为儿童指派任务，但会告知儿童 (Assigned but Informd)	
3	象征性的表达(tokenism)	非参与 (Non-participation)
2	装饰(Decoration)	
1	操纵(Manipulation)	

图 1　哈特"参与阶梯"①

的参与，虽然这一级别的项目是由成人发起的，但决策是被儿童共享的。Level 7. 儿童发起并做出决策。如儿童在游戏中构思和执行复杂的项目。Level 8. 儿童发起，并与成人分享决策。该阶梯通常被批评为暗示参与是按顺序发生的（Kirby and Woodhead, 2003），不同形式的参与可以按等级次序排列（Treseder, 1997）；或者相反地，"儿童发起和指导"应该是最高级别的参与，而不是"儿童发起、与成人分享决策"（Ackermann et al., 2003）。哈特本人也批评了文化偏见的模式和它目前被误用为理解和评估项目的综合工具。根据哈特的说法，这个模式提供的是简单的形式和清晰的目标，这使得广泛的专业团体和机构能够重新思考与儿童交往的方式。通过提供理解和评估当前工作方式的方法，该模型可以帮助儿童工作者设计出适合他们特定环境的策略（Hart, 2008）。希尔（2001）认为，该模型最有用的贡献之一是确定不参与的最低阶梯，因为这导致

---

① HART R A. Children's participation: From tokenism to citizenship [R]. Florence: UNICEF International Child Development Centre, 1992: 49.

了实践中的实际改进。

2. 特雷泽（1997）参与类型

特雷泽省略了哈特阶梯的三个"不参与"部分，然后他把梯子拉平，以便去除层级元素，在圆形布局中列出五种类型的"参与度"（见图2）：Type 1. 已分配且已告知。成人决定项目，儿童自愿参加，儿童了解项目，他们知道是谁决定让他们参与其中以及为什么，成人尊重儿童的观点。Type 2. 成人发起，与儿童分享决定。成人发起，但儿童参与计划和实施的每一步。儿童的观点被考虑在内，他们参与决策。Type 3. 咨询和告知。项目是由成人设计和运行的，但咨询儿童，儿童对过程有充分的了解，并且儿童的意见被认真对待。Type 4. 由儿童发起并指导。儿童有最初的想法，并决定如何执行项目，成人可提供选择，但不负责。Type 5. 儿童发起并与成人分享决策。儿童有想法，设立项目，到成人那里寻求建议和支持，成人不直接参与，而是提供专业知识供儿童参考。该模型被视为"不同但平等的良好实践形式"，没有参与的层次。其背后的思想是不同类型的参与活动和关系适合于不同的环境，并且从业人员（或者实际上是儿童和青少年）不应该觉得当他们以涉及较少程度权力或参与的方式工作时，在某种程度上是失败的，或者认为其目标是失败的。参与的类型取决于儿童的意愿、背景、发展阶段、组织性质等，在任何情况下，都应该达到儿童指导或共同指导的最高水平。

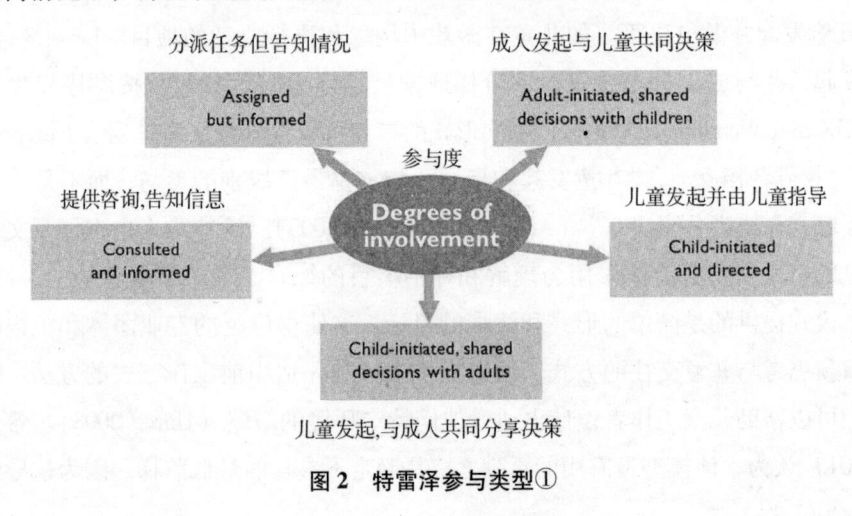

图2 特雷泽参与类型[①]

[①] HANNAH L J. Putting Children at the Centre: A Practical Guide To Children's Participation [C]. London: Save the Children UK, 2010: 69.

3. 希尔（1999）模型

希尔模型有五个层次（见图3）。Level 1. 儿童被倾听。这一级别只要求当儿童主动表达观点时，负责的成人会注意倾听。这一层次与下一层次的区别在于，这种倾听只发生在儿童表达观点时，没有进行有组织的努力，以确定他们对关键决策有什么看法。在这个层次上，第一阶段只需要成人准备倾听，第二阶段要求成人以一种能够倾听的方式工作，第三阶段要求倾听儿童的声音成为组织的既定政策，所有成人都有义务认真倾听儿童的声音。Level 2. 支持儿童发表意见。让儿童能够公开和自信地表达自己的观点，成人必须采取积极行动来支持和实现这一点，并在这样做时清除那些可能妨碍儿童表达观点的障碍。第二级与第一级的区别在于，它致力于采取积极行动，激发儿童的观点，并支持他们表达这些观点。在这一层次上，第一阶段要求成人准备好采取行动，帮助儿童表达他们的观点，第二阶段要求为儿童提供表达观点的机会，第三阶段再次要求将这种工作方式确定为组织的政策，以便工

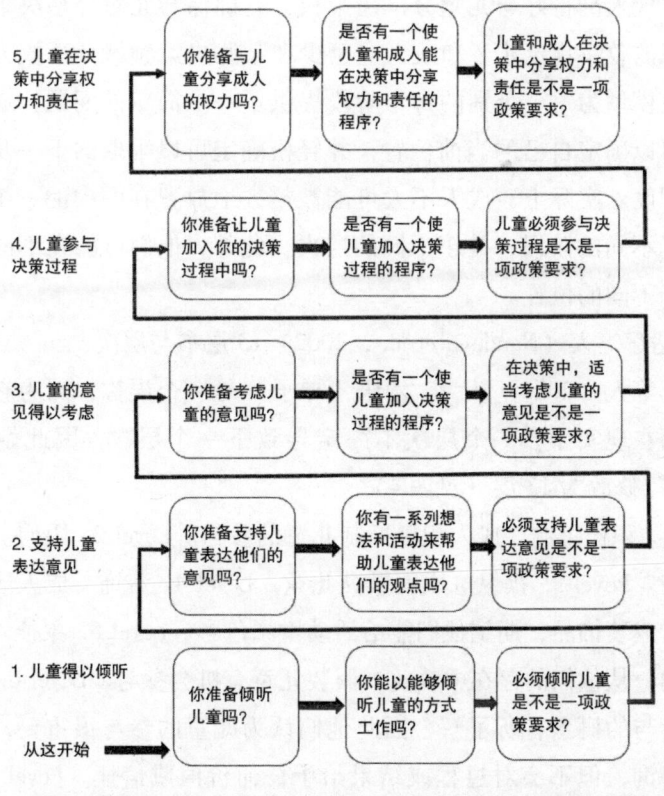

图 3　希尔：参与之路 [Pathways to participation 笔者 译]

作人员有义务采取必要的行动,确保儿童能够表达自己的观点,并得到成人的支持。Level 3. 考虑儿童的意见。在决策中考虑到儿童的观点并不意味着每个决定都必须按照儿童的意愿做出,也不意味着成人必须执行儿童要求的任何事情。与前面的级别一样,模型在级别 3 上有三个阶段,成人准备好考虑儿童的意见,在决策过程中考虑儿童的意见,确保儿童的意见在决策中得到应有的重视成为成人的义务。Level 4. 儿童参与决策过程。这一水平标志着从协商到积极参与决策的过渡,即那些掌握权力的成人为了自己的利益放弃一些权力。决策仍然是成人的问题,成人让儿童参与决策过程,建立儿童参与决策的程序;组织将儿童必须参与决策作为一项政策要求,致力于清除阻碍决策的障碍。Level 5. 儿童分享决策的权力和责任。第四级和第五级之间的差别更多的是程度问题。在第四级,儿童可以积极参与决策过程,但对所做的决策没有任何实际权力。因此,要完全达到第五级,就需要成人明确承诺分享他们的权力。这一模式并没有建议儿童应该被强迫承担他们不想要的责任。在第五级,成人准备好与儿童分享决策权,有确保与儿童分享决策和权力的程序,组织的政策规定儿童和成人应至少在某些决策领域分享权力和责任成为义务。该模型为每个级别的每个阶段提供了一个简单的问题,通过回答问题,人们可以确定自己的当前位置,并轻松确定可以采取的下一步措施,以提高参与程度。实际上,成人不太可能被整齐地放置在图中的一个点上,他们可能处于不同的阶段,处于不同的层次。此外,他们可能在不同任务或工作方面处于不同的位置。

4. 南达娜等人(Nandana et al., 2002)13 层参与层次

南达娜等人(2002)认为,术语"梯子"是一个误称,因为它暗示着一个序列,而在现实中,一个层次不一定导致下一个层次,因此她把哈特的"参与阶梯"修改为 13 层(见图 4)。

Level 1. 积极抵制。成人积极抵制儿童的参与。Level 2. 阻碍。成人阻碍儿童的参与。Level 3. 操纵。成人操纵儿童。Level 4. 装饰。成人或多或少把儿童参与看成装饰品,期望他们能给活动增添色彩。Level 5. 象征。成人让儿童加入行动,从他们的存在中获益,假装儿童有机会参与。Level 6. 宽容。成人对儿童参与的概念有所了解,因此他们认为儿童的参与很重要,成人会对儿童进行咨询,但不会对过程或结果给予任何价值或信任。Level 7. 放任不管。成人发现儿童参与的"可爱"和"有趣",并且愿意为儿童提供有限的

```
            积极对抗
           阻碍
          操纵
         装饰
        象征
       容忍
      放任不管
     儿童被指派任务但被告知相关信息
    儿童被咨询和被告知相关信息
   儿童发起，与成人分享决策
  儿童发起，与成人分享决策
 儿童发起并指导
共同发起，儿童与成人共同指导
```

图4 南达娜等人"参与阶梯"（笔者 译）

空间来表达他们的观点。Level 8. 儿童被指派但被告知。成人可能会认真地和儿童一起工作，成人决定需要做什么，但会让儿童充分了解。Level 9. 儿童被咨询和告知。成人相信且咨询儿童，并让他们参与，成人发起活动，但告诉儿童情况并征求他们的意见。Level 10. 成人发起，与儿童分享决策。成人发起过程或计划，但愿意与儿童分享决策。Level 11. 儿童发起，与成人分享决定。儿童及其组织一马当先，并邀请成人与他们合作。Level 12. 儿童发起并指导。儿童及其组织完全由儿童控制，他们可能涉及也可能不涉及成人。Level 13. 由儿童和成人共同发起和指导。成人和儿童发展出伙伴关系，他们共同发起和指导过程，他们共同拥有想法、过程和结果。基于双方的同意，他们可以扮演不同的角色。

5. 救助儿童会联盟（2010）参与权三层次

救助儿童会联盟根据哈特和特雷泽等人的模式，把儿童参与分为三个层次（见图5）。Level 1. 通知和/或咨询儿童。儿童对成人在做什么和为什么这样做很了解，成人也可以向他们咨询关于成人的想法，以确认成人的工作方式是否正确。儿童的参与是有价值的，但仍然相当被动。成人发起、设计并设置活动的参数，邀请儿童参加由成人设计的活动，通知并咨询儿童，限时或一次性活动，成人拥有大部分权力，成人准备好倾听并接受儿童的观点。Level 2. 儿童与成人合作和/或分享决策。儿童与成人合作，与他们分享决策。可以是由成人发起或由儿童发起活动，但成人和儿童相互尊重，在工作中是平等的利益相关者。Level 3. 儿童领导倡议。儿童带头发起自己的项目，他们可以向成人寻求支持或指导，但这只是一种选择。在这三个层次中的任何一个层次上，都不可能对儿童参与性活动进行分类。实际上，一个项目或活动在不同的时间，可以在这些级别中的任何一个级别上运行，但是与儿童一起参与工作的某些特点将有助于确定儿童的参与程度。

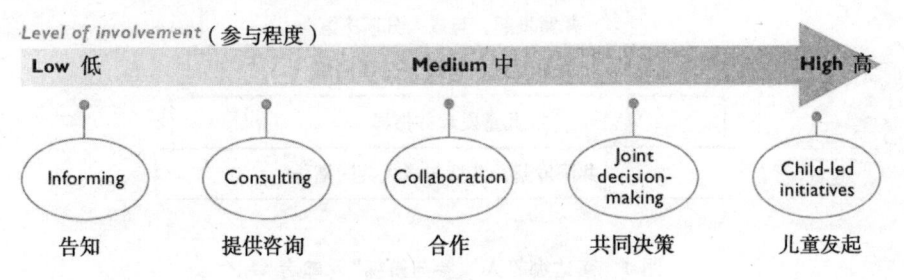

图5 救助儿童会联盟"儿童参与"度

6. 汉内瑟拉（Hanneretha Kruger, 2018）三级模式

奥德森（2008）确定了决策中的四个参与层次：了解情况；表达知情观点；在做出决定时考虑到这些观点；如果有能力的话，作为主要决策者。汉内瑟拉认为，奥德森（2008）的模型最适合表示《公约》第12条所设想的参与程度。奥德森确定的第一级参与（所有儿童的知情权）受到《公约》第13条和第24［2（e）］条以及《非洲儿童权利与福利宪章》第14［2（h）］条的保护，且这项权利与儿童形成观点的能力或孩子成熟度无关。奥德森确定的第二级参与（儿童能够形成自己的观点以及拥有表达这些观点的权利）受到《公约》第12（1）条的保护。这同样适用于第三级参与（儿童有权形成自己的观点，根据儿童的年龄和成熟程度对儿童表达的观点给予适当的重视）。由于奥德森（作为主要决策者）确定的第四级不受第12条的支持，汉内瑟拉在其研究中把她的模型改编为，Level 1. 所有儿童有知情的权利；Level 2. 儿童能够形成自己观点，并有表达这些观点的权利；Level 3. 根据儿童的年龄和成熟程度，能够形成自己观点的儿童的意见有权得到适当的重视。

这一模式带有强烈的《公约》色彩。

（四）儿童参与权的意义

关注儿童参与权对儿童、对社会的意义是当前关于儿童参与权的另一焦点，与前三个研究焦点不同的是，学者对儿童参与权的意义没太大的争议，多持积极肯定的观点。

1. 提升个体发展

实现被倾听和意见得到适当重视的权利有助于提高儿童的能力。越来越多的证据表明，在家庭、学校和其他环境中，经常考虑儿童的观点和经历有助于培养儿童的自尊、认知能力、社交技能和对他人的尊重（Krénzl-Nagl and Zartler，2010）。通过参与，儿童获得交流技能、获得成就感、提升对自己能力的信心、获得政治和社会知识、认识到自己的权利和责任、促进其他权利的实现，有助于发展儿童和成人之间的积极关系，促进社区内专业人士和儿童的积极形象，促使成人尊重儿童和以儿童的方式思考和行动，创造出一个良性循环。儿童参与越多，他们的贡献就越有效，对他们的发展影响就越大。同时，参与也为儿童提供了其他发展中的技能，如移情、责任、自我掌控感和归属感，以及增强自尊等。

拉贾尼（Rajani R，2000）认为，越来越多的证据表明，在给予儿童参与机会的地方，儿童获得了更高水平的能力，从而提高了参与质量。儿童不仅是环境刺激的被动接受者，而且以有目的的方式积极参与周围环境，甚至从婴儿时期便是如此。罗戈夫等人（Rogoff et al.，1996）宣称，儿童不是在有序、可预测的阶段中发展的，而是通过自己与他人交流的活动来了解世界的。与成人和同龄人一起参与活动的经验（假设有能力成功完成任务）鼓励了儿童的发展。在任何特定文化中，儿童有效参与的能力直接受到成人支持水平、对他们的尊重、对他们的信任以及承担更多责任的机会的影响。儿童将获得与他们在自己生活中行使权力的范围直接相关的能力，而对自我效能感最有效的准备是为自己实现目标，而不仅仅是观察别人实现这个目标。培养能力最有效的模式是让儿童进行协作，每个人都作为其他人的资源，并根据他们的理解和专业知识承担不同的角色和责任。

2. 强化决策和结果

克利弗（Cleaver，2001）总结了两个广泛的参与论点：基于"效率"和

"公平、赋权"的论点。在效率方面,参与被认为可以产生更好的结果并确保有效性,例如在政策、服务、儿童保护和法律诉讼方面。在赋权方面,参与被认为可以提高个人改善或改变自己生活的能力。效率话语主要是实践的、技术的和基于项目的,而赋权话语作为一个过程被认为具有更大的道德价值。

兰斯多恩等人(2014)认为,成人并不总是充分了解儿童生活的,从而不能为儿童制定的立法、政策和方案做出明智和有效的决定。许多权利只有在儿童的积极参与下才能有效地得到尊重和保护。为儿童创造听证机会,对于确保就儿童的观点做出适当决定至关重要,例如学校设置,离婚和分居案件中的监护、收养、安置,在少年司法、卫生保健或监测机构中的照料标准等。儿童对于他们的生活、需要和关注有独特的知识体系,以及从他们的直接经历中得到想法和观点。考虑儿童的观点需要告知影响他们生活的所有决策过程,充分了解儿童自身观点的决定将更有意义、更有效和更可持续。

有新的证据表明参与可以产生更好的结果(Lansdowne, 2011a)。例如英国政府的一项试点研究发现,当将优先考虑学生参与活动的中学与不优先考虑学生参与的其他类似中学进行比较时,参与(例如学生参与学校治理和政策)和学生16年的考试成绩之间也存在正相关关系。[①] 此外,挪威的研究表明,在发展的早期阶段,幼儿的福祉、参与学习、自尊和某些科目的成就之间存在明显的正相关关系。[②] 对高瞻课程方案(High Scope Program)早期儿童项目进行的研究发现,与在其中教师更关注学术成绩的保育环境相比,在一个结构松散但支持性较强的环境中,教师积极应对幼儿自主的、参与性环境的托儿所,以及儿童"计划、实施和审查"他们行为的 High/Scope 方法更多地与长期的积极结果相联系。[③] 布拉格等人(Bragg et al., 2003)讨论了记录其他好处的各种研究,例如改善学习环境中的关系,更好地尊重教师,增加学生的努力程度和增强学习态度,从而提高学生出勤率,使学生完成家庭作业。

---

① HANNAM D. A pilot study to evaluate the impact of student participation aspects of the citizenship order on standards of education in secondary schools [D]. Cambridge: Cambridge University, 2001.
② HANNAM D. Participation and achievement [R]. London: Department for Education and Skills, 2003: 59-67.
③ SCHWEINHART L J, MONTIE J, XIANG Z, et al. Lifetime effects: The HighScope Perry Preschool study through age 40 [M]. Ypsilanti, MI: High Scope Press, 2005: 256-270.

塞巴等人（Sebba et al., 2010）介绍了联合国儿童基金会在联合国制定的强调尊重儿童权利的学校项目（7、8、9学年），结果发现所有年龄段的学生在社会关系、行为和成就方面都有所改善。参与式管理学校中的学生更尊重他人、更愿意帮助他人，攻击性和破坏性较少。他们更尊重学校环境，更爱护书籍、书桌和学校设备，更多地参与课堂和课外活动，如俱乐部和学校理事会，并且比那些没有参加这个项目的学生表现出更强的学术参与度和成就。这些学生还提高了批判性思维技能，对处理新任务表现出更强的信心，提高了考试成绩，并表现出了较强的自律能力和意识，认识到他们所承担的责任是他们权利的伴随物。采用该方案的学校教师报告了尊重学生参与权方案对其教学和学校内部关系的总体积极影响。他们还报告说，由于工作的直接结果，他们很少感到疲惫，在与学生打交道时感到更有活力，教学经历的挫折感更少。

3. 保护儿童

表达意见并予以认真对待的权利是挑战暴力、虐待、威胁、不公正或歧视的有力工具。通过参与而获得的自尊和信心使儿童能够挑战侵犯其权利的行为。此外，成人只有在被告知儿童生活中发生的事情时才能采取行动保护儿童，而通常只有儿童才能提供这种信息。

传统上，儿童被剥夺了保护自己免受暴力、虐待和不公正侵害的知识，以及挑战这些弊病的机制。因此，在整个历史上，儿童的沉默和他们所经历的虐待对虐待者而非儿童产生了保护影响。这一模式被生动地反映在英国在20世纪90年代为调查保育机构中的虐童问题而设立的一系列调查委员会报告中。① 爱尔兰政府于2000年成立的调查虐童问题委员会进一步证明了这一点。该报告于2009年发表，揭露了儿童遭受持续的身体和性虐待的严重程度，这些虐待持续多年，没有受到挑战，儿童无力保护自己［儿童和青年事务部长办公室（Office of the Minister for Children and Youth Affairs），2009］。针对残疾儿童的性暴力和身体暴力的研究证据显示出同样的模式，这些报告中的每一篇都雄辩地证明了儿童被剥夺了发言权，没有能报告或寻求帮助的机制，并且普遍存在儿童不说真话的假设。相比之下，如果鼓励儿童清楚地表达他

---

① KIRKWOOD A. The Leicestershire inquiry, 1992 [R]. Leicester: Leicestershire County Council, 1993: 121-130.

们正在发生的事情，并提供必要的程序来提出他们的担忧，那么侵犯儿童权利的问题就更容易暴露（Willow，2010）。如果儿童能够自己向有权采取适当行动的人讲述自己的经历，家庭、学校或社会等对儿童的暴力或剥削童工的问题将得到更有效地处理。

总体来说，被鼓励表达自己观点的儿童不易受到虐待，而且能够更好地为保护自己做出贡献。获取保护儿童所需的信息、参与关键决策过程的机会以及鼓励儿童言论自由权可以使儿童有能力挑战虐待行为。相反，坚持被动服从使儿童容易受到剥削和虐待，伴随虐童的沉默只会保护虐待者，被剥夺了参与权的儿童更难挑战虐待行为。儿童经常以自己所遭受的行动来体验生活，而不是作为一个有能力和力量影响自己生活的积极参与者。

4. 包容和尊重他人

尊重儿童并为他们提供参与他们关心的事情的机会，是鼓励他们相信自己、获得信心和学习如何与他人协商决策的一种方式。兰斯多恩等人（2014）认为，儿童参与学校理事会、团体、俱乐部、委员会、非政府组织和其他形式的组织为加强民间社会学习如何为社区发展做出贡献以及认识到有可能产生积极影响提供了机会。参与也为来自不同背景的儿童提供了建立归属感、团结、正义、责任、关怀和敏感性的机会。民主需要具有理解、技能和承诺的公民来建立和支持儿童能动性。正是通过参与，儿童才能发展这些能力——从家庭内部决策谈判开始，通过解决学校冲突并为地方或国家一级的政策发展做出贡献。参与可以使儿童学会尊重差异、和平解决冲突，并增强他们达成双赢解决方案的能力。民主需要直接和间接的参与，儿童既可以直接参与，也可以有代表他们参与的代表，这些代表必须有他们代表的小组的明确授权和对该小组明确的问责制。从长远来看，支持儿童在幼年时得到被倾听的权利是培养公民权的组成部分。以这种方式，民主的价值观被嵌入到儿童的生活方式中——这是一个比 18 岁时突然移交权力更有效的民主基础。通过积极参与的经验，儿童还认识到，人权涉及互惠和相互尊重，而不是满足个人需要的途径。

（五）儿童参与权的实现状况及其促进措施

这一类研究涉及儿童参与权实现过程中面临哪些挑战，应该采取哪些应对策略。研究的范围涵盖从国际、国内到相对较小的区域或组织。

普劳特（Prout，2000）对儿童参与权面临问题的相关文献做了回顾，研究中认为，实用主义和参与原则都存在着越来越明显的紧张关系。研究强调了儿童参与权面临的以下实际问题：①实践者缺乏信心、知识和技能、时间，缺乏足够资源能够支持儿童的参与；②成人对儿童参与能力的怀疑；③对象征主义、咨询疲劳、缺乏结果和变化的不安；④对代表性的关注以及未能包括某些特定儿童群体，即已经处于不利地位的儿童，如残疾儿童、少数民族和年幼儿童；⑤关注正式的成人决策结构和自上而下的议程，同时未能认识到儿童在日常生活中的议程和自主行动；⑥偏向于口头和书面形式的参与，忽视了儿童的多模式交流实践；⑦在参与过程中未能认识到儿童的沉默权和对决策的抵制；⑧反对意见认为，许多参与式实践并没有给予儿童任何真正的权利。对于如何促进儿童参与权的实现，是研究者们关心的另外一个问题。

在促进儿童在学校中的参与权方面，兰斯多恩等人（2014）认为《儿童权利公约》详细说明了履行、保护和尊重每个儿童权利的国际要求。尤其是《公约》明确规定了保证儿童有机会就他们关心的所有问题发表意见的权利。实现这些目标与尊重和重视儿童作为教育过程的积极参与者相关联。如果得以充分实施，儿童在整个学校环境中表达意见、意见受到严肃对待的权利，将是朝着尊重儿童权利、尊重儿童尊严和公民身份，以及尊重其为实现自身利益能力文化迈进的最深刻转变之一。珍妮特（S. Jeanette，2017）以哥德堡青年理事会的言论行为为例，探讨了儿童在参与民主进程时可能遇到的阻力、儿童主义的理论概念以及儿童主义如何能够成为逃避成人规范支配的一种方式，成人规范如何限制将儿童纳入民主进程，以及把儿童理解为政治主体的可能性。其认为，儿童主义的概念意味着通过改变所有人的理解和实践来理解儿童的经验，而不仅仅是针对非成人，并以此为儿童创造政治空间，让儿童参与确定哪些应该被视为政治上的重要内容。

有些学者认为，应该研究儿童参与研究的权利。玛丽等人（A. P. Mary et al.，2009）从与儿童一起进行研究的19名研究人员的视角探讨了儿童参与研究的情况。通过使用电子邮件反复采访以澄清观点的方式获得研究人员的报告，考察了研究者关于儿童研究的叙述，并分析了儿童参与权的实施程度，结果表明：当潜在的儿童参与者被认为是脆弱的并且研究的主题被认为是敏感的时候，儿童的参与权特别容易受到损害。这种看法导致严格的守门程序，阻止某些儿童参与研究。基于此，玛丽等人认为，儿童不应被视为弱势的被动受害者，而应被视为能够参与研究并做出决策的社会行动者，这种观点将导致成人更加认真地注意与儿童就研究问题进行有效沟通，并确保儿童在有关参与决策方面能够发挥更加核心的作用。

斯蒂格（Stig Broström，2012）认为，在（后）现代社会，儿童被视为积极的主体和参与者，他们在联合国《儿童权利公约》中有合法的依据。因此，儿童能够在他们自己的教育环境中规划/参与教育和研究方面发挥积极作用。他从理论和实践两个方面对儿童在教育和教育研究中的参与进行了论证，并认为，如果研究人员要理解并与儿童合作进行共同研究，教育工作者和研究人员应将儿童视为有能力的人，并认为其具有作为积极民主参与者的潜力，挑战以儿童的视角看待问题，研究人员和教育工作者有义务改变现状。一方面，儿童与成人有着同样的权利；另一方面，成人必须邀请儿童表达自己的观点，倾听他们的意见，尊重他们，使他们成为能够影响自己生活的个体。

关心某一范围内儿童参与权的实现状况是学者们关心的一大主题，联合国儿童权利委员会、联合国儿童基金会、救助儿童会联盟等组织在这一方面做了大量的研究。诺拉斯（S. M. Nolas，2011）从批判社会心理学角度针对通过在英国广泛开展的儿童参与评估为儿童设计的服务进行了反思。特别是对转型参与模式，诺拉斯对这种模式的可能性和局限性进行了反思，认为在英国社会文化背景下，对交互实践理解的一些挑战使得建立持久的关系性实践变得困难。研究人员探讨了以身份认同、自我叙事建构为核心的儿童参与权模式，提倡认识论反思和对儿童参与权的务实态度，并以此作为管理实践中不同参与方式之间冲突的一种方式。詹斯（M. Jans，2004）认为，由于这种模式与儿童的能力、法律地位及其脆弱性的事实和保护需求之间的不对等，直接把成人公民模式照搬至与儿童相关的事务上存在问题。

家庭是社会最小的单位，儿童是家庭中的重要成员，关心儿童在家庭中的参与权是学者关注的另一焦点，欧洲家庭正在经历着家庭成员之间权力关系的变化，包括父母和儿童之间关系的民主化。尼诺斯拉瓦等人（Ninoslava Pécnik et al.，2016）在 2010 年以克罗地亚 1074 名七年级学生（13 岁）及其父母（983 名母亲和 845 名父亲）为样本，调查了克罗地亚当代家庭中儿童的提供、保护和参与权的履行情况。此外，还探讨了参与权的实现与儿童对家庭民主气氛的认知之间的联系，以及儿童心理、社会适应的一些指标，取得了关于家庭中儿童权利实现、家庭管理风格、自尊、自控、问题行为和抵抗力的测量数据。结果发现，提供权和保护权一般比参与权更容易经常性实现。大约有一半的儿童报告他们自由表达意见和观点的权利以及影响与他们相关决策的权利得到完全尊重。在9%~12%的家庭中，儿童从未或很少经历过参与权的实现。对家庭中"执政方式"的评估表明，超过1/4的儿童将其家庭视为独裁、无政府状态。更高的参与权实现与将自己的家庭视为民主、儿童的自尊更高和行为问题更少的报告相关联。相比于儿童，他们的父母往往高估了儿童保护身体完整、尊严、参与决策和接受关爱权利的实现水平。

对儿童进行参与权教育是实现儿童参与权的一个重要手段。社会研究课程是土耳其基础教育中最重要的课程之一。它们包括历史、哲学、地理、法律、社会学和政治科学（公民教育）。齐尼（2. Merey，2014）使用定性研究，以"文本分析"为数据收集工具，采用频率和百分比用于数据分析，探讨了在土耳其中学四年级、五年级、六年级和七年级社会研究教科书中，儿童参与社会研究权利的实现程度。研究结果表明，在土耳其的社会研究教科书中并没有关于"儿童参与权"问题的研究，也没有关于儿童参与司法的声明。此外，教材中清楚地表明，儿童参与权，儿童参与（国家）政治、环境保护和可持续发展、健康环境的权利未分配到足够的空间，而关于"儿童参与学校环境"的陈述在所有社会研究教科书中被给予最高的地位。

在其他社会活动中儿童参与权方面，学者也做了一些探究。电影分类是一个行政程序，通过限制和设定儿童可以查看的内容来影响儿童。提姆（Tim Covell，2017）认为，根据联合国《儿童权利公约》第17（e）条，电影分类有助于各国履行保护儿童的义务。因此，根据联合国《儿童权利公约》第12条的要求，儿童有权以某些方式参与。提姆通过对各机构的调查，研究儿童参与电影分类系统的程度和方法，根据17个国家22个机构的数据，73%的电影分类有一定程度的儿童参与。这包括为儿童提供网站，儿童小组审查和讨论预先筛选的电影的分类，与其他国际数据集的比较表明，儿童参与电影分类程度较高的国家通常在实施儿童权利方面取得了良好进展。研究发现，儿童参与电影分类系统的程度不仅可能很高，而且在许多司法管辖区都有所实施，而且作为一般规则，在包含儿童权利文化的司法管辖区也有所实施。有了对目前情况的了解，以及调查儿童参与电影分类系统的价值，这个领域的未来研究可以提出更具体的问题，以获得更多关于所使用的各种方法的细节，验证所要求的参与。

儿童福利状况是衡量儿童生存质量的重要因素，有学者认为，儿童福利与儿童参与权的实现之间有着一定的联系。为了进一步探寻这两者之间的关系，劳埃德（K. Lloyd，2017）与埃莫森（L. Emerson，2017）探讨了福利与参与权之间关系的本质，他们采用"基于权利"测量儿童参与学校和社区的方法，利用儿童参与权问卷（CPRQ）以及主观幸福感测量工具（KIDSCREEN-10），对来自212所学校的大约3800名儿童（51%为女孩，49%为男孩）进行了测试。调查结果显示，儿童在KIDSCREEN-10主观幸福指标上的总分与他们在学校和社区环境中儿童对其参与权受到尊重知觉之间存在显著正相关。此外，结果表明，KIDSCREEN-10上的社会关系/自主问题与儿童对其参与权得到尊重的知觉密切相关。对性别调查结果的探讨表明，整体福利没有显著差异。然而，在KIDSCREEN-10的社会关系/自治领域，女孩的得分高于男孩，女孩在参加学校和社区方面也比男孩更积极。这项研究的结果表明儿童福利与儿童参与权之间关系的核心在于参与和幸福的社会/关系方面。

基于以儿童保护为导向的国家正朝着以与父母建立伙伴关系为重点的家庭服务方向发展，这一点在全球具有一定的普遍性。玛利亚等人（Maria Heimer et al.，2017）研究探讨了儿童参与和瑞典社会服务提供给他们的保护和供给之间的关系。该研究以联合国《儿童权利公约》为基础的儿童福利理论为分析框架，对来自2个市镇的案件资料进行实证分析，从而确定儿童参与如何影响儿童保护。研究发现，当儿童不能发出"声音"或没有机会影响"问题"是什么的框架时，保护和照顾的设计措施往往与儿童调查中记录的实际问题很不匹配，反之亦然；当儿童可以影响框架时，它与良好匹配的保护和关心相关联。这表明传统的儿童福利精神——保护应该是这样一个压倒一切的关注，以至于儿童应该被保护而免于参与是错误的。该研究进一步说明了瑞典社会服务的家庭取向存在的内在问题及其对儿童与父母伙伴关系的依赖，这使得其难以履行《儿童权利公约》。将儿童参与纳入现有服务模式可以将瑞典社会服务转变为以儿童为重点的强化系统，确保参与的同时也促进保护和供给。为了增加儿童从社会服务的保护和早期预防措施中受益的机会，有充分的理由将社会服务的重点转向增强的儿童焦点，包括儿童的参与。这意味着将儿童视为主要当事人，旨在与儿童建立伙伴关系，将儿童视为权利承担者，这个结论对于虐待儿童的案件以及对家庭的预防性支持是相关的。

将儿童参与纳入现有系统具有将当前面向家庭的社会服务模式转变为面向儿童的社会服务模式的潜力。

针对全球气候变化，由于儿童处于个人发展脆弱的阶段，他们受气候变化负面影响的风险更高，有些学者关注在此背景下的儿童参与。气候变化造成的重要负面影响包括营养不良、健康受到危害、暴力、移民和剥削。齐巴（VaghriZ，2018）研究认为，自1989年《儿童权利公约》实施以来，明确规定了儿童的被倾听和参与影响他们决定的权利，虽然《儿童权利公约》得到广泛批准，并承认青少年是一个主要的利益相关群体，有权参与与气候变化有关的对话，但儿童并未在全球范围内充分参与与气候变化相关的决策，促进他们参与的不少措施也是象征性的。而儿童参与是迈向气候正义、维护最弱势群体权利，以及强调代际和国际公平的必要性的重要一步，应呼吁让儿童更好地参与与气候变化相关的对话和决策。

在儿童医疗决策参与权方面，汉内瑟拉（2018）根据联合国《儿童权利公约》第12条连同《儿童权利公约》的其他有关规定，改编奥德森（2008）的儿童参与模型，形成了儿童参与医疗决策的三个层次。基于此，汉内瑟拉对南非选定的医疗决策审查这一权利的实现，包括同意医疗和手术以及终止妊娠，确定在这些案例中向儿童提供的参与程度。其结论是，虽然知情权（第1级）在《儿童法》第129条中未受到保护，但在《儿童法》（第2章）的"一般原则"一章和《国家卫生法》中对其进行了充分保护。但是，能够形成自己观点并表达这些观点的儿童的权利（第2级）在《儿童法》第10条或第129条中没有受到保护，尽管可以认为它在《国家卫生法》第8（1）条中受到保护。就三级保护而言，《儿童法》的第129条不符合《公约》的标准，只有一些儿童表达的观点，根据他们的年龄和成熟程度得以应有的重视：12岁以上的人并且符合第129条中的成熟度评估。相比之下，"选择法"超出了法案第12条所设想的保护。最后，汉内瑟拉建议立法修订，以加强参与权的实现，应当对《儿童法》第10条进行修改，使其所提供的保护达到《儿童权利公约》第12条的水平。并且指出，在评估儿童的成熟度和知情同意时，缺乏沟通技巧和专业知识或指导、缺乏咨询时间和人力资源等可能会妨碍儿童充分实现参与医疗决策的权利。

儿童参与权的法律保障分析。包运成从现行相关法律对于社会教育中的儿童参与权保障不足、难以有效保障社会教育中的儿童参与权出发，认为应该尽快更新社会教育中的儿童参与权法律保障的理念,完善相关法律,促进相关法律的系统化,强化相关法律规范的可操作性,特别是要加强社会教育中的农村儿童参与权法律保障。① 并在此基础上论述了学校教育中儿童参与权的法律保障(认为儿童参与原则应规定为儿童权利保护的基本原则,增强法律的协调性和可操作性,完善儿童参与学校教学及管理制度,优化儿童参与权救济机制)、中国家庭教育中的儿童参与权保障(认为中国家庭教育中的儿童参与权保障存在儿童受不当影响行使参与权、儿童行使参与权的范围被不当缩小以及儿童参与权的行使没有受到合理限制等诸多问题,而这些问题主要由于法律不完善等造成。目前,完善中国家庭教育中的儿童参与权保障应从更新理念、完善相关法律及加强监督等方面努力)以及自媒体对我国儿童行使参与权的影响及法律应对(自媒体对儿童行使参与权产生了积极影响,同时,自媒体对儿童行使参与权也有消极影响,应从各个方面努力,特别是加强法律应对,目前需着重注意贯彻儿童最大利益原则,完善实名制,完善监督制度)。

(六) 幼儿参与权研究

与大龄儿童相比,幼儿期作为儿童期的早期阶段,其有自身的特点,因此,在对作为整体的儿童参与权开展研究的同时,在 20 世纪 90 年代,随着对儿童权利、儿童参与权的深入研究,学界对早期儿童参与权的研究逐渐涌现。研究范围包括幼儿参与权的内涵、影响幼儿参与权实现的因素、提高幼儿参与权实现的策略及幼儿参与权的意义等。

1. 幼儿参与权是什么

从目前掌握的文献来看,国内外学者对于幼儿参与权的内涵很少做专门的界定,主要有两个原因:其一,幼儿属于儿童这一年龄范围,对儿童参与权的界定即包含了幼儿参与权;其二,专门从事幼儿参与权的学者可能不重视对幼儿参与权的内涵做进一步的界定,但还是有一些对幼儿参与权的描述性理解。

我国学者基本上多在《儿童权利公约》的基础上做解释和演绎。陈世联

---

① 包运成. 论中国家庭教育中的儿童参与权保障 [J]. 河北北方学院学报(社会科学版),2016,32(1): 56-61,67.

(2007)从《儿童权利公约》出发，认为儿童参与权是由儿童的自由选择权、自主决策权、活动权以及以话语权为核心的活动保障权和个体发展权构成的统一体，且认为儿童参与权可以划分为儿童享有知晓参与权、学习参与技巧、从参与权中获益的权利。

不少学者认为幼儿的参与不仅是行为的参与，还包括心理的参与，如汪刘生等人（1995）认为，当前幼儿园教学的主要误区有五个，其中两个都与幼儿参与有关，即机械学习、情感缺失。可见，幼儿参与不单指行为参与，还包括心理参与，思维参与和情感参与是心理参与的重要内容。这一点与朱迪等人（Judy et al.，2006）指出的"参与不仅有心理层面的涵义，也有行为层面的涵义"相一致。心理上参与的学习者在活动中会产生好奇、兴趣和快乐，他们期待从活动中实现自己的智力目标和个人目标，而且参与者还会表现出诸如专注、坚持、热情和努力等行为。也有学者从权利的角度来理解幼儿参与，如乔娜（Kangas Jonna，2016）认为，幼儿的参与是一种个人被倾听和卷入的体验，是儿童的民主权利，是一种具有分享意义的学习策略，从更广泛的角度来看，是从一个能力缺乏的儿童转变为一个有能力和活跃的社会成员的过程。

重视与幼儿参与权直接相关者对幼儿参与权的理解是国外幼儿参与权研究的一大特点，有学者就这一问题研究幼儿教师对幼儿参与权的看法。如贝（2009）对挪威两所幼儿园（3~6岁儿童）的定性研究，结合实例论证教师对幼儿参与权的理解。贝认为，根据国际和国家指导方针所强调的，幼儿在日常活动中，无论是通过身体动作、唱歌、画画、游戏还是其他活动，都有权体会到对其意图和表达的尊重。如果将这种情况简化为强调个人选择的正式惯例，他们的参与权就会受到威胁。另外，这种简化的方法可能满足了幼儿园所有者向外界表明他们致力于实现幼儿参与的需要。然而，当谈到在实践中支持幼儿表达他们的观点和确保他们的言论自由的权利时，这些方法是不够的。反而他们可能会让幼儿和其他人错误地看待日常生活中的民主过程。

国外关注儿童早期教育中的参与权的学者，如纳丁等人（Nadine Correia et al.，2017）在2014—2015年，通过试验结构化访谈以评估幼儿对参与的概念、期望和看法，他们对葡萄牙里斯本地区（阿尔加维地区除外）的43名（18名男童）年龄介于50~79个月的幼儿进行结构化访谈，具体的方法：设计两个教室（参与和不参与）让幼儿选择，在活动之后分别对两个教室的幼儿进行结构化访谈，访谈的问题主要来自文献回顾。结果表明，在参与式课堂中，幼儿认为他们有更多的机会做出选择。该研究提出了一个新的结构化访谈工具，可以让研究人员评估幼儿对在儿童早期教育和护理（ECEC）环境中幼儿有关参与的看法。此外，幼儿在参与性课堂中会感觉更好、更有乐趣，参与性课堂也是幼儿最喜欢的课堂。

2. 关于幼儿参与权的意义

有些学者尝试研究幼儿参与幼儿园课程和评价，并充分肯定了幼儿参与幼儿园课程和评价的意义，如高思姝（2012）讨论了构建幼儿参与课程评价培养其公民意识的策略。唐锋等人（2015）认为参与是幼儿的内在发展需要，幼儿参与课程评价不仅有利于其自身的发展，而且可以提高评价的有效性。参与是幼儿的基本权利，且幼儿具备参与的能力，幼儿理应与成人一起成为课程评价的参与者。为支持幼儿参与课程评价，教师应当树立幼儿参与的理念，建立适合幼儿参与的多样化评价机制，重视幼儿独特的评价方式。许文明（2013）认为幼儿参与美术评价体现了以幼儿为主体，发挥了幼儿在评价活动中的主动性，能够充分发挥美术评价活动的教育作用。幼儿参与评价活动有利于幼儿语言的发展；幼儿参与评价活动有利于幼儿积极地表现美；幼儿参与评价活动有利于情感态度的培养。

研究者不仅关注幼儿参与活动的研究，也开始关注幼儿参与与幼儿活动密切相关的空间设计研究，以此探讨幼儿参与的意义，但这类研究并不多。孙晓轲（2011）分析了幼儿园空间设计与参与理念的演变，其认为空间环境是儿童精神成长的外在条件，经历了且还在经历着不断地演变与发展。幼儿园空间设计诉求出现了从"面"到"体"的演变，从宇宙式到浪漫式的改变，力求满足幼儿的情感和思想需求；幼儿园空间建筑的功能不断丰富与完善，教学资源随数字信息技术的发展出现了从"蚂蚁屯粮式"向"蜜蜂酿蜜式"的转变；幼儿参与环境布置，不仅使环境发生变化，而且进一步激发了幼儿探索与挑战环境的兴趣。

阿内特等人（Anette Sandberg et al., 2008）通过调查研究分析幼儿教师对幼儿在园日常生活参与的理解，以及他们对幼儿参与有什么特征的经验和理解。该研究采用混合的方法设计，使用由幼儿教师提供参与定义的定性内容分析方法，幼儿老师提供的参与定义与来自对20所幼儿园的幼儿教师的访谈相匹配。调查问卷的结果表明，自我决定和日常生活的管理是幼儿教师高度参与的强有力指标。访谈结果表明，幼儿教师共有的理解是幼儿对他们周围世界的连贯感和理解，对幼儿日常生活的管理和参与有支持作用。

3. 幼儿参与权实现研究

（1）幼儿参与权实现面临的问题

关于幼儿参与教学活动的研究。我国学者对教学活动中幼儿参与的现状论述较多，一些幼儿教育工作者认为，幼儿参与水平不高的主要原因在于教师。董晶（2015）[1]通过调查研究，从参与时间、参与方式、活动的发起者、参与兴趣四个方面进行统计和分析学习环境创设中的幼儿参与，发现幼儿园幼儿的操作性实践程度低、活动发起较为被动、自主参与的时间较短、探索性实践的比例过低、参与的兴趣高和参与的程度低之间存在矛盾等状况，最终影响幼儿参与活动的质量，更不利于培养幼儿动手操作的能力和发现问题、解决问题的能力。唐锋等人（2015）[2]通过调查研究发现，当前幼儿参与班级物质环境创设有其积极的方面，如幼儿参与理念已为多数园长、教师和家长所认同和接受，幼儿参与的人数比例较高等。但同时也存在很多问题，如幼儿参与的独立性较差、幼儿参与的程度较低等。阻碍幼儿参与的因素既有微观层面的教师和家长教育观落后、教师身心压力大和幼儿园墙面高度和材料不适宜幼儿等，也有来自宏观层面的教育行政部门的传统观念制约和历史文化传统的束缚等。

克朗（Koran N，2017）[3]使用目的取样的文档选择方法来识别研究材料，从吉尔尼（Girne）地区的教师那里收集数据，分析来自15名准幼儿教师在"学校体验"课程中的档案。此外，由两位准教师在8周内记录了对每位教师64小时的观察，使用描述性分析技术分析反映出教师在教育环境中行为的数据。调查了幼儿教师与4~6岁幼儿合作的行为与参与课堂活动的权利，揭示了幼儿教师对幼儿参与权消极或积极应用的效应。此外，还根据参与要求评估了幼儿教师的实践，研究结果显示，就这些要求而言，15名教师存在144个正面案例和505个负面案例。据观察，一些教师考虑以幼儿为中心、民主

---

[1] 董晶. 幼儿园学习环境创设中幼儿参与的研究[D]. 重庆：西南大学，2015.

[2] 唐锋，周小虎. 幼儿参与课程评价：缘由、问题与对策[J]. 教育导刊（下半月），2015（1）：35-38.

[3] KORAN N. Perceptions of prospective pre-school teachers regarding children's right to participate in classroom activities [J]. Educational Sciences Theory & Practice, 2017, 17 (3): 95-106.

行为、幼儿的意愿和意见，并据此做出决定。此外，教师在参与要求方面主要表现出消极行为。

莱诺宁等人（Jonna Leinonen et al., 2014）①分析和评估了芬兰幼儿园幼儿的参与情况。研究发现，幼儿被视为与他人和环境互动的积极主体，然而在对幼儿教师调查收集的实际数据分析中，这种意识受到限制，并且幼儿教师从狭隘的角度关注幼儿的参与权，这反映出学前教育核心课程目标与和幼儿面临的实际参与之间缺乏联系。

（2）影响幼儿参与权实现的因素

关于影响学前儿童参与的因素，国内研究较多。程诗杰（2013）认为，影响幼儿参与的因素包括外部因素和内部因素。②外部因素包括家庭因素和幼儿园因素，家庭因素指母亲的交往风格；内部因素包括幼儿园教师行为、观念和早期教育环境的质量等；幼儿自身的因素则主要指年龄、健康状况等。其中，教师的影响最为重要。

原晋霞（2008）研究了集体教学活动中的幼儿心理参与问题，发现各年龄班教学活动在幼儿参与方面无显著差异，各科目教学活动在幼儿参与方面存在显著差异。③积极参与类型的活动并非一定是高认知参与水平的活动，但是消极参与或混合参与类型的活动却常常是低认知参与水平的活动。绝大多数高认知参与型教学活动都是积极情感参与的活动，低认知参与型活动不具有明显的情感参与差异。教师所提问题的组合类型及其之于幼儿的难易程度是影响幼儿参与的主要因素。教师的非理性权威主义是导致非整体参与型教学活动中幼儿参与不足的重要原因。教的过程凸显并吞没了学的过程是影响幼儿参与的重要原因。

凯思琳等人（Kathleen et al., 1995）④研究发现，教师对幼儿的行为给予及时关注与否会影响幼儿的参与水平。在关注时间一样多的情况下，及时

---

① LEINONEN J, BROTHERUS A, VENNINEN T. Children's participation in finnish pre-school education: Identifying, describing and documenting children's participation [J]. Nordic Early Childhood Education research Journal, 2014, 7 (8): 1-16.
② 程诗杰. 新入园小班幼儿参与活动行为研究 [D]. 沈阳：沈阳师范大学，2013：23.
③ 原晋霞. 幼儿园集体教学活动研究：幼儿参与的视角 [D]. 南京：南京师范大学，2008：1.
④ ZANOLLI K, DAGGETT J, PESTINE H. The influence of the pace of teacher attention on preschool children's engagement [J]. Behavior Modification, 1995, 19 (3): 339-356.

关注比不及时关注及不关注更能引起学前儿童的高水平参与。

凯塔琳娜（Katarina Elfstrom Pettersson，2015）① 探讨了幼儿园档案实践［档案实践涉及文件制作，数码和模拟，它包括拍照、录像、记录（手写或使用电脑或其他设备）、制作不同种类的人工制品（如绘画或素描），收集幼儿创造性作品，以及数码打印记录和讨论照片、幼儿手工、录像和已经完成的记录］中幼儿参与是如何建构和实施的，以及幼儿园档案实践中教师、幼儿和实物之间的活动演变。该研究基于对教师和幼儿的录像观察，记录了两个幼儿园小组的活动，运用权力关系、治理、档案实践理论和能动性现实主义的理论视角对视频观察进行了分析。结果表明，幼儿参与幼儿园档案实践工作具有复杂性，幼儿园使用了两种不同的记录方法，具有不同的理论基础：代表作品和教学记录。其结论是无论采用何种档案方法，幼儿的参与行为从参加到卷入和影响都是不同的，这可以看作是权力关系的两端。教师和幼儿之间的权力关系在不同情况下以及在个别情况下也各不相同，幼儿参与幼儿园档案实践以及档案本身不仅受到在场人员的影响和控制，而且受到不同材料因素的影响和控制，如照片和彩色编码标签等。考虑到物质因素，可以更广泛地了解档案实践，从而为幼儿参与幼儿园档案实践提供新的形式。

桑德伯格等人（2008）② 通过对幼儿教师和学步儿童之间互动的视频观察，以研究如何在教师控制程度不同的两种教育活动中理解幼儿参与。一种是指以强分类和框架化为特征，而另一种是弱分类和框架化。结果表明，强分类和框架化情境有限制幼儿参与的风险，而弱分类和框架化则有促进幼儿以自己的方式参与的可能性。幼儿参与的一个重要问题是教师创造有意义的情境，教师控制与情感呈现、支持和响应有关。

杨勤勤（2013）③ 通过对气质类型与幼儿参与音乐教学活动相关性研究发现，在幼儿气质的九个维度中，幼儿反应强度与幼儿音乐活动情感参与呈显著性相关，幼儿反应强度越高，则在音乐欣赏活动、打击乐活动、韵律活

---

① PETTERSSON K E. Children's participation in preschool documentation practices [J]. Childhood, 2015, 22 (2): 231-247.
② SANDBERG A, ERIKSSON A. Children's participation in preschoolon the conditions of the adults? Preschool staff's concepts of children's participation in preschool everyday life [J]. Early Child Development and Care, 2010 (180): 619-631.
③ 杨勤勤. 气质类型影响幼儿参与音乐教学活动的研究 [D]. 长沙：湖南师范大学，2013：67.

动中的情感参与越强。同一气质类型幼儿音乐教学参与程度是有差异的，四种不同气质类型的儿童在四种音乐教学活动中参与程度也是不同的。

（3）幼儿参与权实现策略研究

兰斯多恩（2001）提出了提高幼儿参与的建议：①明确参与目的；②提供幼儿友好型活动场所、语言和结构；③尽早鼓励幼儿参与；④帮助幼儿获得必要的参与技巧；⑤与幼儿合作设计参与方法；⑥成人提供必要的支持；⑦制定可持续的参与计划。①

在分析导致幼儿参与程度不高的原因之后，研究者和幼儿教师也从自己的切身体会出发提出了提高幼儿参与程度的方法。刘程（1997）②等人进行了"参与—发现—创造"的教育实验研究课题，他们总结了实施途径：创设丰富的教育环境，让幼儿主动参与；处理好参与活动中幼儿主动探索与教师积极诱导的关系。

唐锋（2015）③在研究幼儿参与幼儿园环境创设中提出：教师应转变观念，内化幼儿参与的理念；全面理解幼儿参与理念，鼓励幼儿参与环境主题和内容的讨论；主动学习，提高环境创设的能力；在游戏和生活中培养幼儿的参与意识和能力。园长应为幼儿教育提供理念引领保障；制度保证环境创设中幼儿主体性的体现，加强教师培训；尊重教师的课程自主权；简政务实，改善教师身心状况；提供适宜幼儿的墙面高度和材料。家长应转变观念，重视环境创设对幼儿的影响；鼓励幼儿自立并多让幼儿接触社会、自然，培养幼儿的参与意识和能力。教育行政部门应转变评价观，政府部门应营造鼓励儿童参与的社会氛围。同样是对幼儿参与环境创设的研究，董晶（2015）④从参与时间、参与方式、活动的发起者、参与兴趣四个方面统计和分析了学习环境创设中的幼儿参与，针对研究发现的问题提出了幼儿园学习环境创设应以开发课堂教学环境资源、为课堂提供实践平台、发展幼儿的主体性为目标。从教师、幼儿个人特征和环境等各方面研究分析了在学习环境创设中影

---

① LANSDOWN G. Promoting children's participationin democratic decision-making [R]. Florence: UNICEF Innocenti Research Centre, 2001: 67-107.
② 刘程. 幼儿园参与性教学的研究与实践 [J]. 绵阳师范高等专科学校学报, 1997 (3): 91-92.
③ 唐锋, 周小虎. 幼儿参与课程评价：缘由、问题与对策 [J]. 教育导刊 (下半月), 2015 (1): 35-38.
④ 董晶. 幼儿园学习环境创设中幼儿参与的研究 [D]. 重庆：西南大学, 2015: 69.

响幼儿参与的相关因素，并分析了各因素之间的相互作用，提出了以确立幼儿发展为本的创设理念，让幼儿参与学习环境创设的材料收集，坚持艺术性与教育性统一，建立宽松和谐的氛围等策略。

（七）已有文献述评

综观上述对国内外关于儿童参与权以及幼儿参与权文献的梳理，儿童（幼儿）拥有参与权得到了学界的认可，也积累了一定的研究成果，但并非所有社会群体对幼儿拥有参与权或者拥有什么样的参与权都有充分的认可。其特点以及有待进一步研究之处在于：

第一，相比于幼儿参与权研究，儿童参与权研究要深入得多，儿童参与权研究无论是在理论基础、研究范围、研究数量方面都比幼儿参与权研究要深入、数量要多，幼儿参与权被纳入儿童参与权而进行研究。基于《儿童权利公约》对儿童年龄的界定，探讨一般意义上的儿童参与权成为国内外共同的特点，但并未深究不同年龄阶段的儿童的参与权的特点，这导致儿童参与权的泛化，没有明确的针对性。随着对儿童权利的进一步关注，以及对不同年龄阶段儿童的深入研究，对不同年龄阶段儿童权利及参与权的研究将成为一个趋势。

第二，研究范围较为广泛，但有待深入。涉及儿童范围较广，触及世界不少国家的儿童参与权状况研究，这与国外较为重视儿童权利有很大的关系。已有研究主要集中在幼儿参与权的意义、程度以及影响因素等方面，从研究成果涵盖面来看，主要集中在幼儿参与园内活动方面，几乎涵盖幼儿所有的活动，也有研究者把目光转移到与幼儿活动密切相关的空间设计上进而探讨空间设计和幼儿参与的关系等。随着研究的深入，为了避免宏大叙事的缺陷，研究具体幼儿活动领域中的幼儿参与权也是将来的一个趋势。

第三，相比国外对幼儿参与权的理论研究，国内对幼儿参与权的理论研究略显薄弱。国内学者多从法学理论视野对儿童参与权进行分析，并以此为依据提出了针对立法、家长、教师的建议，缺乏多学科视角的参与。在教育学领域内也有学者对幼儿参与权研究予以关注，主要是探讨幼儿参与权的保障、教学过程中幼儿参与权的内涵和实现等问题，多数研究基于参与对儿童发展具有实用性价值，远未深入道德哲学和权利哲学层面。对儿童参与的内涵、价值、机制等缺乏足够深入的了解，导致对儿童参与的理解模糊，直接影响研究结果的价值。国外对幼儿参与权的论证主要有基于人权理论的论证、基于主体能力的论证、利益原则的论证以及主体间性视角的论证，但这几种论证都面临着问题，难以为幼儿参与权的合法性奠定基础，基于新的儿童观、儿童发展观寻找新的理论，对幼儿参与权的论证将是幼儿参与权理论发展的必由之路。

第四，研究方法丰富。幼儿参与权实践研究重在研究方案的设计、研究方法的恰当选择，这是值得后来的幼儿参与权研究者借鉴和思考的。目前已有的幼儿参与权研究中，录像分析、访谈、观察和调查等方法运用较多，提高了问题和方法之间的契合度。根据研究需要，适当采用多种方法相结合的研究方式有利于幼儿参与权研究的进一步推进。

总之，已有幼儿参与及幼儿参与权的研究对本研究具有重要的参考价值和启发意义，这也是本研究的起点和依托之处。

（八）本研究问题确立

本研究之所以选择将在班级活动中的幼儿参与权作为研究主题，其原因在于：首先，通过对已有儿童参与权和幼儿参与权研究文献的分析，研究幼儿参与权是儿童参与权研究的深化需要，对于大龄儿童而言，幼儿有其自身的特点，笼统地将其作为儿童来对待，难以尊重幼儿的身心特殊性；其次，随着学前教育在我国的普及，绝大部分幼儿都会在幼儿园度过自己的学前期，而幼儿园班级又是幼儿在幼儿园中学习、生活的主要场所，幼儿在班级中的参与权的实现研究具有强烈的现实意义，且通过聚焦于一个与幼儿密切相关、相对具体的环境进行幼儿参与权研究，也避免了宏大叙事的缺陷。具体而言，主要围绕以下三个方面对幼儿班级活动参与权展开研究：

1. 幼儿班级活动参与权何以存在？主要涉及幼儿班级活动参与权的理论基础。

2. 幼儿班级活动参与权的基本内涵是什么？涉及幼儿班级活动参与权的价值基础、性质、构成条件等。

3. 幼儿班级活动参与权的实现状况如何？包括幼儿教师对幼儿参与权的理解、态度和行为应是什么？这些态度和行为产生了什么样的结果？幼儿教师为什么会有这样的态度和行为？幼儿对此有什么样的反应？为什么会有这样的反应？

三、研究意义

(一) 理论意义

一般而言,探讨权利有三个层次,即"应有""法有"和"实有"三个层面。应有层面一般指权利哲学、道德哲学层面;法有层面一般指法律法规层面;实有层面指实践层面。目前关于儿童参与权的研究主要从"法有"和"实有"两个层面进行探讨,而"应有"涉及深层次的价值观念,是"法有"和"实有"的基础,对"应有"层面的研究为"法有"和"实有"层面的研究提供理论指导。本研究立足于幼儿班级活动参与权的"应有"层面,从权利哲学与道德哲学层面出发,基于幼儿身体发展特点,对幼儿班级活动参与权进行论述,丰富儿童参与权理论体系,同时对推动我国学前儿童参与权保护的具体制度设计及运作具有较为重要的意义。

(二) 实践意义

从实践方面看,在班级活动中,教师倾向于重视幼儿参与的工具价值,较少把幼儿参与班级活动作为幼儿的一项权利来看待。对幼儿参与权背后的历史逻辑与哲学基础进行讨论和研究,可以澄清人们对于幼儿参与权理论存在的误解或者定位不清等问题,将为法律、学前儿童社会政策与学前儿童服务等诸多领域提供理论支持。通过质性研究,深描当前幼儿班级活动参与权的实现状况并深刻分析其原因,为家长、幼儿教师和其他公众深刻理解幼儿班级活动参与权实践,对转变幼儿教师、家长及其他公众的幼儿参与观念,对改善幼儿生存环境、切实保障幼儿参与权益具有积极意义,进而对教育工作者培养幼儿参与权意识和行为能力具有一定的参考意义。

四、研究思路和方法

(一) 研究思路

事物或者判断可以分为"事实""逻辑"和"价值"。关于"事实"与"价值"之间的关系一直是哲学争论的焦点之一。休谟(David Hume)认为事实不能引发价值,此中的"事实"属于米尔恩(A. J. M. Milne)所谓的

"自在性"事实,并非"规定性"事实,而"规定性"事实与价值联系在一起。与幼儿班级活动参与权相关的问题并非单纯的"自在性"事实,它既有由一系列相关观念、行动构成的实践性事实,又蕴含了由社会关系和制度构成的规范性价值,也包含着由对幼儿的观念到有关幼儿班级活动参与权的判断逻辑。它总与人的需要和目的联系在一起,是在一定的价值导向下人为形成的事实,因此,幼儿班级活动参与权问题总是与事实、逻辑和价值相联系。那么,从方法论层面而言,关于幼儿班级活动参与权问题的研究应采取事实研究与价值研究相结合的思维取向。

本研究根据上述需要解答的问题,采取价值研究与事实研究相结合的原则,以问题内在逻辑为导向认识本研究所关注的问题,即幼儿班级活动参与权的理论基础,进而探讨幼儿班级活动参与权的基本内涵,对于这两大问题,本研究采用理论研究法展开论述。在此认识基础上,本研究采用扎根理论研究方法对幼儿班级活动参与权的实践展开研究,深描并解释幼儿班级活动参与权的实践。具体而言,本研究按照"幼儿班级活动参与权的理论基础→幼儿班级活动参与权的基本意蕴→幼儿班级活动参与权的实现状况→反思与理解"的认识路径展开。具体的论证逻辑如图6所示。

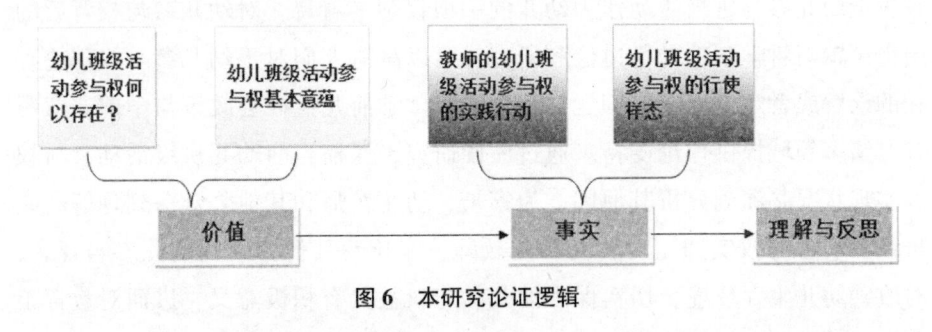

图6 本研究论证逻辑

(二) 研究方法

追求研究方法与研究问题之间的适切是研究应有之义。叶澜(1999)指出,方法论研究的对象不是纯方法,也不是纯客观对象本身,而是两者的关系,即方法整体与对象特性的适宜性问题。[①] 也就是要思考研究的问题是什么?不同的研究方法能在多大程度上揭示所要研究的问题?其他研究者在面

---

① 叶澜. 教育研究方法论初探 [M]. 上海:上海教育出版社,1999:14.

临这一问题时，采取了什么样的方法？相对而言，自己熟悉的研究方法是什么？在本研究中，着重考虑的也应是方法整体与研究对象特性的适宜性问题。根据本研究确定的研究思路，综合运用以下研究方法：

1. 文献法

文献是记载人类知识最重要的手段，是传递、交流研究成果重要的渠道和形式，其作为一种主要情报源和信息源，是进行教育科学研究的重要部分。[1] 所谓文献法，"主要是指搜集、鉴别、整理文献，并通过对文献的研究形成对事实的科学认识的方法"[2]。在本研究中，研究者通过搜索获得大量国内外有关权利、儿童权利、儿童参与权的文献资料，并对这些资料进行整理、归纳、理解，以厘清本研究问题的概貌，确立本研究在该问题研究轨迹中的位置，并以此作为本研究的重要基础。

2. 理论研究法

理论研究法是人们利用大脑这一特殊思维的工具，通过感觉、知觉、抽象、概括、归纳、演绎等思维形式，形成对事物的现象和本质的解释。[3] 本研究以权利哲学和社会学为研究视角，对以往权利理论、儿童权利理论进行分析、归纳和演绎，分析了儿童发展理论、理性能力理论与幼儿班级活动参与权之间的关系，并以"需要"为奇点，论证幼儿班级活动参与权的合理性，从而确立本研究的价值立场；借助阿德勒的权利哲学，论证幼儿参与权的价值基础；从参与权实现条件的角度出发，论证幼儿园班级活动参与权的四大条件性权利。

3. 质性研究

陈向明（2000）认为"质的研究是以研究者本人作为研究工具，在自然情境下采用多种资料收集方法对社会现象进行整体性探究，使用归纳法分析资料和形成理论，通过与研究对象互动对其行为和意义建构获得解释性理解的一种活动"[4]。"质"的研究强调研究者要深入社会现象之中，通过亲身体验了解研究对象的思维方式，在收集原始资料的基础上建立"情景化的""主体间性"的意义解释。本研究在事实研究部分旨在深描幼儿班级活动参与权

---

[1] 裴娣娜. 教育研究方法导论 [M]. 合肥：安徽教育出版社，1995：88.
[2] 刘智成. 儿童游戏权研究 [D]. 南京：南京师范大学，2014.
[3] 董乔生. 中学地理"具身"教学范式研究 [D]. 西宁：青海师范大学，2018.
[4] 陈向明. 质的研究方法与社会科学研究 [M]. 北京：教育科学出版社，2000：12.

的实现状况及原因何在，涵盖幼儿教师对幼儿班级活动参与权的认知、态度和行动逻辑，幼儿对此做出了什么样的反应、其逻辑何在等，即需要建立基于研究资料的新理论。质性研究所采取的具体的方法众多，但不同的方法适恰不同的研究问题和研究目的。王俊（2017）认为，扎根理论（grounded theory）是指研究者根据自己对某一领域研究的兴趣点，不断对资料进行思考、比较、分析、归类、理解、范畴化，最终通过理论触觉（theory sensitivity）挖掘理论、建构理论的一种方法。① 扎根理论的特点很好地对应了这一需要研究的问题和研究目的，因此，本研究将扎根理论作为一种重要的研究方法。

五、核心概念界定

概念指"能够反映事物特有属性或本质属性的思维形式，是人们在理性认识阶段的产物，是理性思维的一种基本形式"②。

（一）权利与儿童权利

1. 权利

在西方文化中，权利（right）一词来源于拉丁文"jus"，含有"权利"和"正当"之义。长期以来，"正义"和"权利"被当作同义语。夏勇（2001）认为"社会承认某人享有一项权利，就意味着承认他可以从他人、社会那里获得作为或不作为——这种'应得''应予'就是通常所说的'正当''正义'"，因此可以说，正义是权利概念的逻辑基础。不同于我国传统儒家文化把"义"和"利"对立起来，"正义"更多含有的是法律里"义务"的意味，古希腊人则注重把正义与社会利益结合起来解释正义，因此，现代意义上的权利概念盛行于西方，我们现在所使用的权利一词也是西方意义上的权利。在现实中，人们一般在两种意义上使用"权利"一词：其一，实在法的意义层面，即现有的法律规定权利主体拥有的权利；其二，应然层面，即由道德、伦理、习俗等提供的正当性规定。

自权利这一概念出现开始，研究者就试图基于不同的视角和理论基础去解释权利是什么，由于研究者本身对社会和人的本体论和认识论不同，因此，

---

① 王俊. 跨学科教学团队中的大学教师发展：基于扎根理论的探索［D］. 南京：南京大学，2017.
② 彭漪涟，马钦荣. 逻辑学大辞典［M］. 修订本. 上海：上海辞书出版社，2010：984.

出现了对权利的不同界定，甚至是众说纷纭，莫衷一是。正是因为权利的复杂性，学者们对权利的认识呈现两种取向，即从"权利是什么"和"什么是权利"两种视角来认识权利，前者力图揭示权利的本质，后者力图描述构成权利的组成要素有哪些来认识权利。

对于从"权利是什么？"的角度来解释权利的思维进路，张文显（2001）在《法哲学范畴研究》（修订版）一书中把中外法学论著中对权利解释产生过的重要影响界定分成了8种：（1）资格说（entitlement），即借助"资格"来解释权利；（2）主张说（claiming），即把"主张"（claim；claiming）作为权利概念的指称范畴，以此把权利定义为法律上有效的、正当的、可强制执行的主张；（3）自由说（liberty），主张用自由来界定和表征权利，即权利是自由的法律表达；（4）利益说（interest），该学说认为，权利的基础是利益，权利来源于利益要求，权利乃法律所承认和保障的利益；（5）法力说（legal capacity），这一学说主张权利是法律赋予权利主体的一种用以享有或维护特定利益的力量；（6）可能说（possibility），其基本主张是权利乃法律规范规定的有权人做出一定行为的可能性、要求他人做出一定行为的可能性以及请求国家强制力量给予协助的可能性；（7）规范说（norm），这一学说的基本主张是，权利乃是法律所保障或允许的能够做出一定行为的尺度；（8）选择说（choice），其主要思想是权利意味着在特定的人际关系中，法律规则承认一个人（权利主体）的选择或意志优越于他人（义务主体）的选择或意志。我国学者夏勇（2001）则认为，构成权利最基本的要素是利益（interest）、主张（claim）、资格（entitlement）、权能（power and capacity）、自由（liberty），并进一步认为，"以上述五要素中任何一种要素为原点，以其他要素为内容，给权利下一个定义，都不为错。这就要看你强调权利属性的哪个方面"①。因此，夏勇把权利界定为：所谓权利是指道德、法律或习俗所认定的正当的利益、主张、资格、权能和自由，② 这一概念得到不少学者的认可。

麦考密克（D. N. Macomick）等学者认为，在对于解释"什么是权利"的问题上，法理学者们可以分成"意志论"和"利益论"阵营。"意志论"阵营认为，权利来自法律承认权利主体的意志、权利主体的选择或意志优越

---

① 夏勇. 人权概念起源 [M]. 北京：中国政法大学出版社，1992：42-44.
② 夏勇. 权利哲学的基本问题 [J]. 法学研究，2004，26（3）：3-26.

于他人的选择或意志；而"利益论"阵营则主张，法律对于权利主体的利益保护或促进是权利的必要要素，即强调利益在权利构成中的核心地位。在分析两大理论阵营的基础上，王斐（2009）通过分析，认为"利益论"和"意志论"都有不可避免的缺陷，认为"资格论"可以弥补前两者的缺陷，并尝试以资格作为权利的正当性要件，意志作为权利的主观性要件，而利益作为权利的客观性要件，构建主客观相统一的权利概念学说。

本研究认可王斐的论证思路，即资格为权利提供道德正当性，这种道德正当性来源于道德、法律和习俗，而基于需要所产生的利益是权利的客观条件，以自主为主要特征的意志作为主观条件，权利既包括主观因素，也包括客观因素。那么，基于这样的认识，我们可以把权利界定为：人们为满足一定的需要、获求一定的利益而采取一定行为的资格和自由，在此界定中的"自由"其实为自主意志的体现。

2. 儿童权利

目前，对儿童权利的界定有两种思路：第一，将对权利的界定套用到儿童权利上；第二，根据对儿童的理解来界定儿童权利。

将对权利的一般性界定套用到儿童权利上。王勇民（2010）认为，"儿童权利是指为道德、法律或习俗所认定为正当的，体现儿童的尊严和道德价值的，带有普遍性和反抗性的利益、主张、资格、权能或自由的总称"[①]。王本余（2010）认为，"儿童权利是指儿童根据一个社会的道德或者法律而享有从事某些行动的自由以及受到某种对待的资格"[②]。吴鹏飞（2013）认为，"儿童权利是儿童基于其特殊身心需求所拥有的一种有别于成人的权利，这种权利为道德、法律或习俗所认可且正当，其范围包括受保护权和自主权两个相互依存的方面"[③]。

根据对儿童的理解来界定儿童权利是另一种思路。该界定思路认为，对儿童的认识是对儿童权利理解的重要前提条件，即之所以会有儿童权利这一提法，是国为人们认识到儿童这一群体的特殊性，即儿童观的形成和变化是儿童权利观的前提和基础，有什么样的儿童观，在很大程度上决定了有什么

[①] 王勇民. 儿童权利保护的国际法研究 [M]. 北京：法律出版社, 2010：17.
[②] 王本余. 儿童权利的观念：洛克、卢梭与康德 [J]. 南京社会科学, 2010（8）：130-136.
[③] 吴鹏飞. 儿童权利一般理论研究 [M]. 北京：中国政法大学出版社, 2013：59-64.

样的儿童权利观。随着现代儿童观的确立,即儿童是人,儿童是发展中的人这一观念的形成,加之人对自身、人与人之间、人与社会之间关系的认识,即现代人权观念的形成,从而形成现代儿童权利概念,这也是儿童权利形成的逻辑。张爱宁(2006)据此从儿童权利的内容要素角度对儿童权利进行了界定:"儿童权利概念应包括下述内容:第一,必须将儿童当'人'看,承认儿童具有与成人一样的独立人权,而不是成人的附庸;第二,必须将儿童当'儿童'看,承认并尊重童年生活的独立价值,而不仅仅将它看作成人的预备;第三,应当为儿童提供与之身心发展相适应的生活,儿童个人权利、尊严应受到社会的保护"[1]。这一界定较好地涵盖了在界定儿童权利时应秉承的价值理念,但仍未说明"儿童权利"是什么。

既然儿童的特殊性是儿童权利的基础,那么儿童的特殊性主要体现在哪里呢?儿童和成人的区别是基于生理区别而产生的心理区别,这种区别在现代儿童生理学和心理学研究中已得到确证,这种区别也是阿里埃斯(Philippe Ariès)所谓的"儿童的特殊本性"(special quality),这种特殊本性决定了儿童的"需要"与成人本质上的差异,其外在表现为儿童与成人在认知、经验和行为方式上的不同。

本研究认为要把握儿童权利,首先,应深刻理解儿童权利的基础——儿童的特殊本性是界定儿童权利的前提,即儿童和成人的区别是基于生理区别而产生的心理区别是儿童权利的基础。其次,对权利的理解是界定儿童权利的基础。基于对以上两点的把握,本研究认为儿童权利是儿童为了健康成长的需要而采取相应行为的资格和自由。在这一界定中,首先表明了作为权利主体的儿童的内在需要是健康发展,这也是儿童的利益所在,有不可置疑的道德正当性,而满足健康发展需要所要具备的条件应由社会提供或由社会与儿童共同创造。再次,儿童权利也是儿童满足这一需要而采取相应行为的资格和自由,即儿童有资格为了满足健康成长的需要而采取相应的行为,为了满足这一需要,儿童有选择或不选择、采取何种相应行为的自由,即在这一过程中,儿童是自主的。最后,儿童权利意味着儿童之外的相应权利主体有义务为儿童提供满足健康成长需要所需的条件。

---

[1] 张爱宁. 国际人权法专论 [M]. 北京:法律出版社,2006:332.

(二) 参与与参与权

1. 参与

从词义来看，在《现代汉语词典》（2016年第7版）中把"参与"作动词解，意为"参加（事务的计划、讨论、处理）"①。在西方，"参与"一词的对应英文有"participation, involvement, engagement"，作为"参与权"，一般使用"participation"，其动词形式为"participate"，在《朗文当代高级英语辞典》（2014年第5版）中作"the act of taking part in an activity or event"② 解，其意为"加入某一行动或事件的行为"。从词源学来看，"participate"来源于拉丁文"participare"，该词由名词"pars"和动词"capare"组合而成，"pars"是英文"part"的意思，"caparepars"的英文意思是"take"，其意指"参与、参加，分享、分担"，指个人或团体加入某一组织、活动之中，成为其中的一员，分享权利，同时承担责任。

虽然不同学科对参与界定的侧重点有所不同，但是其核心理念基本一致。本研究所涉及的"参与"主要与教育学、心理学、社会学、政治法学有关。"参与"在教育学中强调参与的主体性，主体知、情、意、行的投入以及教育实践中主体之间的相互作用。裴娣娜（2000）认为，教育中的"参与"不仅强调参与主体行为、情感、思维的全面投入，更加注重参与主体主动地、积极地投入和不同参与主体之间的交互作用。心理学中的"参与"强调行为主体心理融入的强度，而不仅仅是参与的频率，如埃里克森等学者（Lilly Eriksson et al., 2004）认为"参与是儿童对于活动投入程度的主观经验，如儿童自觉的喜好、自主性、动机及自我效能等，儿童精神上主观的融入或投入的强度，而非仅止于参与的频率"。社会学中的"参与"强调活动主体对社会活动的投入以及由此产生的影响，特雷泽等人（1997）认为参与是一个过程，在这一过程中，人们对那些影响他们生活的决定产生影响，这种影响导致变化。哈特（1992）认为，所谓参与指"分享那些影响你生活和你所在社区生活决策的过程"。奈吉尔（Nigel Thomas, 2007）认为，"参与"通常指参

---

① 中国社会科学院语言研究所词典编辑室. 现代汉语词典 [M]. 北京：商务印书馆，2016：123.

② 英国培生教育出版亚洲有限公司. 朗文当代高级英语辞典：英英·英汉双解：第5版 [M]. 北京：外语教学与研究出版社，2014：2053.

与一项活动,或者具体指参与决策。陈向明则认为"参与强调的是所有有关人员对相关事情的介入,包括对该事情的决策、规划、实施、管理监测、评估等"。政治法学意义上的"参与"强调参与主体的自主性,对活动的过程和结果影响的有效性。如欧洲委员会(Council of Europe)把"参与权"定义为"个体有权利、手段、空间、机会,以及在必要情况下自由表达自己的观点时能获得支持、意见得到倾听、能就影响他们的事项做出决策,根据他们的年龄和成熟程度,他们的意见能得到应有的重视"。

本研究主要是从权利和社会意义层面来讨论参与的涵义。权利概念是社会建构的、社会实施的和社会经验的,因此,行使和体验"权利"需要与社会世界的互动,简言之,就是参与。参与作为一种实践活动,应由参与者、参与对象、参与形式以及参与目的构成,参与主体的自主性以及对行为本身影响的有效性是参与行为的重要价值取向。基于以上认识,本研究把参与界定为主体自主与其他活动主体积极相互作用、积极影响活动过程和结果的行为。更进一步说,参与既是过程,也是手段和目的的统一体。在活动中,参与者主体性体现的程度,很大程度决定了参与的程度,也决定了参与者对参与结果的价值追求的实现程度,参与的形式影响参与的结果。这一概念反映了参与意味着与他人或组织发生联系,往往与决策联系在一起,从这一界定出发,我们可以认为,有效的参与包括以下要点:

(1) 当需要决策时,参与者必须有机会形成自己的观点。决策的制定要求参与者事先了解有关决策的情况,并获得适当信息。他们还必须被告知这个决定可能给自己和其他人带来的后果。他们需要有机会反思自己的想法,思考应该做什么、能做什么。

(2) 参与者必须有机会在决策过程中表达自己的观点。因此,必须询问他们的意见,以及如何在正在进行的商讨中提出这些意见。他们可以选择为自己代言,还是让一个值得信赖的其他人或团体为他们代言。

(3) 参与者的意见必须被认真对待。这意味着对参与者的意见进行评估,并且给出了立场和意见的原因。任何排除参与者兴趣和愿望的理由都必须明确解释,确保每个人都被听到,尤其要充分解释机会和结果方面的不平等。当然,在决策中纳入观点并不意味着一个人的意见应该占主导地位,相反,它们会和其他人的意见一起被考虑。

(4) 必须告知参与者决策如何达到结果以及结果实际意味着什么。参与者必须有机会提出问题并对决策提出疑问，必须对过程和结果进行某种形式的外部控制，尽量减少权力滥用。

2. 参与权

参与作为人的一项权利并非一蹴而就，参与权最初是作为公民政治权利进入人们视野的。在古希腊城邦时代，参与权是公民参与国家行政管理的重要依据，但当时的"公民"与现代社会的"公民"内涵相差甚远，当时的公民只是社会中的"自由人"，妇女、奴隶和外国人及其后裔都不是公民。在古罗马，早期的公民也仅限于贵族特权阶层。在封建专制社会，君主拥有至高无上的权力，其他人都是臣民，公民被臣民取代，事实上已经很难说有参与权这一说法了。这一情形直到资产阶级革命之后，民众从君主控制中得以解放，形成了市民社会，现代意义上的公民概念雏形初现，公民范围进一步扩大，公民不再是少数特权阶层的身份，这一制度以法律的形式确立了下来。"人权"和"民主"理念在这一过程中成为推翻旧制度的重要武器，正是在"人权"和"民主"理念为武器的民主化进程中，才形成了现代社会的参与权，并作为公民的一项基本权利得以确立。在第二次世界大战后，人权一度成为当时的重要政治主题，一系列和人权保护相关的国际公约得以颁布，参与权成为人权的重要内容之一，这时的参与权已经不限于政治参与权了，而是要求对社会各方面的参与，参与的范围也由国内扩展到国际。

从参与权的变化发展历程中可以发现，现代意义的参与权具有人权属性和民主权利属性。首先，就参与权的人权属性而言，其意味着参与权涉及人之为人的价值和尊严。人权可以说在一定程度上超越国家和地区的界限，成为具有道德意义的权利，在国际公约、国内宪法中得到广泛承认。1948年颁布的《世界人权宣言》所体现出来的人权大致包括公民及政治权利（第2—21条）和经济、社会、文化权利（第22—27条），参与权作为一项基本人权，通过自由发表意见及行使选举权、投票表决的方式参加政治、社会经济、文化事务以实现公民、政治、经济、社会、文化权利。其次，就参与权的民主权利属性而言，民主权利的行使有众多途径，但是参与权却是最基本的途径和手段，如果没有参与权，民主权利也是空中楼阁，从这一点而言，民主权利和参与权紧密相连，参与权的行使也是民主权利的重要体现。

目前，我国学界对参与权内涵的界定主要基于现行宪法，即从"公民参与权"的角度加以界定，如禹丽莎（2011）认为"参与权就是国家依照法律的形式确认和保障的,一切社会个体或社会组织享有有效参与管理政治、经济、文化和社会事务的权利"①。也有学者从公民参与权的构成来对其进行界定,如邓聿文(2009)提出公民的参与权是公民的一项基本权利,是与自由权、平等权、社会权一样的人权的基本组成部分。② 黄学贤等(2009)认为公民参与权涵盖选举权、被选举权、担任公职权、参加听证、参与民意调查、提出意见、建议权等。③

本研究无意于从宪法的角度对参与权进行界定,而是结合对权利和参与的理解,试图从一般意义上进行界定,即所谓参与权指权利主体为了一定利益需要,通过特定方式,自主影响公共事务过程和结果的资格和自由。

(三)幼儿班级活动参与权

"班级"最初作为教学组织而出现,夸美纽斯(Jam Amos Komensky)对班级授课制进行了较为系统的论述,从此之后,班级授课制成为主要的教学组织形式在全世界范围内流行。关于班级属性的研究也引起了众多学者的重视,主要有三种观点:班级是一种社会体系,班级是一种社会组织,班级是一种特殊的社会群体。值得注意的是,这三种观点所指向的"班级"都是作为正式组织(群体),即根据正式学制而存在的组织。而对幼儿园班级属性的研究却不太深入,本研究认为,幼儿园班级与根据正式学制中的班级既有区别,也有联系。区别在于,幼儿的身心发展水平与其他年龄阶段的学生有很大的不同,在组织结构、运行机制、组织目标方面,幼儿园班级与其他年龄阶段的班级也有很大的区别。在幼儿园班级中,没有严格的科层制组织的存在,幼儿学习、生活有明显的游戏化、活动化的特点,组织目标也以幼儿的身心健康发展为目的。总体而言,幼儿园班级是向高学龄阶段班级过渡的形式,具有相对的弱组织性,也具有社会群体、组织的特点,是幼儿学习、生活于其中的"小社会"。

本研究所指的班级活动是"幼儿园一日活动",即幼儿从早晨入园到下午离园的这一段时间内所有的活动。基于不同的目的和侧重点,"幼儿园一日活

---

① 禹丽莎. 中国少数民族参与权研究[D]. 北京:中央民族大学,2011.
② 邓聿文. 将公民参与权作为一项公共品向社会提供[J]. 人民政坛,2009(6):42.
③ 黄学贤,齐建东. 试论公民参与权的法律保障[J]. 甘肃行政学院学报,2009(5):117-124.

动"的构成划分也各不相同,其原因在于"幼儿园一日活动"的复杂性,使得划分也只能是相对的。朱家雄(2008)将其概括为四类,包括"游戏活动、教学活动、生活活动、运动等"①。本研究以王海英(2009)对幼儿园一日活动的划分为依据,把一日活动分为:集体教学活动、游戏和生活活动。② 集体教学活动是指教师按照明确的课程目标和课程内容,有计划、有组织、循序渐进地引导幼儿获得有益的学习经验的一种教育途径。③ 教学活动是幼儿园教育的主要途径,能有效地帮助幼儿提升自己的已有经验。生活活动是指幼儿在一日活动中的各个生活环节中所进行的活动,④ 主要包括进餐、饮水、睡眠、盥洗、如厕等。游戏也是幼儿园教育的基本途径之一,可分为教师组织游戏和幼儿自主游戏两大类,让幼儿充分地享受自由,在自由和快乐的氛围中自然地获得发展。综上所述,本研究所指的幼儿班级活动是幼儿从早晨入园到下午离园的这一段时间内在班级中的活动,划分为集体教学活动、游戏和生活活动。

  班级活动由教师、幼儿和空间、时间、材料以及规范等构成。以往出现的"教师中心""幼儿中心"或者"双主体"的观点之争实则反映了关于教师和幼儿在班级活动中的地位、权力、权利的看法之争。根据社会建构主义和新童年社会学理论,教师和幼儿之间应是在一定情境中共同合作、对话、实现意义建构的过程,因此,在班级活动中,幼儿的参与可以被看作一种与尊重和倾听幼儿并对其意见和想法感兴趣的成人(主要指教师)一起解释世界的共同活动。这意味着幼儿有机会被倾听,有机会采取独立的行动,有选择的经验和承担责任的机会。在更浅显易懂的层面上,参与意味着让幼儿参与到与他们日常生活有关的决策过程中,尊重和认可幼儿的声音,并为他们的想法赋权以支持他们对自己的生活和学习产生影响。科萨罗(Corsaro, 2011)提倡在社会学研究中引入"全儿童方法"(whole child approach)⑤,从儿童生活决策和事件的角度考虑参与,儿童作为他们自己生活的主体,而不是教育运作的对象,参与被认为是一个动态的和不断发展的个体和具有共享能力的

---

① 朱家雄. 幼儿园教育活动设计与实施[M]. 北京:高等教育出版社,2008:228.
② 王海英. 学前教育社会学[M]. 南京:江苏教育出版社,2009:56.
③ 冯晓霞. 幼儿园课程[M]. 北京:北京师范大学出版社,2000:78.
④ 阎水金. 学前教育学[M]. 上海:上海教育出版社,2003:147.
⑤ 以教育科学、发展心理学和社会学研究者对童年和整体学习的本体论理解为基础,这一新观点被称为"全儿童方法"(whole child approach)。

概念，而不是儿童的属性或稳定的现状。因此，参与与社会环境和文化背景有关，包括幼儿日常生活中的互动、共享意义的创造和伦理问题。

基于对以上"权利""参与""儿童权利""参与权""幼儿园一日活动"的理解，本研究所指的"幼儿班级活动参与权"是作为主体的幼儿在班级主动参与集体教学活动、游戏和生活活动的组织、管理、决策以及评价等的权利。

第一章 幼儿班级活动参与权的理论基础

幼儿班级活动参与权归根到底是儿童参与权在幼儿人生早期阶段、在幼儿园班级活动中的具体体现。相较于大龄儿童、成年阶段的参与权而言，幼儿班级活动参与权有其独特性，而这种独特性来自幼儿阶段的身心发展特点。虽然在目前的实在法体系中儿童参与权有了一席之地，儿童参与权的正当性似乎成了不证自明的命题，但是，诸多对儿童具备参与权的质疑仍然在提醒我们应该进一步就儿童参与权的正当性进行论证，以正视听。幼儿班级活动参与权的独特性，以及由此带来的质疑，更需要我们就其正当性展开讨论。

对儿童权利的正当性讨论主要存在于权利哲学中，不同学者基于不同的理论假设、学术传统论证儿童权利的正当性，其围绕的中心问题是"儿童有没有权利？如果有，有什么样的权利？如果没有，为什么没有？"对幼儿班级活动参与权而言，存在同样的争论，即"幼儿有班级活动参与权吗？如果有，有什么样的班级活动参与权？如果没有，为什么没有？"从幼儿班级活动参与权的应有层面分析，不仅有利于进一步认识幼儿班级活动参与权的正当性，而且能引起人们对幼儿园班级活动参与权的实有问题深入思考，进而引领实践的变化。

第一节 儿童发展理论与幼儿班级活动参与权

"变化"和"发展"是马克思主义哲学中两个重要的概念，"变化"一般指事物的性质、结构或外在发生了改变，而"发展"则带有一定的价值判断性质，一般指朝向正向的、积极的"变化"。判断是"变化"还是"发展"的标准应该是指向"善"和"完满"，并非仅指某方面的发展。

<<< 第一章 幼儿班级活动参与权的理论基础

我们在使用"发展"一词时，往往与"社会"或者"人"联系起来。传统视角将人类社会发展与经济增长联系起来，作为消除贫困和满足人们基本需求的一种手段。森（Amartya Sen，1999）和努斯鲍姆（Martha Nussbaum，1999）认为，传统的人类社会发展观反映了对人类生活和贫困的狭隘理解，对社会排斥视而不见，忽视边缘地带的人是对人类尊严的不尊重。因此，他们建议将"发展"理解为一个过程，通过增进人们的能力和增加真正的机会，帮助人们实现他们想要且值得过的生活。[1] 他们认为人们不应该被他人决定的选择所束缚，他们主张人们应该在以尊重他们的、能动的方式来塑造自己的生活中占有一席之地[2]。

当我们把"发展"一词与"人"联系起来时，即"人的发展"。基于不同的理论立场，产生了大量关于"人的发展"的理论，这些不同的理论在心理学、教育学和社会学等学科中具有重要的地位。对于"儿童"这一阶段而言，"人"的发展理论至关重要，因为这直接涉及我们对儿童的认识及认识指导下的教育实践。

一、儿童发展理论

在众多的儿童发展理论中，时至今日，传统的"心理—社会"儿童发展理论占据着主导地位，其中影响较大的包括精神分析理论、认知发展理论、行为主义理论、人格发展理论、人本主义理论、生态心理学理论等，这些理论或多或少带着科学的态度力图揭示儿童发展的规律，从而指导儿童教育实践。随着对"人"本身认识的加深，从"权利—社会"视角看待儿童发展的思维向路逐渐引起了人们的关注，这一理论有别于传统的"心理—社会"思维向路，主张转变对儿童的认识，进而认识儿童发展。

（一）基于"心理—社会"的儿童发展理论

"儿童的发展"一词通常用"心理—社会"的术语来理解，其意指从童年到成年的转变过程。这些理论在一定程度上揭示了儿童身体、心理发展的

---

[1] HAMILTON L. A theory of true interests in the work of Amartya Sen [J]. Government and Opposition，1999（34）：516.

[2] DIXON R，NUSSBAUM M. Children's rights and a capability approach：The question of special priority [J]. Cornell Law Review，2011（97）：557.

规律，但也遭到一些学者的批评，如脱离儿童具体生活情境对儿童进行研究，尤其是在实践中忽视社会、文化多元而把这些理论当作普适性理论指导实践，更为人所诟病，尽管理论提出者们可能并非有追求理论普适性的初衷。

虽然这些基于"心理—社会"的理论在侧重点和结论上有些差异，但是这些理论总体而言都有一定的共同点，即基于与成人比较形成对儿童的看法——把儿童当成"正在成为的人"（human becomings）①，由此形成对儿童发展的理解。"正在成为的人"的儿童观把儿童看成是被动的行动者，缺少能动性、脆弱、易受伤害和需要保护。童年和儿童被放在成年和成人的对立面，而童年被描述为"缺乏成人品质"②，儿童被视为"未完成的产品"③，并被视为正在制造过程中的人类。因此，童年是一个"朝向目的的旅程"④，或者如詹姆斯等人（James et al., 1997）所说的，童年是一个"极其复杂、朝着成年期的机械轨迹"⑤。

这些理论的提出者的初衷可能并非想把儿童发展理论同儿童权利联系起来，但是在儿童权利日益得到重视的今天，儿童发展权已经作为儿童的一项人权进入人们的视野⑥，在理解儿童发展权的内容及合理性时，寻求对儿童发展的理解再自然不过。在实践中，这种"儿童发展"的概念与儿童"正在成为的人"的概念产生共鸣，并容易导致对儿童发展权的狭义解释，即儿童发

---

① JAMES A, PROUT A. "Re-presenting childhood: Time and transition in the study of childhood" in constructing and reconstructing childhood [M]. 2nd ed. London: Routledge, 1997: 230-250.
② ARCHARD D. Children: Rights and childhood [M]. London: Routledge, 1993: 36.
③ SMART C, NEALE B, WADE A, et al. The changing experience of childhood [M]. Cambridge: Polity Press, 2001: 1.
④ LEE N. Childhood and society [M]. Gosport: Open University Press, 2001: 137.
⑤ JAMES A, PROUT A. "Re-presenting childhood: time and transition in the study of childhood" in constructing and reconstructing childhood [M]. 2nd ed. London: Routledge, 1997: 226.
⑥ 1986年联合国大会上以《发展权利宣言》（Declaration on the right to development）的形式最终确认。在该宣言中，明确指出了"发展权是一项不可剥夺的人权，发展机会均等是国家和组成国家的个人一项特有的权利"。但一些发达国家对于发展权是不是人权或发展权是否具有集体性持怀疑态度，甚至持反对态度。联合国《儿童权利公约》为儿童发展的八个不同部分提供全面保护，这些部分加入了第6（2）条对儿童发展权的承认。联合国儿童权利委员会第5号一般性意见进一步强调了《儿童权利公约》在保护儿童发展方面的重要性，该意见将生存权和发展权、儿童的权利不受歧视（第2条）、儿童参与权（第12条）、儿童最佳利益原则（第3条）定义为《儿童权利公约》的四项指导原则。

展作为权利而言，主要是儿童成为成人的权利。这种做法剥夺了支持儿童未来的发展权，从而忽视了童年的其他含义，忽视了儿童的能动性。同样，儿童的发展一直是根据主流心理发展理论进行的。使用发展心理学将孩子的形象延续为一个应该"成功"或"正常"地爬上发展"阶梯"的人，最终完成过渡并成为一个完全有能力的成人。然而，如伯曼（Erica Burman, 2008）指出的那样，发展心理学既不是一个同质的知识体系，也不是一个中立的知识体系，它创造了童年的特定形象，最终使成年人能够殖民儿童并控制他们的生活。

根据以上分析，"心理—社会"理论的儿童发展权利观基于对儿童发展的认识，在对待儿童参与权问题上，容易出现反对、中立的态度，如行为主义理论在参与权这一问题上容易持反对态度，有些则持中立态度。当然，按照其理论立场，认知心理理论、人本主义等理论则有可能支持儿童在其发展过程中对周围世界的参与，但是很难把它当成儿童的一项权利来看待，容易把儿童的参与当成是实现促进儿童发展的工具或手段。

（二）基于"权利—社会"的儿童发展理论

与"心理—社会"理论对儿童持"正在成为的人"的概念不同，"权利—社会"理论把儿童看成是"人"（human beings）[1]。"人"包含了多样化和更复杂的童年概念。根据这种视角，儿童被认为是积极的人而不是"项目"[2]，童年应被独立地研究，而不是通过儿童与成人的比较来进行研究，因为这种建立在与成人比较上的儿童研究会带来一系列问题：第一，它根据成人量身定制的能力标准来衡量儿童延续了这样一种观念———一个合格的成年人是儿童为了有权发展而必须达到的标准；第二，它驳斥了我们对儿童将成为什么样的人或他们现在是什么样的人的尊重；第三，它与儿童作为"正在成为的人"以及作为处于变化中和正在发展其能力的人的看法相矛盾；第四，这种比较意味着童年是某种残疾。虽然当前儿童的认知功能和具有精神能力的成人之间可能存在一些相似之处，但将他们放在同一类别不仅会损害对儿童总体人格尊严的尊重，而且还会引发一个问题，即如何对具有精神能力的

---

[1] WELLS K. Childhood in a global perspective [M]. Cambridge: Polity Press, 2009: 1-24.
[2] SMART C, NEALE B, WADE A, et al. The changing experience of childhood [M]. Cambridge: Polity Press, 2001: 12.

儿童进行理解，以及如何根据这种观点来对待他们。

当我们倾听儿童的话，就会意识到儿童对自己的生活和世界有很多理解。凯勒（Helga Kelle, 2001）认为，当把"发展"视为一个自然的过程时，"变老"的概念很难被视为个人成就。正如奥德森（2005）等人所表明的，儿童表达观点和偏好的能力不一定关乎年龄的问题，而是空间问题和成人倾听他们的意愿问题。如果我们尊重儿童的能动性和自主性，我们也需要尊重他们的价值观和优先事项。可以说，实现这些个人选择、偏好的最佳方式是尊重人的能动和参与做出选择。参与不仅应被视为一种方法论工具，而且应被视为发展的一个重要组成部分。参与保证了人们的自由，并"增强了人们帮助自己和影响世界的能力……这里的关注与我们所称的个人的'能动方面'有关"①。努斯鲍姆（2011）说，否认人们的选择能力不仅否定了他们的能动性，而且"使生活不值得人的尊严"②。根据森（2005）的观点，自由选择既是"主要目的"，也是"发展的主要手段"。③ 因此，对于一般意义上的儿童权利，特别是发展权的背景下，利用这种人类发展视角，可以从根本上改变这种权利的解决方式，并赋予其新的必要意义。从发展是自由这一角度出发，在实践中，社会、政治、经济和文化权力结构构成了不自由的核心原因，因为它们阻止边缘化者从经济繁荣中获益。可以说，由于政治、社会和文化结构以及社会对儿童的态度，在大多数社会结构中，儿童在社会体系中长期处于"无自由"的状态。

另一个主张是人们不应被视为同质性的或机会均等的。性别、残疾、年龄、种族或疾病对收入水平和社会服务的可及性有很大影响，这是维持类似生活水平所必需的，儿童不应被视为一个同质性群体，应满足他们对体面生活的独特要求。在采取这种视角时，也应该得出类似的结论，每个儿童的能动性都应该受到尊重。在儿童发展权的背景下，基于社会对其个人特征（性别、残疾等）或其群体归属（社会阶层、宗教等）的态度，将儿童的生活情境化，将使儿童发展的意义相应地多样化。

---

① DIXON R, NUSSBAUM M. Children's rights and a capability approach: The question of special priority [J]. Cornell Law Review, 2011 (97): 557.
② NUSSBAUM M C. Creating capabilities: The human development approach [M]. Cambridge: Harvard University Press, 2011: 31.
③ WOODHEAD M. Early childhood development: A question of rights [J]. International Journal of Early Childhood, 2005 (37): 79-98.

第一章 幼儿班级活动参与权的理论基础

在对待儿童现在和将来的价值问题上，基于"权利—社会"的儿童发展观与传统基于"心理—社会"的儿童发展观的态度也有所不同，虽然后者也强调儿童当下的价值，但更多在于强调当下对将来的价值。然而，确保儿童成为成人也不应成为了解儿童生活和发展的唯一棱镜。我们现在应该关心儿童当下的生活，认识到儿童的未来不仅包括他们的成年，还包括他们的童年，而他们当下仍然是儿童。这种对儿童未来的关心是有根据的，但是不应轻易地贬低或破坏儿童当前生活的价值及其在参与权中的表现。这种对保护儿童未来的强烈偏好破坏了对儿童权利持有人的承认，剥夺了他们的能动性和发言权。这种偏好基于这样一种假设，即一旦儿童长大成人，现在儿童牺牲的自由将在未来带来更大的自由。狄克逊（Dixon）和努斯鲍姆（2011—2012）也提出了类似的主张，他们认为"我们应该支持那些最能促进长期未来全面能力的能力"[①]。但是，确保未来的自由不应成为否认当前所有自由的正当理由。可以说，确保目前的自由将使儿童发挥潜力，追求未来值得过的生活。因此，儿童的声音和意见不应被压制或忽视，而应被放大。

而前者不但强调儿童当下对将来的价值，也强调儿童当下对儿童自身以及对于社会的价值。日本学者斋藤圆（2003）认为，给予儿童临时自由并不总是意味着孩子将来会有自由，同样地，限制孩子的临时自由可能会牺牲孩子将来拥有的自由。因此，我们必须从终身的角度考虑儿童的自由。[②] 儿童，像成年人一样，应该能够在他们的整个生命周期中，包括他们作为儿童的时间里，过上有价值的生活。解释儿童发展权的出发点应是将儿童理解为塑造自己生活的积极能动者，并尊重他们重视不同的功能，并具有不同于成人的能力。将能力视角的发展理解与儿童的发展权相结合，有助于将"发展"的含义扩展到其当前"心理—社会"概念之外，并将儿童发展权的含义扩展至当前仅被理解为成为成年人的权利之外。能力视角还建议如何在实践中实现"人类发展"的概念，描述必要的能力是什么。儿童能动性应该得到比目前更多的尊重，这种变化将把人们的注意力从能力和福利问题转移到人权问题上。它将使儿童的发展权清晰地表达为一项独特而具体的人权，儿童将被视为有

[①] DIXON R, NUSSBAUM M. Children's rights and a capability approach: The question of special priority [J]. Cornell Law Review, 2011 (97): 557.
[②] SAITO M. Amartya Sen's Capability approach to education: A critical exploration [J]. Journal of Philosophy of Education, 2003 (37): 26.

权成长，而不仅仅是需要成长。

"权利—社会"理论基于对儿童的认识，倾向于把儿童发展当成儿童的权利，即儿童发展权，而并非只是儿童成为成人的权利。按照我国学者对发展权的理解，发展权既有集体性质，也有个体性质，我国学者李步云（1994）和郭道晖（1992）便持此观点。戴菁（2018）以马克思主义思想为指导，在其博士论文中对个人发展权进行了深入研究，采取归纳的方式认为"个人发展权指个人所应当享有的，向国家、社会、他人等主张的，能够参与、促进、享受经济、政治、文化和社会等各方面发展的，使自身获得进步、性质变化的权利"[1]。根据对个人发展权的理解，我们可以发现，发展权的权利主体指向的是个人，其义务主体则相当广泛，既包括个人自身，也包括国家、社会和他人；其内容涵盖个人的经济发展权、政治发展权、文化发展权和社会发展权；其实现途径是个人参与、促进、享受经济、政治、文化和社会等各方面发展；最终目的是个人获得向"善"的变化。从其实现途径来看，"参与""促进""享受"是递进关系，也是个人发展权逐步实现的时间变化样态，就这一意义而言，个人发展权的实现首先要求个体参与到个人发展权的实现过程中，而非消极等待。从以上理解来看，儿童发展权也具有集体和个人性质。

作为人类，儿童被视为人权持有人，这意味着他们"可以行使能动……作为能动的人，权利持有人可以参与。他们可以创造自己的生活，而不是他人为他们创造自己的生活"[2]。作为社会能动者，儿童现在可以被视为社会结构和社会组织的一部分，由此，他们在其中的积极作用受到尊重，这方面包括听取他们的意见并加以考虑。《儿童权利公约》第12条反映了这种认识，承认儿童的参与权。[3] 在该公约中，联合国儿童权利委员会为儿童发展的八个不同部分提供全面保护，这些部分加入了第6（2）条对儿童发展权的承认。联合国儿童权利委员会第5号一般性意见进一步强调了《儿童权利公约》在保护儿童发展方面的重要性，该意见将生存权和发展权定义为《儿童权利公约》的四项指导原则之一，其他三个原则是儿童的权利不被歧视（第2条）、

---

[1] 戴菁. 个人发展权的法理探究 [D]. 北京：中共中央党校，2018.
[2] FREEMAN M. Why It remains important to take children's rights seriously [J]. International Journal of Children's Rights, 2007 (15)：5-23, 8.
[3] LUNDY L. "Voice" is not enough：Conceptualising article 12 of the un convention on the rights of the child [J]. British Educational Research Journal, 2007 (33)：927-942.

儿童参与权（第12条）和儿童最佳利益原则（第3条）。此外，委员会在其报告准则中要求缔约国报告为确保儿童的发展权而采取的措施。事实上，公约一直强调这四大权利并非相互独立，对其中一项儿童权利的解释必须与儿童的其他权利相联系，儿童的发展权在儿童的四大权利中居于核心地位，因为无论是儿童的生存权、受保护权还是参与权，其最终指向的都是儿童的发展，从这一点层面出发，结合先前对发展权的理解，我们可以认为，儿童参与权是儿童发展权的重要条件性权利之一。

尊重儿童的参与权意味着儿童理解周围世界的能力和权利。在儿童的成长过程中忽视他们的观点，会使儿童成为被动的主体，他们在生活中的唯一目的就是静坐不动、长大成人。儿童的参与也反映并促进了成人对"发展"作为解放过程的理解。发展权作为一种解放权的体现，在这一过程中给予儿童发言权，这需要社会文化的转型，这种变化包括创造一个"政治空间，在这个空间里，儿童有权表达他们自己独特的、被淹没的观点"[1]。它将使作为边缘化群体的儿童，能够表达自己对自身发展的看法。尽管如此，尊重儿童的参与权并不意味着儿童将决定他们的童年和未来成年的过程，尤其是因为没有人，无论是儿童还是成人，在社会上有独立的地位。儿童的参与并不要求儿童是唯一的决策者。

二、儿童发展与幼儿班级活动参与权

对两类儿童发展理论的分析可以看出，基于"权利—社会"的儿童发展理论重视从权利的层面看待儿童的发展，而非只重视儿童当下对儿童未来的价值。需要儿童积极参与其自身的发展，并把积极参与自身的发展当成是一项重要权利，即儿童有积极参与其自身发展的权利。这种参与权体现在实践中则为：儿童积极参与影响其发展的实践活动，与成人共同参与对活动意义的构建与解释。

随着对儿童价值的进一步认识，以及对学前教育价值的普遍认同，幼儿接受学前教育的必要性越来越得到人们的认可。幼儿在幼儿园接受学前教育是目前的主要学前教育形式。班级是幼儿在园生活学习时间最长的组织，也是实现幼儿早期社会化的重要场域。幼儿权利的实现除了外在的保障之外，

---

[1] WALL J. Can democracy represent children? Towards a politics of difference [J]. Childhood, 2012 (19): 92.

还需要幼儿积极参与与他们自身利益相关的决策以及决策的实施。幼儿在班级活动中充分地参与对他们当下和将来参与意识、参与能力的形成有极其重要的意义。因为幼儿期对幼儿和成人而言，都具有重要的价值，根据基于"权利—社会"的儿童发展理论，我们可以认为，发展权是幼儿在幼儿期一项重要的权利，只有其发展权得到充分保障，幼儿的其他权利才能得到保障。而幼儿发展指向的应该是其全面发展，即幼儿的身心全面发展。事实上，幼儿的身心全面发展并非幼儿作为自然人就能实现的，幼儿从进入人类社会之后，就不再作为一个生物意义上的人出现，因此，"社会人"是幼儿身份的应有之义。幼儿的发展也在幼儿作为"社会人"逐渐融入社会、真正成为社会人的过程中得以实现，从这一层意义上讲，幼儿具有参与有益于其发展活动的权利。因此，在班级活动中，幼儿作为主体参与班级活动是实现其发展权的重要途径，也是幼儿的一项重要权利。

第二节 理性能力权利论与幼儿班级活动参与权

绪论部分提到不少权利学者把权利看成是个体拥有的一种资格（qualification），拥有资格意味着有权向他者提出要求，同时也要求自身具备特定的条件。自然法权利思想中对于权利主体理性能力非常重视，他们往往把权利主体的理性能力作为权利资格的必要条件。本节主要探讨不同哲学思想基于理性能力的权利观念。

从现有权利理论来看，西方哲学非常重视把个体理性能力作为拥有权利的重要条件，这一观念在文艺复兴、启蒙运动时达到高潮，人们以人的理性为武器冲破神的束缚之后，对理性高度赞扬，甚至崇拜。莎士比亚在其剧作《哈姆雷特》中写道："人是一件多么了不起的杰作！多么高贵的理性！多么伟大的力量！多么优美的仪表！多么文雅的举动！在行动上多么像一个天使！在智慧上多么像一个天神！宇宙的精华！万物的灵长！"[①] 理性也被看成是人区别于动物的根本特质，也是人具有人权的重要条件。正是在此基础上，儿

[①] 莎士比亚. 莎士比亚经典全集：悲剧（1601—1605）[M]. 朱生豪, 译. 武汉：华中科技大学出版社, 2014: 50.

童不具备足够行使权利的理性能力成了否定儿童权利或承认其有限权利的理由。

在西方哲学中，自古希腊以降，理性（reason）一直是西方文化的基本精神之一。"理性"原本是指人心中区别于"感性"（或"感受性"）的"自发性"或"能动性"，具有"超越性"与"规范性"的双重品格。如果作词源的考据的话，理性的双重品格正源自古希腊超越的"努斯"（nous）精神与规范的"逻各斯"（logos）精神。"努斯"是指生命冲动的力量，"逻各斯"则是指逻辑规范的力量，努斯和逻各斯是西方理性概念的渊源所在。① 近代以来，人们对"理性"这一概念从不同层次和意义上进行解释。本节提到的"理性能力"中的"理性"主要是从价值论层面进行理解，即王炳书、张玉堂（1999）所指的"人们根据工具理性提供的知识，从主体需要和意志出发进行价值活动的自控能力和规范原则"②。

一、儿童理性能力不足与儿童权利论

霍布斯（Thomas Hobbes）受到早期自然法权利思想的影响，把自然法权利思想和基督教的《圣经》融合起来，形成神学自然法权利思想。他的出发点假设了人性自私为特点的自然状态，这种自然状态类似于"丛林法则"支配的战争状态。而"自然使人在身心两方面的能力都十分相等，以致有时某人的体力虽则显然比另一人强，或是脑力比另一人敏捷，但这一切总加在一起，也不会使人与人之间的差别大到使这人能要求获得人家不能像他一样要求的任何利益，因为就体力而论，最弱的人运用密谋或者与其他处在同一种危险下的人联合起来，就能具有足够的力量来杀死最强的人"③。既然人所处的自然状态使人"人人自危"，每个人的能力又是相对平等的，自然人性最根本的特性是保全自我的利己动机，在这种情况下，只有激情（倾向和平的）理性（提示自然律）才能建立和平。人的自然权利来自理性对自然法的认识，自然权利本质上是自由的，只有理性的人才配享有自由，才能公平合理地追求自身利益，才能形成世界和平，霍布斯在《利维坦》一书中写道："不能用理智的儿童、白痴和癫狂者可以由监护人或管理人加以代表，但除开他们恢

---

① 张伟胜. 实践理性论 [M]. 杭州：浙江大学出版社，2005：4.
② 王炳书，张玉堂. 价值理性简论 [J]. 青海社会科学，1999（1）：56-61.
③ 霍布斯. 利维坦 [M]. 黎思复，黎廷弼，译. 北京：商务印书馆，1985：92.

复理智并由监护人或管理人判断为理智的人的时期以外，不能成为监护人或管理人所做出的任何行为的授权人。"① 由此可见，儿童在霍布斯看来等同于不具备理性的动物，儿童在获得理性成熟之前是没有自然权利的，只能从属于父母和君主。

洛克（John Locke）的自然法权利思想也从对自然状态的假设开始，他在《政府论》一书中声称"人类原本生活在一种完美的自由状态，人们根据自然法的规定，用自己的方式为人处事，不需要听从任何人的指教"②。在这种自然状态下，支配人行为的是理性，因此，他指出"自然状态有一种为人人所应遵守的自然法对它起着支配作用；而理性，也就是自然法，教导着有意遵从理性的全人类：人们既然都是平等独立的，任何人就不得侵害他人的生命、健康、自由或财产"③。人与动物最根本的区别在于人有理性，有思考并具有处理自身、自身与世界关系的能力。在洛克看来，自然法不是来自自然固有确定的规则，而是来自理性。自然状态是一个理性支配的世界（社会），人在理性的支配下规范自己的行为，人通过理性维护自己的权利，理性是自然法的唯一来源，生命、自由、财产等权利是自然法的主要内容，是理性维护的天赋人权，人所拥有的理性，导致人在自然状态下是平等无疑的。对此他认为，在自然状态下"人们享有的一切权利和执行权都是相互的，每个人的权利都是相等的。……相同种族和相同地位的人生来就享有相同的自然条件，拥有相同的能力，理应相互平等。人和人之间不存在从属和被从属关系，除非大家共同的意志以某种形式表达出来，愿意把一个人置于其他人之上，明确地把无可置疑的统治权和主权交给这一个人"④。因此，在源于理性的自然法面前，人人生而平等，享有和他人一样的权利，但与此同时，不得损害他人的权利，人人都是执法者，都有权对违反自然法的个体进行惩罚。但在其论述中，把年龄和理性能力联系在一起，他指出"我们是生而自由的，也是生而具有理性的，但这并不是说我们实际上就能运用此两者；年龄带来自由，同时也带来理性。由此我们可以看出，自然的自由和服从父母是一致的，两者都是基于同一原则的。一个儿童是依靠他父亲的权利、依靠他父亲的理智

---

① 霍布斯. 利维坦 [M]. 黎思复，黎廷弼，译. 北京：商务印书馆，1985：125.
② 洛克. 政府论：下篇 [M]. 牛新春，罗养正，译. 天津：天津人民出版社，1998：240.
③ 洛克. 政府论：下篇 [M]. 牛新春，罗养正，译. 天津：天津人民出版社，1998：240.
④ 洛克. 政府论：下篇 [M]. 牛新春，罗养正，译. 天津：天津人民出版社，1998：240.

而自由的"①，"我不得不承认，孩子一出生就不是处在完全平等的状态里，尽管他们生来就应该是平等的。在孩子出生和出生后的一段时间里，他们的父母对他们就有一种统治权和管辖权，但这只是临时的"②。显然，在洛克看来，儿童在其出生到理性成熟之前，虽然享有作为人的自然权利，但权利的自主实施必须等其理性能力成熟之后，在此之前，其权利由其父母代为行使，儿童有服从父母的义务。

深受洛克和霍布斯影响的卢梭也是一位自然法权利代表者，但他和洛克、霍布斯的自然法权利思想又有所不同。卢梭对人的权利论证也基于对自然状态的假设，不过其假设与洛克、霍布斯的有所不同。洛克认为，在自然状态下，"漂泊于森林中的野蛮人，没有农工业、没有语言、没有住所、没有战争，彼此间也没有任何联系，他对于同类既无所需求，也无加害意图，甚至也许从来不能辨认他同类中的任何人。这样的野蛮人不会有多少情欲，只过着无求于人的孤独生活，所以他仅有适合于这种状态的感情和知识。……他的智慧并不比他的幻想有更多的发展"③。在自然状态下，卢梭认为人是自由的、独立的，人和动物的区别在于"动物的行为完全受自然的支配，而人是一个自由的主体，他可以把受自然支配的行为与自己主动的行为结合起来。动物只能根据它的本能来决定对事物的取舍，而人却可以自由地选择什么或放弃什么"④。而且在自然状态下人也是平等的，"每个人都会理解，奴役的关系只是由人们的相互依赖和使人们结合起来的种种相互需要形成的。因此，如不先使一个人陷于不能脱离另一个人而生活的状态，便不可能奴役这个人"⑤。"在那种状态中，每个人都不受任何约束，最强者的权力也不发生作用。"⑥

卢梭认为，应该从人的原初状态来认识自然法，"先寻求一些为了公共利益，最适于人们彼此协议共同遵守的规则，然后把这些规则综合起来，便称

---

① 洛克. 政府论：下篇 [M]. 叶启芳，瞿菊农，译. 北京：商务印书馆，2009：38.
② 洛克. 政府论：下篇 [M]. 牛新春，罗养正，译. 天津：天津人民出版社，1998：255.
③ 卢梭. 论人类不平等的起源和基础 [M]. 李常山，译. 北京：商务印书馆，1962：106.
④ 卢梭. 论人与人之间不平等的起因和基础 [M]. 李平沤，译. 北京：商务印书馆，2007：57.
⑤ 卢梭. 论人类不平等的起源和基础 [M]. 李常山，译. 北京：商务印书馆，1962：108.
⑥ 卢梭. 论人类不平等的起源和基础 [M]. 李常山，译. 北京：商务印书馆，1962：109.

之为自然法"①,"关于这个法则,我们所能了解得最清楚的就是:它不仅需要受它约束的人能够自觉地服从它,才能成为法则,而且还必须是由自然的声音中直接表达出来的,才能成为自然的法则"②。在卢梭看来,自然法是"真"和"善"的完美结合,在这种自然法支配下,人是自由的,人与人之间是平等的,年龄、健康等因素造成的差异不具备道德意义。"成人之所以是一个很强的人,孩子之所以是一个很弱的人,不是因为前者比后者有更多的绝对的体力,而是就自然的状态来说,成人能够自己满足自己的需要,而小孩则不能"③,儿童和成人在这一点上是平等的,可以说发现儿童、提倡顺应儿童天性是卢梭划时代的贡献。但他同样认为,儿童在其理性能力成熟之前,也不能享有参与社会的权利,只是对父母而言,应该尊重孩子的天性,不能用成人世界的需要要求儿童。卢梭在《爱弥儿》一书中指出:"如果你能够采取自己不教也不让别人教的方针,如果你能够把你的学生健壮地带到 12 岁,这时候,即使他还分不清哪只是左手哪只是右手,但你一去教他,他智慧的眼睛就会向着理性睁开。"④ 在这里,卢梭认为人的理性成熟以 12 岁作为分界点,在 12 岁之前,儿童由于理性能力不足无法参与社会契约的制定,以及自由行使其权利。

分析实证主义权利思想提出者边沁(Jeremy Bentham)将"最大多数人的最大幸福"作为判断社会立法和个人行为的根本标准。边沁认为个体是判断幸福与否的绝对主体,但儿童由于理性能力不足不具备这样的权利能力。其在《论道德与立法的原则》一书中对此做了说明,"如果有时候一个人处于另一个人的体力保护之下对自己有好处,那一定是由于前者在智力、知识或理性方面存在某种明显的而且十分重大的缺陷。人们知道,这种明显缺陷在以下两种情况下会发生:(1)一个人的智力尚未达到能够指导自己追求幸福之意愿的程度,这是幼年期的情况;(2)由于某种特殊的已知或未知的状况,其智力或者是从未达到那个程度,或者是达到后又退化了,精神错乱就是这

---

① 卢梭. 论人类不平等的起源和基础 [M]. 李常山,译. 北京:商务印书馆,1962:66.
② 卢梭. 论人类不平等的起源和基础 [M]. 李常山,译. 北京:商务印书馆,1962:66-67.
③ 卢梭. 爱弥儿:上 [M]. 李平沤,译. 北京:商务印书馆,2009:90.
④ 卢梭. 爱弥儿:上 [M]. 李平沤,译. 北京:商务印书馆,2009:96.

种情况"①。这里边沁明确认定幼儿并没有足够的理性能力，没有判断幸福与否的权利和能力。

康德法哲学思想体系中，权利观是其重要的核心思想。在康德看来，权利来自人先天的自由，权利的本体是自由，有限理性的存在是人的本质，这是康德权利哲学思想的基础。为了证明这一点，康德从人的理论理性、实践理性和判断力三个方面予以证明。首先，在人的理论理性方面，康德认为"理性是一种原则的能力"②。从因果性概念出发，得出自由规律支配着本体和现象之间的关系，自由作为本体是现象的根据。其次，在实践理性方面，康德所谓的实践理性指理性规定意志的能力——道德能力，从自由律出发，自由的客观实在性可以由自由律的客观实在性得以确证。最后，在判断力方面，康德认为"一般判断力就是把特殊思考包含在普遍之下的能力"③。康德以自然目的概念为基础，推断出自由是自然目的的终极目的。

在对权利的本体是自由这一基础命题论证的基础上，康德把权利分成"公共权利"和"私人权利"。私人权利又划分为"对物的权利""对人的权利"和"有物权性质的人权"。④ 与后天权利不同，自由是人与生俱来的权利，康德解释道："自由是独立于别人的强制意志，而且根据普遍的法则，它能够和所有人的自由并存，它是每个人由于他的人性而具有的独一无二的、原生的、与生俱来的权利。"⑤ 儿童正是凭借其与生俱来的自由而获得独立和尊严的。

儿童所具有的权利来自父母对子女的保护和抚养义务，"儿童作为人，就同时具有原生的天赋权利——有别于单纯的继承权利——而获得父母的细心抚养，直到他们有能力照顾自己为止"⑥。在康德看来，这是儿童绝对的自由权利，这和人的身份、地位等无关，儿童也不应成为父母的附属物。康德指

---

① 杰里米·边沁. 论道德与立法的原则 [M]. 程文显, 宇文利, 译. 西安：陕西人民出版社, 2009：199.
② 康德. 判断力批判 [M]. 邓晓芒, 译. 北京：人民出版社, 2005：254.
③ 康德. 判断力批判 [M]. 邓晓芒, 译. 北京：人民出版社, 2005：13.
④ 王本余. 儿童权利的观念：洛克、卢梭与康德 [J]. 南京社会科学, 2010（8）：130-136.
⑤ 康德. 法的形而上学原理：权利的科学 [M]. 沈叔平, 译. 北京：商务印书馆, 2005：50.
⑥ 康德. 法的形而上学原理：权利的科学 [M]. 沈叔平, 译. 北京：商务印书馆, 2005：98.

出:"从孩子们具有人格这一事实,便可提出无论如何不能把子女看作是父母的财产。"①因为父母对儿童保护和抚养的义务是儿童权利的来源,且儿童缺乏恰当的理性能力,所以父母有发展儿童心智和道德的义务,这一义务直至儿童理性能力成熟时才得以解除。虽然父母有保护、抚养、发展儿童道德和理性能力的义务,但儿童也有免受父母专横干涉的权利,国家也负有保护儿童的义务。

教育(带有强制性色彩)的目的是实现儿童的自由,康德认为儿童的学习可以分成"被动服从"和"学会在法则之下运用思考能力和他的自由"两个阶段。教育对儿童的强制性体现在前者为"机械性强制",后者为"道德性强制"。当儿童能正当使用自由权利且与他人自由权利并存时,就允许儿童自由,否则就应对儿童施以强制,目的在于使儿童与他人自由权利并存。通过以上对康德权利思想的分析可以看出,康德承认儿童有天赋自由的道德地位,不过儿童拥有的自由权利和成人存在差别,所以儿童早期阶段,由于儿童理性能力不足,某些强制还是必要的。

罗尔斯在《正义论》一书中指出,正义是社会制度的首要价值,平等、自由在正义的社会中是不可动摇的,社会的整体利益也不能以牺牲个人利益实现。罗尔斯基于"无知之幕"假设人类社会初始状态,提出了正义的两大原则。但在儿童权利方面,罗尔斯不认为儿童与成人具有同等的自由,因为在其假设的原初状态中对个人预设的条件为个体是拥有人格能力的道德主体,个体必须具有获得正义感和善的能力,而儿童"力量是尚未发展的,不能合理地推进他们的利益"②,"实际上,儿童完全没有证明某件事情是正当的这种概念,这种概念是后来获得的","社会的年轻成员们在他们的成长过程中逐渐获得正义感"③,如果成人不采取措施,儿童就会由于自身理性能力不足而受到伤害。

"理性"把人从神的禁锢中解放出来发挥了至关重要的作用,推动了社会进步。但是以理性能力作为衡量多样化特点的人是否具备权利或者具备何种

---

① 康德. 法的形而上学原理:权利的科学 [M]. 沈叔平,译. 北京:商务印书馆,2005:101.
② 约翰·罗尔斯. 正义论 [M]. 何怀宏,何包钢,廖申白,译. 北京:中国社会科学出版社,1988:247.
③ 约翰·罗尔斯. 正义论 [M]. 何怀宏,何包钢,廖申白,译. 北京:中国社会科学出版社,1988:465.

程度的权利就会带来一系列的问题，尤其是按此思路的社会制度设计使不同群体认同自己的身份、权利地位，如对妇女、儿童、出身，甚至肤色、种族等在理性能力上独断地做出理性能力不足或者没有理性能力的判断，由此出现的斗争数不胜数，正如前面所述，人权的历史是一部斗争的历史，如女权主义为权利所做的斗争。

理性能力是拥有权利的必要条件，在这样的前提下，儿童权利变得命运多舛。从对以上权利论者的观点分析可以看出，认为儿童不具备理性能力的权利理论构建者普遍认为，儿童身心脆弱和易受伤害、缺乏理性能力以致不能理性决策、无法判断自身最佳利益。因此，出于为了儿童利益而干预儿童的自由的目的，作为儿童代理人的成人的行为在道德上是合理的，似乎成人总是理性能力成熟，知晓儿童最佳利益，总会为儿童最佳利益考虑，让成人对儿童的干预和保护具有道德合理性，那么儿童不能和成人享有平等权利也在情理之中。这种所谓的合理干预主要体现在选择权的剥夺上，因为儿童理性不成熟而被认为没有选择能力，因此，儿童的权利需要其父母或者监护人代为行使，儿童拥有的仅仅是因为父母有保护、抚养子女的义务而产生的受保护权。

二、儿童具备理性能力与儿童权利

借助心理学、教育学及其他相关学科对儿童的研究，一些学者主张儿童具有理性能力，且拥有和成人一样的权利。对于儿童具备理性能力的证明主要集中于儿童认知发展上，在关于儿童认知发展的理论贡献中，皮亚杰（Jean Piaget）的认知发展理论影响深远，他所谓的认知有思维和智力之义，认知发展实质是个体对环境的不断适应，儿童的认知能力正是在这个过程中得以发展的。皮亚杰根据其研究发现，可以把个体认知发展分成四个阶段，在儿童发展到第四个阶段，其理性和道德能力发展完全，具备了成熟的理性能力。有学者从知识价值论角度出发说明儿童经验区别于成人的理论，如奥德森和古德温（Goodwin，1993）认为，通常人们对专业的理论知识赋予更高的价值，但是个体的经验知识反而被贬低，这种做法的后果是，由于忽视了儿童由个体经验所产生的知识和智慧所具有的价值，儿童因而被认为是无知的、无能力的。萨缪尔·斯托利亚（Samuel Stoljar，1992）基于儿童的发展，认为儿童即未来社会的成人，社会必须在一段时期内更替其公民来维持其生存，因而依赖儿童作为持续的新成员的来源。儿童缺乏能力通常与拥有权利联系在一起，因此，社会赋予他们权利以保护他们作为社会潜在（有能力）成员并确保社会持续存在。正是儿童的潜能而非他们的局限性，使他们成为权利持有者。

与质疑儿童理性能力并认为儿童不能享有和成人相同权利的论调相比，认为儿童具备理性能力的学者更倾向于认为儿童并非如成人想象的那样无知和非理性。儿童具备无限的发展潜能，并且知晓自己的最佳利益，儿童的参与和决策的自主性有助于促进儿童的利益，成人基于自身对儿童有限的理解，并非总能考虑儿童最佳利益，以爱之名干预儿童的自由和权利，甚至伤害儿童的事例在现实中也不在少数，如以自身未实现的理想而产生遗憾，并把未实现的理想强加于子女，或者在教育子女上毫无理性地从众，而不顾子女自身的价值需要，这种干预是对儿童内在价值的无视，在道德上不具备正当性，只有儿童具备同成人相等同的权利，儿童的最佳利益才能实现。

有些学者从能力的相对论角度出发来理解儿童的理性能力，彼彻姆（Beauchamp，2007）与齐尔德雷斯（Childress，2007）区分了七种能力不足的水平：一是缺乏为一种表现或选择提供证据的能力，二是缺乏理解一种情景或者相关类似情景的能力，三是缺乏理解公开信息的能力，四是缺乏给出理由的能力，五是缺乏给出一个合理理由的能力，六是缺乏权衡风险和利益时给出理由的能力，七是缺乏获得合理决定的能力，例如通过一个理性人的标准进行判断。[1] 不管是成人还是儿童，都可能在缺乏这七种能力的某一水平上，成人的理性能力不一定比儿童高。

理性能力的重要方面之一是智能（intelligence）。加德纳（Gardner，1983）将人的智能表述为七种：语言智能、数理逻辑智能、视觉—空间智能、音乐智能、身体动觉智能、人际关系智能、自我认识智能。1999年，他又在这个名单上加了三个"候选"："自然智能（natural intelligence）、精神智能（spiritual intelligence）与存在智能（existential intelligence）"[2]。个体智能的多样性是多元智能理论的重要观点之一，儿童和成人相比较，在这些多元智能的各个方面也呈现出不同的差异，即儿童在多元智能的某一或者某些方面

---

[1] FREEMAN M. Why it remains important to take children's rights seriously [J]. The International Journal of Children's Rights, 2007, 15 (1): 5-23.

[2] GARDNER H. Intelligence reframed [M]. New York: Basic Books, 1999: 47.

比成人要好,在这一点上,成人认为自身比儿童更具备理性能力是站不住脚的。成人对儿童理性能力不成熟的论断往往只是多元智能的某一或者某几个方面,儿童对事物的理解往往不为成人所了解,是儿童的语言表达能力不足和理解成人表述能力的不足造成的。换言之,成人如果能帮助儿童表达并且理解儿童的表达方式,可能就不会得出儿童理性能力绝对低于成人的结论了。

三、理性能力与权利关系的再思考

理性能力是权利的充分条件、充要条件,还是理性能力只是权利的必要条件?如果理性能力是权利的充分条件,随着对儿童发展研究的不断深入,儿童的理性能力越来越得到认可,这在上述彼彻姆与齐尔德雷斯以及加德纳对理性能力的研究中可以得到充分说明,就这方面而言,儿童是享有和成人一样的权利的,儿童的权利应该得到充分尊重。

有些学者也主张理性能力只是权利的必要条件,并非具备理性能力就可以得到具有权利的结论,这一回答主要基于对权利的不同理解,特别是权利资格论者,他们认为,享有某种权利意味着具有某种要求外界的资格,要具备这种资格必须具备一定的理性能力,但具备一定的理性能力并不确定一定具有这种资格。

有些学者否认理性能力和权利之间具有某种必然的联系,因为"成熟"——什么年龄能承担责任——这一观念往往和特定社会文化相联系。在不同文化中,成人基于可观察的社会能力对"成熟"的界定标准也不一样,如城市、农村,或者发达国家和发展中国家对成熟的界定差异。很难精确界定个体需要具备什么样的能力才能谓之成熟,也很难找到哪一儿童能全部通过成人都不能通过的"成熟"测试。因此,"成熟"这一观念是成人建构的,它并不能适用于所有的儿童。已有研究表明,儿童是关于他们自身的专家,康诺利(Connolly,1990)认为"儿童理解他们所关心的,而且知道如何看待他们的未来",艾哈迈德等人(Ahmed et al.,1997)在其研究中写道:"我开始认识到,儿童对于他们自身以及身处的环境是有足够理解的。"

人是理性的存在,这一命题得到了先哲们的论证,然而,理性能力并非与生俱来的,而是在后天的社会生活中逐步形成的,有合适的环境和训练机会是理性能力得以形成的重要条件。由于先天禀赋、环境和训练机会的差异,理性能力在正常的个体身上也各有不同,身处人生不同阶段的个体,也会体现出阶段性差异。

四、理性能力权利论之于幼儿班级活动参与权

通过上述对理性能力权利论的梳理可以看出，主张理性能力是权利的充分条件观点的人会认为儿童的参与权是有限的，那么身处人的早期阶段的幼儿，在幼儿园班级活动参与权也是有限的，儿童的理性能力不足是事实，儿童并不能总是对所有涉及自身的事情做出理性的判断，因此，幼儿并不全然知晓他们的最佳利益，幼儿的意见有时可以忽略不计。大多数的决策都应由成人的代表——幼儿教师——做出，这一点在当前部分幼儿教师对幼儿班级活动参与权的看法和实践中得以体现。我们应该看到，随着相关学科对儿童研究的推进，我们对儿童所具备理性能力的认识也在不断加深，《儿童权利公约》中体现出来的观点——儿童是他们自身的专家，即为我们对儿童理性能力认可的明证。

而主张理性能力是权利的必要条件观点的人会认为，幼儿虽然是事实上的理性能力不足者，但是权利本身并不与理性能力直接相联系，因为对什么是理性能力成熟、什么年龄的人才算理性能力成熟等问题，答案本身和特定的社会情境相联系，即"理性能力成熟"概念是情境性的。幼儿理性能力的不足并不能否认幼儿有班级活动参与权，如果权利和理性能力之间有必然联系，那么幼儿在其班级活动中的参与权遭到横加干涉就是合理正当的。为了避免这种情况的发生，肯定幼儿的班级活动参与权是必然的选择，正如自然权利论者所持的观点，幼儿作为人其权利是自然存在的。在班级活动中，幼儿能充分理解自身所处情境，也能充分知晓自身最佳利益，也有权利参与与其自身相关事务的决策和管理。

本研究认为，虽然幼儿理性能力不足是既存事实，但不代表幼儿没有理性能力，因此，幼儿具有班级活动参与权，有权就涉及自身利益的事件做出判断和决策。成人也应时刻警惕我们对"理性能力成熟"界定的合理性，时刻反思我们是否全然从成人角度来理解"理性能力成熟"，从儿童的视角去理解事物或许会让我们更加合理看待幼儿班级活动参与权。

第三节 需要理论与幼儿班级活动参与权

通过对儿童发展理论以及理性能力权利论的梳理、分析可以发现，以两者论证幼儿班级活动参与权的正当性都存在一些难以克服的缺陷，或者容易出现分歧。本研究试图从"需要"出发，主要包括需要的内涵、需要理论的历史考察、需要和权利的关系等，结合主体间性理论，构建以"需要"为基础的论证范式，探讨幼儿班级活动参与权的正当性。

一、需要的内涵

需要（need）是社会学、经济学、政治学、生理学、管理学等学科的核心概念，是研究人、社会、人与社会的重要起点，也是理解权利的重要基础。对于什么是需要，不同学科、不同学科的不同学派基于不同的视角，给出的答案相去甚远。总体而言，对需要内涵的不同理解可以归纳为三类。

（一）主观论

"需要"的主观论认为，"需要"是相对的、变化的，是人的欲望。如把"需要"作为人的一种主观状态，它是个体所必需的事物在大脑中的反映[1]，这里强调主体对个体所需事物的选择，至于"需要"什么，取决于主体，体现的是主体对需求对象的期盼与渴望。罗伊（Roy）认为"需要因社会而异，因此，不可能预先确定需要，也不可能谈论什么普遍的需要"[2]；里斯特（Rist）指出"需要是由社会结构决定的，无客观内容"[3]，这两者否定"需要"具有普遍性，认为"需要"取决于社会，随着社会的变化，"需要"也发生变化。社会心理学中把"需要"定义为"人的生理或心理状态由于某种不足或过剩，失去了原先的平衡而趋向不平衡状态，由此产生一种生理和心

---

[1] 宋书文. 管理心理学词典 [M]. 兰州：甘肃人民出版社，1989：377.
[2] 凯特琳·勒德雷尔. 人的需要 [M]. 邵晓光，孙文喜，王国伟，等译. 沈阳：辽宁大学出版社，1988（1）：15.
[3] 凯特琳·勒德雷尔. 人的需要 [M]. 邵晓光，孙文喜，王国伟，等译. 沈阳：辽宁大学出版社，1988（1）：15.

理的紧张状态,产生缓解紧张和恢复平衡的心理冲动"①,这一定义强调主体对不平衡状态产生的主观心理冲动。

(二) 客观论

"需要"的客观论认为,"需要"具有普遍性特征,正是由于这种普遍性,"需要"具有客观性。如马西尼(Masini)认为"需要可以被抽象地理解为人们在某一社会中为了使自己的生存和发展成为可能而需要予以满足的要求",无论在什么样的社会中,"需要"都是如此,这里强调"需要"的普遍性;加尔通(Galutng)认为,"需要""是一种必要条件,是至少要在某种程度上得到满足的东西,只有这样才能使需要的主体作为人而起作用";马尔曼(Mallmann)和马库斯(Marcus)认为,"需要是一种避免疾病状态的客观要求,所以就像疾病状态是客观的和普遍的一样,需要也是客观的、普遍的"。这些观点都从普遍性和客观性的角度对"需要"进行理解。

(三) 主客观结合论

一方面,主客观结合论强调"需要"是主体对因需要而产生心理状态的反映,另一方面,也强调"需要"本身的客观存在,或强调"需要"对象的客观性。马克思和恩格斯以实践为基础,认为"需要是人对物质生活资料和精神生活条件依赖关系的自觉反映"②。在这一定义中,既强调了人对"依赖关系"的自觉反映,也强调了对物质生活资料和精神生活条件的依赖关系,即反映对象的客观性。如王孝哲(2008)认为,"人的需要就是人感受到自身内在的物质或精神上的缺乏,为了维持生存和发展,而对于外界事物的摄取欲望和要求"③;李德顺(1994)则认为,"人的需要是人的生存发展对于人自己的活动和外部环境与条件的依赖关系的表现"④。这两者的观点都是基于马克思和恩格斯的需要内涵进一步的理解。

---

① 马向真,韩启放. 社会心理学的原理与方法 [M]. 南京:东南大学出版社,1997:224.
② 中共中央马克思恩格斯列宁斯大林著作编译局. 马克思恩格斯全集:第2卷 [M]. 北京:人民出版社,1960:164.
③ 王孝哲. 论人的发展及其动力 [J]. 安徽大学学报(哲学社会科学版),2008,32(1):13-18.
④ 李德顺."价值"与"人的价值"辨析:兼论两种不同的价值思维方式 [J]. 天津社会科学,1994(6):33.

"需要"作为人对物质生活资料和精神生活条件依赖关系的自觉反映，应该是在人和社会的动态发展中得以呈现的，随着人和社会的发展变化而变化，是具有历史性的，对需要的理解也应结合主体的主观反映、对物质生活资料和精神生活条件的客观依赖，以及人和社会的变化、发展三者加以把握。阮青（2004）认为"需要是人们基于社会发展和人的发展状况而产生的对人的存在和发展条件的缺失或期待状况的观念性把握"[1]，这一定义较好地把这三者结合起来。

二、需要理论

迄今为止，关于需要的研究成果颇丰，其焦点集中在需要的产生、本质、特征、类型、评价、实现等方面，研究者就其中某个或某几个方面对需要展开讨论。本研究根据研究需要，分析探讨以下与本研究相关的需要理论。

（一）马克思的需要理论

关于"需要"的研究是马克思主义哲学的重要组成部分，这一理论集中在马克思的《1844年经济学哲学手稿》和《政治经济学批判大纲》中，并随后贯穿整个马克思主义哲学体系。

1. 人的需要是人的属性

马克思和恩格斯认为，需要是研究人的逻辑起点，即要理解人的需要，撇开人的需要去研究人就是唯心主义的做法，马克思论述道："人们习惯于从自己的思想，而不从自己的需要出发来解释自己的行为（当然，这种需要也是反映在人脑的，是意识到的），这样一来，久而久之便发生了唯心主义的世界观。"[2] 人作为自然存在物，求得生存的本能使人产生需要，这种需要是自发产生的，正如马克思所言，"人们为了能够'创造历史'，必须能够生活。但是为了生活，首先就需要吃喝住穿以及其他一些东西"[3]。但是，人的需要又不同于动物的需要，人除了自然需要之外，还有社会需要，社会属性是人

---

[1] 阮青. 价值哲学 [M]. 北京：中共中央党校出版社，2004：58.
[2] 中共中央马克思恩格斯列宁斯大林著作编译局. 马克思恩格斯全集：第2卷 [M]. 北京：人民出版社，1960：62.
[3] 马克思. 1844年经济学哲学手稿 [M]. 中共中央马克思恩格斯列宁斯大林著作编译局，译. 北京：人民出版社，2000：105.

的本质规定性，离开了社会，人就不能称其为人，"可以根据意识、宗教或随便别的什么来区别人和动物。当人们自己开始生产他们所必需的生活资料的时候（这一步是由他们的肉体组织所决定的），他们就开始把自己和动物区别开来"①。除了自然属性和社会属性，人还具有精神属性，"动物只是在直接的肉体需要的支配下生产，而人甚至不受肉体需要的支配也能进行生产，并且只有不受这种需要的支配时才进行真正的生产"②，人除了受肉体需要的支配进行生产，更重要的是在精神支配下所进行的生产，动物仅仅是为了生存，而人具有更高的精神追求。人的自然需要、社会需要和精神需要构成了完整的人的需要，同时也成为人的行为的动力。

2. 需要的层次

除了按照需要的指向性不同把人的需要分成自然、社会和精神需要，马克思还把人的需要按照层次划分为生存的需要、享受的需要和发展的需要。生存的需要，在马克思看来可以称之为"必需的需要"，即马克思所谓"人为了生活，首先就需要衣、食、住以及其他东西"③的需要，这是为了保存生命的基本需要，这是人需要的基础；享受需要指的是以享受为目的的需要，适度的享受需要是合理的，而且享受需要随着社会的进步，也会变成生存需要，即马克思所谓的"以前表现为奢侈的东西，现在成为必要的了"④；发展需要被马克思称为"生活的第一需要"⑤，发展需要指向的目的是人的发展，具体而言，指向的是人自身全面、自由地发展，这是人需要层次中最高级的需要，是由人的本质规定的。

3. 人需要的正当性

在一定的社会历史条件下，人的需要有正当和非正当之分，在马克思看来正当需要是"指那些符合人性、有利于增强人的本质力量和巩固人在世界

---

① 中共中央马克思恩格斯列宁斯大林著作编译局. 马克思恩格斯全集：第3卷［M］. 北京：人民出版社，1960：24.
② 中共中央马克思恩格斯列宁斯大林著作编译局. 马克思恩格斯全集：第42卷［M］. 北京：人民出版社，1979：97.
③ 中共中央马克思恩格斯列宁斯大林著作编译局. 马克思恩格斯选集：第1卷［M］. 北京：人民出版社，1995：79.
④ 中共中央马克思恩格斯列宁斯大林著作编译局. 马克思恩格斯全集：第46卷（上）［M］. 北京：人民出版社，1979：12.
⑤ 中共中央马克思恩格斯列宁斯大林著作编译局. 马克思恩格斯选集：第3卷［M］. 北京：人民出版社，1995：12.

中的主体地位的需要"①，即判断人的需要正当与否的标准在于需要本身是否符合人性、符合人的发展。人正当的需要有利于人的发展，否则就会阻碍人的发展。首先，正当合理的需要应该建立在人对社会的贡献和索取关系的平衡上，按劳分配是共产主义初级阶段的最佳分配原则，不过，这里的"劳"应只是有劳动能力者，对于儿童、老人和失去劳动力的人来说并不适合这一原则。其次，个人利益不能超越集体、国家利益，这三者利益应该是一个不可分割的整体。没有国家和集体的存在，个体保存也无从谈起，因此，个人利益不能凌驾于集体、国家利益之上。同时，没有个体的保存为前提，集体和国家利益也不能存在。最后，需要的历史性，需要不能超越一定的社会而存在，超出现有的社会发展水平的需要是不正当的。

4. 需要的特征

基于对需要本质的理解，马克思在人的需要理论中对需要的特征进行了阐释，主要体现在需要的社会性和历史性。首先，需要具有社会性特征，因为"人的需要虽然源于人的自然本性却决定于人的社会本性"②。需要的主体是社会中的人，人通过社会联结在一起，形成一定的生产关系共同改造自然和社会，满足人的自然需要和社会需要。自社会形成，人的自然需要和社会需要都是在社会中产生的，因为这时的人已不再是纯生物意义上的人了，而需要的内容也因此带有社会性，即使是自然需要，也带有社会的色彩，而且，人需要的满足过程也是在社会中通过不同主体的交往得以完成的。

（二）马斯洛（Abraham H. Maslow）的需要层次理论

马斯洛的需要层次理论在解释人的需要方面做出了卓越贡献。要理解其需要层次理论，应从其人本主义思想背景加以把握。人本主义（humanism）区别于神本主义、自然主义、科学主义，以及伦理学的非（反）人道主义。所谓人本主义，是指一种思想态度，它认为人和人的价值具有重要意义③，强调从人的本性为出发点和归宿来研究人与自然、人与人、人与社会之间的

---

① 袁贵仁. 马克思的人学思想 [M]. 北京：北京师范大学出版社，1996：148.
② 孙承叔. 真正的马克思：《资本论》三大手稿的当代意义 [M]. 北京：人民出版社，2009：71.
③ 中国大百科全书出版社《简明不列颠百科全书》编辑部. 简明不列颠百科全书（6）[M]. 北京：中国大百科全书出版社，1985：761.

关系。

马斯洛的需要理论带有强烈的人本主义色彩，其需要理论首先也是建立在一系列逻辑严谨的假设①之上，理解这些假设是理解马斯洛需要层次理论的前提。马斯洛在满足那些假设基础之上，把人的需要分成五个层次②，即生理、安全、归属和爱（社交的需要）、尊重和自我实现的需要。马斯洛把前三种需要称为"缺乏型需要"，这些需要可以通过外部条件得以满足，如果得不到满足，人的生存就会受到威胁，而后两种需要为"成长型需要"，"成长型需要"得不到满足，就会出现马斯洛所谓的"人性的萎缩"。这两种需要通过内部因素才能得以满足。需要是人性发展的动力，这种动力来自人的遗传结构和社会环境，因此，人性的发展（自我实现）取决于人对自身的认识和支持性社会环境。

基本需要按照等级排列，人的行为主要受占主导地位的需要支配，但也存在次序颠倒的现象，马斯洛对这种次序颠倒现象做过一些研究，并尝试用"功能自主"来解释这种现象。马斯洛认为，主导需要一经满足，相对弱势的需要就会出现，马斯洛认为"人是一种不断产生需求的动物，除短暂的时间外，极少达到完全满足的状态。一个欲望满足后，另一个迅速出现并取代它的位置，当这个满足了又会有一个站到突出位置上来。人几乎总是在希望着什么，这是贯穿他整个一生的特点"③，这一规律能跨越文化差异。需要层次秩序按照"生理→安全→归属→自尊→自我实现"呈连续、波浪式演进。处于最高层次的自我实现是人性的最高境界，它是"人性的一个规定性特征，没有它，人性便不能称其为充分的人性。它是真实自我的一部分，是一个人的自我同一性、内部核心、人的种族性的一部分，是丰满人性的一部分"④，自我实现状态下的人体现出自我决定性、自由创造性以及自主选择等特点。

马斯洛的需要理论摒弃了当时行为主义和精神分析学派的缺陷，也是对传统人文主义的超越，为"缺乏型需要"满足的正当性做了很好的辩护，把"缺乏型需要"和"成长型需要"结合起来，形成丰满的人性结构，是一种

---

① 张德. 组织行为学 [M]. 北京：高等教育出版社，2001：431.
② 马斯洛后期在尊重和自我实现需要之间，加上原归为基本需要的认知需要和审美需要，其晚期著作中，马斯洛又在七个层次需要之上增加了"超越的需要"。
③ 马斯洛. 动机与人格 [M]. 许金声，程朝翔，译. 北京：华夏出版社，1987：29.
④ 马斯洛. 人性能达的境界 [M]. 林方，译. 昆明：云南人民出版社，1987：320.

乐观的需要理论，因为其需要理论指明了每个人都有达到人性最高境界——自我实现的可能。

（三）莱恩·多亚尔（Doyal Len）和伊恩·高夫（Ian Gough）的需要理论

莱恩·多亚尔和伊恩·高夫在《人的需要理论》一书中首先批判了正统经济学、新右派、文化帝国主义、极端民主主义、现象学把人的需要简化为个人或集体偏好的各种论点。同时对作为可以普遍化目标的需要和作为动机或驱动力的需要进行了区分，这两位学者认为，人类需要的生物学背景应该引起注意，但不能把生物学意义上的驱动力等同于需要；社会生物学也有过于强调先天的生物、情感和认知"法则"决定我们应该还是不应该有某种愿望的倾向。

鉴于"需要（need）"和"想要（want）"这两个词都有"目标"之意，两位学者通过区分"需要"和"想要"的含义进一步对"基本需要"的含义明确化。需要（或在这个问题上"想要"）的理由在本质上是公共的，因为它们利用了人们都能理解的概念，即哪些策略确实能够避免伤害，或者应该通过哪些实证研究来增进这种理解①。需要是无意图的（unintentional），它们的真实性依赖于"世界的本来面目"，而不是依赖于"我的思想的作用"②。"想要"来源于个体的特殊偏好和文化环境，关于想要的论点是有意图的（intentional），其参照系是不透明的，因为它们的真实性依赖于"经历的主体如何看待世界"③。判断是否是"需要"的标准在于"如果需要不能通过一种适当的'满足物'（satisfier）得到满足，那么将会导致某种明确、客观的严重伤害"④。因此，这两位学者把需要定义为"当事人为了避免客观性的伤害所必须达到的可以普遍化的目标，而这种伤害就是没有做他们自认为应该而且可能做的事情"⑤。需要的客观性在于其目标在手段上与避免严重伤

---

① BROWN G. Empiricism, explanation and rationality: an introduction to the philosophy of the social sciences [J]. Philosophical Books, 2010, 29 (2): 124-125.
② WIGGENS D. Claims of need [M] //HONDERICH T. Morality arrd Objectivity. London: Routledge, 1985: 152.
③ GRIFFIN J. Well-Being [M]. London: Oxford University Press, 1986: 121.
④ FEINBERG J. Social Philosophy [M]. Englewood Cliffs: Prentice Hall, 1973: 111.
⑤ 莱恩·多亚尔，伊恩·高夫. 人的需要理论 [M]. 汪淳波，张宝莹，译. 北京：商务印书馆，2008: 70.

害存在着普遍性的联系，这种普遍性联系意味着人们对某种有关严重伤害本身的普遍认同。

于是，这两位学者进一步论证自主和健康是人的基本需要，且这两种需要都是客观的。首先，自主作为人的基本需要在于，除非个人有能力参与在试图实现目标时不受任何任意而严重限制的生活，否则他们在私人和公共事业方面获得成功的潜力将不能得到发挥——无论他们实际选择的内容是什么。康德也认为，如果要让个人采取行动和承担责任，他们必须具备必要的体力和脑力方面的能力：至少有一副受所有相关的因果过程所支配的、活着的躯体，而且有思考和选择的思维能力，在这里，"选择的思维能力"是"参与"的重要体现。法登和彼彻姆（Faden and Beauchamp, 1986）认为，"一个人对于自我、自己的文化以及在这个文化中作为一个人应该做些什么等问题的理解水平、他为自己做出抉择的心理能力，以及使他能够相应采取行动的客观机会"[1] 是影响自主性的三个关键变量。其次，由于身体的存活和个人自主是任何文化中、任何个人行为的前提条件，所以它们构成了最基本的人类需要——这些需要必须在一定程度上得到满足，行为者才能有效地参与他们的生活方式，以实现任何有价值的目标。身体健康不仅是生存，也是一个基本的人类需要。

莱恩·多亚尔和伊恩·高大在明确人的基本需要的基础上，认为满足基本需要的社会前提条件在于个人自主（能动自由和政治自由）和四个社会条件。个人自主并非个人主义层面的自主，本身含有遵守社会规则的意义。表达个人自主的机会所要求的不仅是消极的自由（negative freedom），还要有积极的自由（positive freedom）。满足需要的四个社会前提条件[2]：第一，任何社会都必须生产足够的满足物以确保最低水平的生存和健康需要，同时还有其他工艺品和具有文化意义的服务；第二，社会必须保证一个适当的繁衍和儿童社会化的水平；第三，社会必须保证生产和繁衍所必需的技能和价值观能够在足够份额的人口之间传播；第四，必须建立某种权力制度以保证遵守规则。没有这些规则，这些技能就不能得到成功的实践。

对于人的需要作为权利的正当性问题，两位学者从义务的真实性来论证

---

[1] FADEN R, BEAUCHAMP T. A history and theory of informed consent [M]. New York: Oxford University Press, 1986: 398.

[2] WILLIAMS R. Politics and letters [M]. New York: Verso Press, 1979: 67.

人有满足需要的权利。社会生活的存在依赖于认识到对他人的义务——在某人和他人的互动中，特定文化的成员能够接受对他人的责任，不仅社会生活需要道德责任，我们自己作为个人对社会生活参与的成功也同样需要道德责任。社会成功将取决于我们理解自己道德责任的能力以及我们相应采取行动的意愿。义务的真实性显然包含权利的真实性，权利是一群个人为了履行自己和别人认为他们应该承担的义务需要享有的权利，只有在一个业已存在的、明确规定了包含权利的条件的道德观体系中，义务才包含权利。正如怀特（A. White）所说"权利和义务不是来源于他们相互之间的关系，而是来源于他们一起参与的共同制度"①。在此基础上，莱恩·多亚尔和伊恩·高夫对满足最低需要的权利、满足最优水平的需要权利的正当性问题进行了论证。

在人的需要权利实现问题上，这两位学者从理论和实践上进行了讨论。就理论而言，哈贝马斯的"理性交流"与罗尔斯的"正义"论在人的需要权利实现方面各有优缺点。在实践方面，莱恩·多亚尔和伊恩·高夫借助"中间需要"概念，形成了基本需要满足的标准，描绘了"三个世界"中的需要满足的人类福利蓝图。

三、需要与幼儿班级活动参与权

（一）需要的正当性

生物意义上的人带着基本需要来到世界，在社会中形成更高级的需要（advanced need），又在人和社会的互动中形成"想要"，因此，可以说人是需要和想要的存在。

基本需要主要和人作为生物体的存在相联系，类似于马斯洛需要层次理论中的"生理和安全"需要。在人与人结成社会之后，需要的生理学色彩逐渐变淡，渐渐打上了"社会"的烙印，社会生理学对此进行过不少论述。但正如莱恩·多亚尔和伊恩·高夫所言，"……问题是它把约束（constraint）和决定（determination）混为一谈，而且过高地估计了先天的生物、情感和认知'法则'决定我们应该还是不应该有某种愿望的程度"②。那么，就在人类社

---

① WHITE A. Rights [M]. Oxford: Oxford University Press, 1984: 70.
② 莱恩·多亚尔, 伊恩·高夫. 人的需要理论 [M]. 汪淳波, 张宝莹, 译. 北京: 商务印书馆, 2008: 50.

会中的需要而言，本研究更倾向于莱恩·多亚尔和伊恩·高夫所说的"当事人为了避免客观性的伤害所必须达到的可以普遍化的目标，而这种伤害就是没有做他们自认为应该而且可能做的事情"①。健康和自主是人的基本需要，也是人赖以存在的必要条件，因为没有健康和自主，人的发展就成了空中楼阁。

需要是人互动的基础，不管这种需要是物质需要还是精神需要。在人与人的互动中，作为主体的个人的需要正是在履行对他人的义务中得以满足的。承担义务者如果最低水平的需要未得以满足，他也就失去了履行对他人义务的能力，因此，承担义务者必须在适当的水平上满足其相应行为所必需的基本需要。个体的这种满足基本需要的权利，与其他人对承担的义务的重视程度以及对个体履行承诺的期待是成比例的，也就是说，如果他人期望个体付出最大的努力以履行其对他人的义务，那么他人也必须最大限度上满足个体的基本需要。

人除了基本需要，还有高级需要以及想要，高级需要是相对于基本需要而言的，这种需要与马斯洛需要层次理论中的归属和爱（社交的需要）、尊重和自我实现的需要相类似。基本需要未能得到满足，人的存在就会受到根本性的威胁；而高级需要未能得到满足，人的存在并不一定会受到根本性威胁，受到威胁和伤害的是人的发展。即判断需要是基本需要还是高级需要的标准在于它对人的存在是否产生根本性的威胁。基本需要具有普遍性，但超出基本需要之上的高级需要似乎就是相对的了。当然，不管是基本需要还是高级需要，其正当性都不容置疑，因为它们都符合人性，有利于增强人的本质力量和巩固人在世界中的主体地位。

阿德勒（M. J. Adler，1980）认为，"想要"指的是后天获得的欲求。格里芬则认为，"想要"来源于个体的特殊偏好和文化环境，关于想要的论点是有意图的，其参照系是不透明的，因为它们的真实性依赖于"经历的主体如何看待世界"②。以上可以看出，"想要"属于人在后天社会化过程中形成的，往往与人的某些先天特征和后天的个体经历有关，源自个体的特殊偏好，这与无意图的、真实性依赖于"世界的本来面目"的"需要"相区别。拉丁

---

① 莱恩·多亚尔，伊恩·高夫. 人的需要理论［M］. 汪淳波，张宝莹，译. 北京：商务印书馆，2008：70.

② GRIFFIN J. Well-being［M］. Oxford：Oxford University Press，1986：276.

格言"个人趣味是不值得争论的",这是从"真"的角度而言说明"想要"的主观倾向色彩。那么如何判断"想要"正当与否呢?前文已经充分说明人需要的正当性,而"想要"也具有目标指向性,也就是说,当"想要"的目标指向的是"需要"时,有助于需要的实现时,这样的"想要"就是正当的。反之,如果我们"想要"的不是指向于我们的"需要",那么它就是不正当的。

(二)需要和权利

人类生活是在社会共同体中进行的,在任何地方都一样,之所以必须这样,是因为不这样就不会有下一代,人类生活就将终止。而需要是人与人互动的前提,不管这种互动出于物质需要还是精神需要,卢梭和涂尔干等人的论证充分说明,社会生活的存在依赖于认识到对他人的义务——在某人和他人的互动中。个体能接受对他人的义务,也能认识到他人承担的义务,如果没有这样的假设,我们将无法理解社会文化的规范性结构。同时,履行对他人的义务意味着个体的需要必须得到满足,这是个体的权利。从某种意义上说,个人对他人或集体的义务属于康德道德命令中的"绝对命令",即人们无法使自己解脱而只能遵从它们的命令。如果他人无视个体需要,而要求个体履行对他人与权利相对的义务,那么这就是对个体权利的侵犯。从另一方面讲,个体履行对他人的义务,其需要必须得到相应的满足,同时,个体正因为如此而获得集体的成员资格。这种成员资格意味着个体享有相应的权利,不管这种资格来自米尔恩听说的法律、习俗还是道德①。

个体在履行对他人的义务过程中,个体的需要——利益——得以实现,因为他人同样有对个体的相同的义务,这点正如米尔恩所言,"作为一名社会成员,他承担对他人给其应给的义务,享有从他人那里得其应得的权利"②。在现实中,个体利益与他人利益以及集体利益却不一定总是一致,因为一个人的自我利益的视野只限于对他来说最好的东西,但这不一定就是狭隘自私的观点,尤其是在现代数以百万、千万甚至亿计成员构成的民族国家中,相

---

① 米尔恩在其《人的权利与人的多样性——人权哲学》一书中认为,权利意味着某种资格,是法律、习俗和道德让个体具有这种资格的。
② 米尔恩. 人的权利与人的多样性:人权哲学[M]. 夏勇,张志铭,译. 北京:中国大百科全书出版社,1995:133.

对于特定的个体而言，其他成员只是"无名的群泉"，与特定的个体不直接相关，只是通过非个人的劳动分工体系与他人联系在一起。自我利益和作为成员的利益之间也并非总是相重合，只有共同体小到能让成员之间保持亲密的联系时，这两种利益才会重合。米尔恩认为"自我利益和作为成员的利益之间的区别并不意味着两者永远不一致。一个人所属的共同体应该继续存在下去，这不仅是作为成员的他的利益所在，而且也是他的自我利益所在。他在经济上有赖于社会共同体的劳动分工体系"[①]。

在人类形成社会这一背景下，不管是人的基本需要还是高级需要，都不同于生物意义上人的需要。为了调节个体与个体、个体与共同体、共同体与自然的利益之间的关系，以及调节权利和义务之间的关系，确认共同体成员权利资格，人类在长期发展过程中形成了以道德、法律和习俗为主体的权利资格和实现规则。米尔恩认为，个体所拥有的权利来自规则和原则，"存在一项对某事的权利，就必定存在确定某种条件并宣布所有的，并且只有符合这些条件的人才有资格享有它的规则和原则"[②]。这些规则和原则的确定主体来自法律（实在法）、道德和习俗，这些主体通过强制、舆论压力或者非强制性的力量来确定关于资格认定的规则和原则，人的需要正是在法律（实在法）、道德和习俗对权利资格的规则和原则下得以调节和实现的。

人的需要最终指向的是人性自身完满的实现。正如前文所言，权利具有历史性，权利的历史是一部人的需要满足的斗争史，法律（实在法）、道德和习俗在人类社会中也是历史的存在，人的需要一方面受到法律（实在法）、道德和习俗等资格规定主体的限制，另一方面，人的需要也在被认识和实现过程中不断改变着原有的法律（实在法）、道德和习俗。

（三）在园幼儿的需要和班级活动参与权

在园幼儿一般指 3~6 岁幼儿。根据发展心理学的观点，在这一阶段的幼儿，身体生长、心理发展迅速，呈现出有序、阶段性、不平衡性和个体差异性等特点。他们的认知理解能力发展迅速，但还处于皮亚杰认知发展

---

① 米尔恩. 人的权利与人的多样性：人权哲学 [M]. 夏勇，张志铭，译. 北京：中国大百科全书出版社，1995：51.
② 米尔恩. 人的权利与人的多样性：人权哲学 [M]. 夏勇，张志铭，译. 北京：中国大百科全书出版社，1995：127.

"四阶段"中的前运算阶段,处于这一阶段的儿童能运用符号对外界事物进行认识并产生概念,但不能区分属于同类事物的个体。这一阶段的幼儿能逐渐用语言来表征外界事物,但其思维具有具体形象性、不可逆及自我中心化等特点。3~6岁是幼儿社会性发展的关键阶段,也是奠定健全人格基础的重要阶段。

杜威认为"学校主要是一种社会组织,教育既然是一种社会过程,学校便是社会生活的一种形式"①,社会生活里包含着人、物、关系三种主要组成部分。那么3~6岁在园幼儿所处的班级也即小"社会",因为幼儿园班级生活也具备了社会生活的全部意义,但幼儿园班级生活和纯粹的社会生活相比又有其特殊性,这种特殊性在杜威论述学校的特殊功能时得到了体现。杜威认为:"第一,复杂的文明过分复杂,不能全部吸收;第二,学校环境的职责,在于尽力排除现存环境中丑陋的现象,以免影响儿童的习惯;第三,学校环境的职责在于平衡社会环境中的各种成分,保证每个人有机会避免他所在社会群体的限制,并和更广阔的环境建立充满生气的联系。"②

正如莱恩·多亚尔和伊恩·高夫所言,"我们儿童时期的认知天赋和情感基础决定了我们的许多其他需要,例如,我们需要其他人的支持并且与他们保持亲密的关系"③。鲍迈斯特等人(Baumeister et al., 1995)从心理学理论角度也认为,任何个体要想在社会生活中茁壮成长,就必须满足归属感和关联性的基本需求。幼儿之所以拥有班级活动参与权,不仅来自成功社会化的需要,因为幼儿事实上是成长的人,成功社会化是幼儿基本权利的重要方面,也是人类社会得以延续的重要条件。同时也要看到,幼儿阶段,幼儿对成人世界、对幼儿自身也有内在的价值,即成人对幼儿也存在"需要"。

幼儿参与班级活动是其在社会化过程中的重要组成部分,也是幼儿自主性形成的重要条件,这是幼儿的一项重要的积极权利,幼儿园教师和其他参与幼儿教育的成人或组织必须提供相应的帮助和条件以实现幼儿的这项权利,即幼儿园教师和其他参与幼儿教育的成人或组织承担着积极作为

---

① 杜威. 道德教育原理 [M]. 王承绪,译. 杭州:浙江教育出版社,2003:357.
② 杜威. 民主主义与教育 [M]. 王承绪,译. 北京:人民教育出版社,1990:26-27.
③ 莱恩·多亚尔,伊恩·高夫. 人的需要理论 [M]. 汪淳波,张宝莹,译. 北京:商务印书馆,2008:49.

的义务,这种义务包括满足世界卫生组织(1982)提出的四个方面的"儿童—社会"需要:第一,幼儿有爱与安全的需要,幼儿园教师和其他参与幼儿教育的成人应与幼儿在班级活动中形成稳定、持续、可靠、强烈的情感关系。它并不排除一些消极的感情,只要不是过度和/或任意的体罚或贬低人格。幼儿需要持续而可靠的态度和行为,否则其个性特征和价值就无法得到充分的发展,同时,应形成熟悉的生活学习环境和生活规律。第二,因为幼儿需要新鲜的经历以培养其认知、情感和社会发展能力,而游戏是一个非常重要的方式,幼儿通过游戏开始早期的探索和学习。因此,所有的幼儿都需要时间和机会去玩儿,因此,幼儿园教师和其他参与幼儿教育的成人应充分创造儿童游戏的条件。第三,幼儿需要在一个公正、清晰的规则框架内得到表扬、认可和积极的反馈,因此,幼儿园教师和其他参与幼儿教育的成人应公正对待班级中的每一位幼儿,并对其表现做出公正的评价。第四,幼儿园教师和其他参与幼儿教育的成人应逐渐把责任感灌输给幼儿,起初是简单的个人日常生活方面的事情,然后是更为复杂地对别人承担的责任。

如前所述,幼儿园班级可被视为小"社会",也可以被视为小型的共同体。幼儿在班级活动中,与其他幼儿、幼儿教师及其他参与幼儿教育的成人或组织结成"政治"关系,他们既是教育的对象,又是教育的主体。班级活动中的价值和价值指导下规范的确立,不能只是作为成人世界代表的幼儿教师外在的理性要求,也需要幼儿对价值和规范的理解,正是在这种理解过程中,儿童的理性能力得以进一步提升,从这一意义上讲,幼儿班级活动参与权既是其一项基本权利,也是其成功社会化的重要条件。在班级活动中,幼儿的参与权主要体现为:幼儿有权知晓有关他们活动的相关信息、能对涉及自身的任何事情自由发表意见的权利、幼儿园教师和其他参与幼儿教育的成人或组织应严肃认真对待儿童的意见、在不危害他人需要满足的前提下,自主决定采取何种方式满足其自身需要(除不合理的想要)、对幼儿园教师和其他参与幼儿教育的成人或组织涉及幼儿需要的行动进行监督并提出建议的权利。

本章小结

本章讨论的中心议题在于幼儿班级活动参与权的理论基础。有学者认为，儿童权利已经在诸如《儿童权利公约》以及各国和儿童权利相关的国内法中得到了确认，其正当性不容置疑，我们应该讨论的是如何有效实施与儿童权利相关的法律规章的问题，这种观点确实有一定的道理，在这种观点的理念中，我们可以发现分析实证主义权利思想的影子。但是，分析实证主义权利思想本身就存在一定的缺陷，如"恶法亦法"就是一个明证。从法的"应有→法有→实有"层面对权利进行研究有利于形成批判性权利观，加深我们对权利的认识。

基于对权利认识的逻辑，本章力图从权利的应有层面对幼儿班级活动参与权的理论基础进行讨论，目的在于从幼儿班级活动参与权的应有层面进行确证，作为对实践中的幼儿班级活动参与权现状进行考量的价值立场。

儿童发展理论大体上可以分成基于"心理—社会"与基于"权利—社会"两类理论视角。前者认为，儿童发展是儿童走向成熟成人的早期阶段，强调儿童当下对于其未来的价值，但更看重儿童当下对儿童未来的工具价值，从权利的角度来看，儿童发展被认为是儿童成为成人的权利，因此，儿童参与更倾向于被认为是促进儿童发展的手段和途径，当然，潜在的风险是工具和途径是可选择的。后者则看重儿童当下的价值，并不仅仅强调其对儿童未来的价值。因此，后者倾向于把儿童发展看成是儿童的基本人权之一，儿童的参与则被看成是儿童发展权利的条件性权利，具有不可剥夺性。

主张理性能力是权利的充分条件观点的人会认为儿童不具有理性能力，因此不应享有权利。按此思路，身处人的早期阶段的幼儿，在幼儿园班级活动中的参与权也不能成立。而主张理性能力是权利的必要条件观点的人会认为，虽然幼儿是事实上的理性能力不足者，但是权利本身并不和理性能力直接相联系，因为对什么是理性能力成熟、什么年龄的人才算理性能力成熟等问题，答案本身和特定的社会情境相联系。本研究认为，虽然幼儿理性能力不足是既存事实，但不代表幼儿没有理性能力，且随着相关学科对儿童研究的推进，我们对儿童所具备理性能力的认识也在不断加深，成人应时刻警惕着我们对"理性能力成熟"界定的合理性，时刻反思我们是否全然从成人角度来理解"理性能力成熟"。从儿童的视角去理解事物或许会让我们更加合理看待幼儿班级活动参与权。

本章最后尝试以需要为基础对幼儿班级活动参与权的正当性予以论证，作为幼儿班级活动参与权的理论基础。在区分了"需要"和"想要"两者之间的不同涵义，认同米尔恩对需要的界定，即需要是"当事人为了避免客观性的伤害所必须达到的可以普遍化的目标，而这种伤害就是没有做他们自认为应该而且可能做的事情"①。因此，"需要"本身都指向人性的完满，具有向善的特质，其正当性都不容置疑，因为它们都符合人性，有利于增强人的本质力量和巩固人在世界中的主体地位。类似于马斯洛的需要层次理论对需要的分类，本研究认为，人的需要分成"基本需要"和"高级需要"，人的"基本需要"包括健康和自主，且具有普遍性和客观性，"高级需要"具有相对性，包括马斯洛需要层次理论中的第3至5层的需要。"想要"是人在后天社会化过程中形成的，往往与人的某些先天特征和后天的个体经历有关，源自个体的特殊偏好，判断"想要"正当与否应根据其是否有助于需要的实现。不管是"需要"还是"想要"，在人类社会形成后，都具有强烈的社会色彩，都不同于生物意义上的人的需要。

需要是人互动的基础，不管这种需要是物质需要还是精神需要。在人与人的互动中，作为主体的个人的需要正是在履行对他人的义务中得以满足的，履行对他人的义务意味着有向他人要求满足履行义务所需条件的权利，个体借此在共同体中获得成员的资格，这种成员资格意味着个体享有相应的权利。事实上，个体利益与他人利益以及集体利益却不一定总是一致。为了调节个体与个体、个体与共同体、共同体与自然的利益之间的关系，以及调节权利和义务之间的关系，并确认共同体成员权利资格，人类在长期发展过程中形成了以道德、法律和习俗为主体的权利资格和实现规则。

3~6岁在园幼儿所处的班级具有"社会"和"共同体"的意义，幼儿拥有班级活动参与权是幼儿的一项重要的积极权利，幼儿园教师和其他参与幼儿教育的成人或组织必须提供相应的帮助和条件以实现幼儿的这项权利，即

---

① 莱恩·多亚尔，伊恩·高夫. 人的需要理论［M］. 汪淳波，张宝莹，译. 北京：商务印书馆，2008：70.

幼儿园教师和其他参与幼儿教育的成人或组织承担着积极作为的义务。幼儿在班级活动中，与其他幼儿、幼儿教师及其他参与幼儿教育的成人或组织结成"政治"关系，他们既是教育的对象，又是教育的主体。班级活动中的价值和价值指导下规范的确立，不能只是作为成人世界代表的幼儿教师外在的理性要求，也需要幼儿对价值和规范的理解，正是在这种理解过程中，儿童的理性能力得以进一步提升，从这一意义上讲，幼儿班级活动参与权既是幼儿的一项基本权利，也是幼儿成功社会化的重要条件。

第二章　幼儿班级活动参与权的基本意蕴

本研究在第一章已经讨论了幼儿班级活动参与权何以存在的问题，并尝试从儿童的需要出发论证幼儿班级活动参与权的正当性。本章从探讨幼儿班级活动参与权的价值基础开始，进而探讨幼儿班级活动参与权的性质、内容、限度等问题，目的在于确立本研究在幼儿班级活动参与权问题上的价值立场，厘清幼儿班级活动参与权的内涵，为接下来分析幼儿班级活动参与权的实践状况打下基础。

第一节　幼儿班级活动参与权的价值基础

一、价值

马克思主义哲学认为"价值是从人们对待满足他们需要的外界物的关系中产生的"[①]，即价值是客体对主体需要满足的关系。由此，价值与主体的需要联系在一起，而主体的需要又是不确定的，因此，同一事物对于不同主体而言，其价值也是不同的，在这种价值支配下，人的行为也迥然不同。赵汀阳（1994）认为，"价值这一概念向来很含糊，它无疑是多义的，但其实可以分析为两个类型：①关系型。在关系型中，某一事物是有价值的，当且仅当它满足某种主观需求或约定规范；②自足型。在自足型中，某一事物是有价值的，当且仅当它能够实现其自身的目的。类型②更为重要，因为几乎所有永恒性价值都属于类

[①] 中共中央马克思恩格斯列宁斯大林著作编译局. 马克思恩格斯全集：第 19 卷 [M]. 北京：人民出版社，1963：406.

型②，而类型②的价值总是消费性的、不确定的"①。根据这一分类，马克思主义哲学关于价值的界定属于赵汀阳对价值分类中的第一种，即关系型理解。而"因为事物本身的'善'的特性而值得拥有"属于自足型价值。

就幼儿班级活动参与权而言，其价值具有关系型和自足型的特性。首先，前已论及，需要是客观、普遍，且指向"善"的，就幼儿的需要而言，也具有普遍性和客观性，指向幼儿发展的"善"，班级活动参与权正是产生于幼儿这种指向"善"的需要，就这一意义而言，班级活动参与权具有自足型价值的特点。其次，就幼儿班级活动参与权能满足幼儿的"需要"以及不同幼儿的"想要"而言，班级活动参与权又具有"关系型"价值的特点，对于幼儿的"想要"而言，幼儿是理性和感性的统一体，不同的生活经历造就了幼儿不同的个性心理。幼儿正是带着"需要"和"想要"来到幼儿园班级中的，通过参与班级活动实现其的"需要"和"想要"。

二、幼儿班级活动参与权的价值基础

根据对幼儿班级活动参与权正当性的分析可知，幼儿班级活动参与权来自幼儿指向"善"的需要。前文已论及，在需要的满足过程中形成一系列的社会规则，权利从这一意义上讲就是规则的外在化表现，这一点正如分析实证主义权利思想所言。阿德勒在《六大观念：真善美、自由、平等、正义》一书中指出："……自由、平等和正义这一组观念，它是以一个整体的形式阐释别的一些观念。这三个观念是我们生活中时时碰到并作为行为准则的观念，它们代表了绝大多数人为自己及子孙后代而努力加以实现的理想。"② 在这里，社会规则实指阿德勒所谓的"行为准则"。根据先前对权利的哲学理解、幼儿班级活动参与权的特性与价值，本研究认为正义、平等和自由是幼儿班级活动参与权的价值基础。

（一）正义之于幼儿班级活动参与权

正义是权利的逻辑基础，它表示"正当""应该"等。③ 在阿德勒看来，

---

① 赵汀阳. 论可能生活 [M]. 北京：生活·读书·新知三联书店，1994：19.
② 摩狄曼·J. 阿德勒. 六大观念：真、善、美、自由、平等、正义 [M]. 陈珠泉，杨建国，译. 北京：团结出版社，1989：20.
③ 夏勇. 人权概念起源：权利的历史哲学 [M]. 北京：中国政法大学出版社，2001：27.

正义与自由、平等一起构成人行为准则的观念①，在这三者之中，正义居于支配地位②。幼儿班级活动参与权作为幼儿的一项权利，我们要对其进行理解，也首先应对其逻辑基础——正义——进行理解。

在中国传统文化中，正义主要体现在个人道德、修养及社会制度方面，但更多体现在个人道德、修养方面。在西方文化中，"Justice"最初指正义女神Dikê用以衡量事物合适、适当、公平与否的标尺。总体而言，中西方的"正义"都包含着"正当、正直"之意。

纵观"正义"的历史变化可以发现，从形而上层面追求普遍的、国家和社会对个体的正义是西方正义观的重要线索。在古希腊，人们以自然法中的"秩序"为核心理念给正义设定唯一、普遍的标准，即凡是符合自然"秩序"的就是正义的，如苏格拉底和柏拉图认为正义就是符合秩序，即个体得其应得的。在欧洲中世纪，普遍、唯一的正义体现在《圣经》中上帝的旨意里，平等与自由在正义概念中无容身之地，凡是符合上帝旨意的就是正义的，否则为非正义的，神学代表奥古斯丁和阿奎那都是这一思想的代表。在文艺复兴和启蒙运动时期，人脱离上帝的桎梏，理性成为人们的信仰，也成为评判正义与否的标准，个人权利成为正义的核心，如卢梭等一批自然法权利思想家对"人"权的理解。在近代，康德提出了"义务论"正义观，他认为理性是人的本性。正义就是出于理性的、服从意志的、为尽义务而尽义务的按绝对命令行事，不讲功利，不讲效果，以人为目的，自己为自己立法③。以边沁与密尔为代表的功利主义则认为，个人行为能否增益公共、社会、人类利益是正义与否的评判标准。当代的罗尔斯以公平的正义为核心概念，基于人的"原初状态"和"无知之幕"，从国家和社会的立场提出正义两原则。桑德尔（Michael J. Sandel）等社群主义论者认为，不能从理想，甚至空想的人性假设出发来认识正义，而应从真切之现实出发来认识正义，公共善作为社群的共识，指导着个体行为的选择，因此，公共善应优先于个体权利，而正义是社群成员基于本社群的文化和历史传统、本人对社群的认同和情感基础建构

---

① 摩狄曼·J. 阿德勒. 六大观念：真善美、自由、平等、正义 [M]. 陈珠泉，扬建国，译. 北京：团结出版社，1989：20.
② 摩狄曼·J. 阿德勒. 六大观念：真善美、自由、平等、正义 [M]. 陈珠泉，扬建国，译. 北京：团结出版社，1989：20.
③ 何善平. 3—6岁儿童受教育权保护研究 [D]. 西安：陕西师范大学，2013.

出来的共识。①

但是在历史长河中，普遍的、国家和社会对个体的正义并非具有唯一性，也不符合历史事实，其原因在于每个国家和地区政治、经济、文化、传统的差异性与多样性，在这一背景下，人的实践的多样性所形成的"前结构"的影响，用普遍的、国家和社会对个体的正义去统摄多样化的实践显然是值得怀疑的，尤其是在价值多元、注重个体权利的今天，个体对国家和社会的正义更值得人们去思考。基于此，诺齐克（Robert Noick）提出基于个人权利的正义观，即个人或国家行为正义与否的标准在于个人或国家是否侵犯个人权利。与以往基于"分配"的正义研究不同，关系正义论代表杨认为，以往的分配正义理论存在两个问题：其一，它"忽视了决定物质分配的制度背景"；其二，它"无法处理非物质物品和资源的问题"②。从关系的视角来看，正义是"有关社会关系的本质和排序的问题，包括在宏观和微观上的主导社会成员互相对待的正式的和非正式的规则"③，从分配关系正义入手是解决社会正义问题的前提。

沃尔泽（Michael Walzer，2009）在对一元主义分配正义批判的基础上，以整体主义本体论、"知识的情景化"为认识论，提出多元主义分配正义论的三大原则，即自由交换原则、应得原则、满足需要原则，社会不同物品应遵循不同的分配原则。沃尔泽把用于分配的"善"分成一般善和特殊善，对于一般善不宜用"满足需要"分配原则进行分配，而对于特殊善——尽管这种善也稀缺——应该用"满足需要"分配原则进行分配。沃尔泽所谓的特殊善指那些根本上会影响人之为人的意义以及人的最基本的生活、生存的善，沃尔泽宣称，"从来没有一个政治共同体不提供，或不试图提供，或不主张提供其成员已达成共识的需要，也从来没有一个政治共同体不将其集体力量……投入这项事业"④。沃尔泽所谓的特殊善包括安全保障、处于社会底层无法保

---

① 冯建军. 中国教育哲学研究：回顾与展望 [M]. 北京：北京师范大学出版社，2015：401.
② YOUNG I M. Justice and the politics of difference [M]. New Jersey: Princeton University Press, 1990: 18.
③ GEWIRTZ S. Rethinking social justice: A conceptual analysis [M] // DEMAINE J. Sociology of education today . New York: Palgrave, 2001: 49-64.
④ 迈克尔·沃尔泽. 正义诸领域：为多元主义与平等一辩 [M]. 褚松燕，译. 南京：译林出版社，2009：74.

障生存者需要的国家福利、教育。其中，教育作为一种特殊善，尤其是基础教育（区别于专业教育①），是儿童成为未来公民的必备条件。沃尔泽说，"在基础教育情况下，把孩子们聚集起来的理由是需要。这里至关重要的是每个孩子都需要在这个民主共同体中长大，并成为胜任的公民"②。其实，沃尔泽所谓的基础教育是特殊善，也就是基础教育是儿童的需要，是儿童成为未来公民的必备之物，这一需要的满足对于儿童而言是正义的，反之为非正义。

幼儿班级活动参与权乃是基于幼儿的需要，亦即沃尔泽所谓的特殊善的一种，其需要得到满足是正义的（在本研究第一章已经论述，此处不再赘述），这一点是确凿无疑的，因为需要是人的一种自然的存在，自然的存在是正义成立的逻辑前提和基础③。刘焱（2015）把幼儿的基本需要分成三个层次九种需要（见图2-1）。在班级中，幼儿的三个层次九种需要得以满足，无不以幼儿有活动参与权为前提，因为幼儿的这些需要正是在班级活动参与中得以满足的，也是幼儿对相关利益、主张、资格、权能、自由诉求的实现，其需要得以满足也是正义之所在。那么，幼儿拥有班级活动参与权也是正义之所在，这一点也是确凿无疑的。正是在此意义上，正义成为幼儿班级活动参与权的基础。

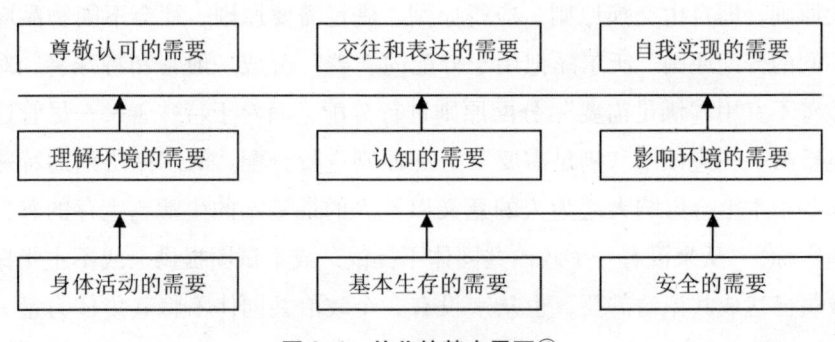

```
┌──────────────┐   ┌──────────────┐   ┌──────────────┐
│ 尊敬认可的需要 │   │ 交往和表达的需要 │   │ 自我实现的需要 │
└──────┬───────┘   └──────┬───────┘   └──────┬───────┘
       ↑                  ↑                  ↑
┌──────┴───────┐   ┌──────┴───────┐   ┌──────┴───────┐
│ 理解环境的需要 │   │   认知的需要   │   │ 影响环境的需要 │
└──────┬───────┘   └──────┬───────┘   └──────┬───────┘
       ↑                  ↑                  ↑
┌──────┴───────┐   ┌──────┴───────┐   ┌──────┴───────┐
│ 身体活动的需要 │   │ 基本生存的需要 │   │   安全的需要   │
└──────────────┘   └──────────────┘   └──────────────┘
```

图2-1 幼儿的基本需要④

---

① 沃尔泽认为"专业教育必然由有才能的人，至少是那些在任何特定时候都最有能力发挥他们才能的人垄断"。
② 迈克尔·沃尔泽. 正义诸领域：为多元主义与平等一辩 [M]. 褚松燕，译. 南京：译林出版社，2009：255.
③ 何善平. 3—6岁儿童受教育权保护研究 [D]. 西安：陕西师范大学，2013.
④ 刘焱. 儿童游戏通论 [M]. 福州：福建人民出版社，2015：172.

(二) 自由之于幼儿班级活动参与权

自由（freedom 和 liberty）是哲学、伦理学、法学等学科的核心概念之一，也是人类历史上不断发展充实的概念，正因为多学科、多领域的不同视角，想给自由下一个普适性的定义是相当困难的。本研究无意于梳理自由观念的历史，而是在此借助于西方思想家对自由观念的分类进而把握自由的核心价值观念。

最早对自由观念进行历史划分的是贡斯当（Benjamin Constant），他在1819年《古代人的自由与现代人的自由之比较》的演讲中说明了古代与现代人自由的不同，即古代人的自由主体体现在对公共事务的参与上，在私人关系中并不存在所谓的自由；而现代人的自由主要体现在个人自由上，对公共事务参与的自由非常有限。① 米勒（David Miller）沿袭了英国政治哲学传统，他将西方思想史上的自由观念分成三类：第一种是共和主义的（republican）传统，类似于贡斯当所指的古代人的自由。第二种是自由派的传统。在这里，自由是个人行为的某种状态，即不受其他人制约或干预的状态，政府具有保障和威胁个人自由的功用。第三种是唯心主义的（idealist）自由传统，其着重于从个人生存的社会制度转移到决定个人行为的内在力量上。一个人只有在自主的时候才是自由的，即当一个人遵循自己的真正欲望，亦即他自己的理性信仰时，他才是自由的。② 康德最早明确把自由分为消极自由（"有意选择的行为不受感官冲动或刺激的决定"）和积极自由（"纯粹理性实现自己的能力"）。③ 伯林（Isaiah Berlin）1958年在牛津大学发表了题为《两种自由概念》的就职演说，在这篇演说中，伯林沿用康德对自由的划分，深入探讨了积极自由和消极自由。消极自由指"某一个主体（一个人或一群人），可以或应当被容许做他所能做的事，或成为他所能成为的角色，而不受到别人的干涉"④，通常用"be free from…"表示；而积极自由则指"什么东西或什

---

① 贡斯当. 古代人的自由与现代人的自由之比较 [M] //刘军宁, 等. 自由与社群. 李强, 译. 北京：生活・读书・新知三联书店, 1998：321.
② 李强. 自由主义 [M]. 北京：中国社会科学出版社, 1998：173-174.
③ 康德. 法的形而上学原理：权利的科学 [M]. 沈叔平, 译. 北京：商务印书馆, 1991：13.
④ 柏林. 两种自由概念 [M] //刘军宁, 等. 市场逻辑与国家观念. 陈晓林, 译. 北京：生活・读书・新知三联书店, 1995：200.

么人，有权控制或干涉，从而决定某人应该去做这件事、成为这种人，而不应该去做另一件事、成为另一种人"①，通常用"be free to…"表示，这在逻辑上非常清晰地区分了这两种自由的差异与发展。

阿德勒认为，"自由、平等和正义这三个价值都是实在善"②，只有正义才是不受任何限制的实在善，而自由和平等是受条件限制的。在正义、自由、平等三者关系上，阿德勒指出，"只有在正义的制约下，自由和平等才能协调地达到它们各自的最大限度，只有认识到这一点，我们才能纠正自由意志论和平均主义的错误"③。

在阿德勒④看来，自由有三种主要形式。第一种是人性之中固有的自由，我们生来就拥有它，如同理性思考或概念性思维和综合说话能力，这种自由是人类特有的。因此，我们可以适当地称之为天生的自由，用以指我们拥有它的方式，它存在于我们的意志自由中，即人区别于动物的选择自由。第二种主要形式是与智慧和美德相联系的自由。只有那些在其个人发展过程中已经获得了一定程度的美德和智慧的人才拥有这种自由，因此，我们可以称之为后天自由，它存在于我们对某种意志的拥有。自由的第三种主要形式完全依赖于有利的外部环境。每一个人对这种自由的拥有情况会因时因地而有所不同，它完全取决于他的外部环境对他是有利还是不利。每一个人会不同程度地拥有或被剥夺这种自由，但在天生自由和后天自由的情况中就不存在这种程度差异，因此，我们可以适当地称这种自由为环境自由。在环境自由中还有一种（第四种）特殊的自由，即政治自由（它和环境自由的主要形式不同，它不是在正义制约下为所欲为的自由。相反，它是这样一种自由：在立宪政府下，已经成年的、享有公民权的人所拥有的选举权和参政权，在制定法律时他们拥有一定的发言权，他们并不是暴君独断意志下的臣民）⑤。阿德

---

① 柏林. 两种自由概念 [M]//刘军宁，等. 市场逻辑与国家观念. 陈晓林，译. 北京：生活·读书·新知三联书店，1995：200-201.
② 阿德勒认为"实在善的事物是建立在人类天生自然需要的基础之上的，不论我们是否实际欲求它，我们都应该欲求它"。
③ 摩狄曼·J. 阿德勒. 六大观念：真善美、自由、平等、正义 [M]. 陈珠泉，扬建国，译. 北京：团结出版社，1989：142.
④ 摩狄曼·J. 阿德勒. 六大观念：真善美、自由、平等、正义 [M]. 陈珠泉，扬建国，译. 北京：团结出版社，1989：144.
⑤ 摩狄曼·J. 阿德勒. 六大观念：真善美、自由、平等、正义 [M]. 陈珠泉，扬建国，译. 北京：团结出版社，1989：149.

勒指出，自由的三种主要形式之中，只有第三种——为所欲为的环境自由——需要由正义来加以制约，因为一个人自己希望做的事情有时可能会对别人造成伤害，它可能是一种违背正义法则的行为，它可能违背他所在社会的最大利益。天生自由和后天自由是自然或上帝给予我们的善，道德自由完全在我们的控制范围之内，我们能够要求于社会的唯一自由，是在正义限制之下做自己想做的事的自由，即政治自由，这种自由的实现依赖于我们生存的社会——它的机构和体制——它的政府形式和法律。

通过以上对自由观念的历史分类可以发现自由内涵之丰富，至少包含了以下核心价值观念：自主是自由的灵魂，是自我决定、不受他人干预的状态，人只有在自主状态下，才能算得上自由；自由既包括个人自由，也包括政治自由；自由包括消极自由——不受他人干涉的自由，也包括积极自由——按自己所确立的理性目标生活的自由；自由中的天生自由和后天自由不受正义制约，因为这两种自由和正义一样，都具有善的本质，而环境自由却受正义的制约，因为，相对于个人而言，环境自由对个人对自由的拥有而言是不确定的，应该通过正义对环境自由进行制约以实现个人自由，这种正义的制约具体可以通过道德、习俗和正义的法律等具体形式来实现。

如前所述，幼儿班级活动参与权作为幼儿的一项权利，来自幼儿指向善的需要，幼儿的先天自由和后天自由具有善的本质，这也是幼儿班级活动参与权的重要基础。幼儿自由意味着幼儿是自主的，是不受他人任意干涉的，这也是幼儿在班级活动中行使参与权的前提和基础，没有幼儿自由地参与，参与就异化成强迫，是对自由的剥夺，对幼儿参与权的剥夺。幼儿的自由也意味着幼儿班级活动参与权具有积极权利和消极权利的属性。就积极权利而言，意味着幼儿根据自身需要，有权参与班级活动，幼儿教师作为成人世界的代表有责任为幼儿参与班级活动创设良好的条件；就消极权利而言，意味着幼儿有根据自身需要自主选择参与还是不参与班级活动的权利，而不是因为外在的任何力量使然，幼儿教师作为成人世界的代表无权任意干预其合理选择，这里的任意干预强调的是幼儿教师不合理的干预，幼儿教师应该尊重幼儿的选择，不应任意干预。

幼儿班级活动参与权还有先天自由和后天自由的属性。因为幼儿是人，人在本质上是社会的，意味着幼儿天然地具有参与周围世界的自由和权利，这是其人之为人具有的天生的自由。幼儿对班级活动的参与是其参与周围世界自由和权利的具体体现，因此，幼儿班级活动参与权具有天生自由的特性。幼儿在其发展过程中已经获得的美德和智慧，相对于成年而言，幼儿身上的美德和智慧即使不成熟，幼儿同样具有这种后天自由。幼儿在班级活动中对环境自由的拥有和实现完全依赖于有利的外部环境，因此，幼儿教师与直接参与班级幼儿教育的其他人，以及物质环境会对幼儿的环境自由产生直接影响，如幼儿教师与直接参与班级幼儿教育的其他人对幼儿的教养态度、班级物质环境、班级活动规则、班级舆论、班级人际氛围等，都会对幼儿的环境自由的实现、班级活动参与权的实现产生积极或消极的影响。当然，作为幼儿班级活动参与权基础的自由并非无边界，因为自由本身就有边界，其边界就是道德、习俗、法律等规范以及客观物质条件所能提供的条件，以自由作为重要基础的幼儿班级活动参与权同样受到相应边界的限定。

（三）平等之于幼儿班级活动参与权

如前所述，正义与自由、平等一起构成人的行为准则。其中，正义在支配着自由和平等，也可以说，正义借助自由、平等概念以及它们之间的关系来表达。这三者一起构成权利的基础，前文已对正义和自由作为幼儿班级活动参与权的基础做了阐释，那么，平等又如何成为幼儿班级活动参与权的基础呢？

平等作为伴随人类的文明至今，涉及政治学、哲学、社会学、经济学等学科。历史上，各个领域学者基于不同角度对平等进行理解，到目前为止，关于平等的含义，仍是众说纷纭。虽说如此，但我们可以从"平等"本身所蕴含的要素和由此引发的讨论来对平等以及平等观进行理解。

斯坦福哲学大百科较为宽泛地给平等的实质做了解释："平等指在一群至少在某一方面——而非所有方面——具有相同性质的不同物品、人、过程或环境之间的一致性，即关于一个特定的特征，与其他特征上的差异。""平等"（equality）自身隐含"比较"之意，即社会对可得的有形或无形事物"分配"形成"所得"（gains）之比较。在这里，分配的范围、规则或标准、途径具有重要的意义，其中，分配的规则或标准具有道德意义。"自然"和"社会"是形成不平等事实的两大因素。"在这两大因素影响下，采取什么样的标准或规则进行分配才能导致平等"成了平等研究的核心问题。

西方平等思想大体经历了古希腊时期特权共同体内部的平等、中世纪上帝面前带着"原罪"的平等、自然法权利思想下的平等、到近现代的权利平等。从古希腊到近代的平等思想主要表现为人性尊严的道德主张，即"为什么平等"，而非就"如何平等"进行探讨，当然也有在这些主张之下的实践。"平等"对于现代西方政治、社会制度而言，有着非凡的意义，在对古代、近代平等思想研究的基础上，西方就"如何平等"展开了丰富多彩的争论，形成了不同的主张。

  功利主义主张"最大多数人的最大幸福"，为了财富平等分配，提出了两条原则，即平等待人原则（每个人的幸福都是平等的）和边际效益递减原理（随着所获得财富或其他物品的不断增长，人们的满意度会不断降低）。由此，就如何实现平等这一问题，功利主义认为，把富人的财富合理分配给穷人，以实现财富平等；基于消极自由的自由至上主义认为，在自然权利之内的个人自由是神圣不可侵犯的，政府和他人行为的边界在于不能侵犯个人在自然权利内的个人自由，个人有权任意处理合理所得，国家无权实行功利主义主张的强制福利再分配，自由至上主义从另一种意义上强调人的平等和尊严。在批判功利主义平等思想的基础上，罗尔斯的机会平等以"原初状态"和"无知之幕"的假设出发，推导出"两条正义原则"，即"第一个原则：对于由平等的基本自由所组成的最完整的体系，每一个人都将拥有平等的权利，并且这一体系与所有人享有的类似自由体系相容。第二个正义原则：社会和经济的不平等将是这样安排的，以便使它们①在与节省原则相一致的情况下，符合最不利者的最大利益，以及②在公平的机会均等条件下，职务和地位向所有人开放"[1]。第一条原则是平等自由原则，第二条是机会平等和差别原则，在这条原则中蕴含着有利于最不利者的平等精神，以及消除个体后天不平等的机会平等精神。德沃金（Ronald M. Dworkin）批判了福利平等的不可能性后，鉴于罗尔斯的平等理论中差别原则未考虑个人责任因素，德沃金提出"资源平等"理论，即"一个分配方案在人们中间分配或转移资源，直到再也无法使他们在总体资源份额上更加平等，这时这个方案就做到了平等待人"[2]。德沃金把资源分为人格资源（个人的禀赋、健康、体格、技能等）[3]

---

① JOHN R. A theory of Justice [M]. Cambridge: The Belknap Press of Harvard University Press, 1971: 302.
② 罗纳德·德沃金. 至上的美德：平等的理论与实践 [M]. 冯克利, 译. 南京：江苏人民出版社, 2008: 4.
③ 罗纳德·德沃金. 至上的美德：平等的理论与实践 [M]. 冯克利, 译. 南京：江苏人民出版社, 2008: 300.

和非人格资源（可以转移的原材料、土地、房屋与现行法律制度许可的人利用自己财产的机会等资源）①。在分配资源的过程中应该实现"敏于抱负"（ambition-sensitive）和"钝于禀赋"（endowment-insensitive）②。前者强调自我选择、自我决定，如果不受个人不可控制的因素的影响，每个人就要为自己的志向和选择承担相应的责任，德沃金称之为"具体责任原则"③。后者指个人最终成就不受人格资源的影响，社会有责任对其进行补偿，德沃金称之为"重要性平等原则"④。为消除天赋和才能的差异所造成的资源占有不平等，德沃金设计了针对个人和社会的虚拟保险机制来对个人的人格资源和由此做出的选择进行保险。沃尔泽批判罗尔斯、德沃金的"简单平等"分配理论，基于多元主义思想，沃尔泽提出了"复合平等"理论。沃尔泽不赞成"善事物"中有基本善，每一种善都有其社会意义，他指出，"不同的社会善品应该根据不同的理由、不同的程序、由不同的行动者加以分配；所有这些差别都来自对于社会善品的根本不同的理解——历史与文化的排他主义不可避免的结果"⑤。那么每一种善事物的分配应给予该善事物本身的社会意义，每种善事物的意义决定了分配的标准，只要不影响其他领域的平等，某一善事物所在领域允许不平等存在，进而社会就会出现所谓的"复合平等"。

阿德勒认为，平等指的是"当一个事物和另一个事物相互平等时，它在某一方面不比另一事物多，也不比另一事物少"⑥。阿德勒把平等分为人类的平等或个人的平等与环境的平等。人类的平等或个人的平等又可以分为天资（与生俱来）的平等与造诣的平等（人在生活中利用天资获得的成就）。所有的个人平等和不平等如果不是天然的，那就是后天获得的。环境平等或不平

---

① 罗纳德·德沃金. 至上的美德：平等的理论与实践 [M]. 冯克利, 译. 南京：江苏人民出版社, 2008：301.
② DWORKIN R. Sovereign virtue: The theory and practice of equality [M]. Cambridge: Harvard University Press, 2000：89.
③ 罗纳德·德沃金. 至上的美德：平等的理论与实践 [M]. 冯克利, 译. 南京：江苏人民出版社, 2008：7.
④ 罗纳德·德沃金. 至上的美德：平等的理论与实践 [M]. 冯克利, 译. 南京：江苏人民出版社, 2008：6.
⑤ WALZER M, DWORKIN R. Spheres of justice: An exchange [M]. New York : The New York Review of Books, 1983：45.
⑥ 摩狄曼·J. 阿德勒. 六大观念：真善美、自由、平等、正义 [M]. 陈珠泉, 扬建国, 译. 北京：团结出版社, 1989：160.

等可分为条件（最初起点）平等或不平等和机会平等或不平等，即使有机会平等，天资和造诣会影响到结果的平等或不平等，条件平等依赖于受社会控制的各种因素，而不是完全取决于个体自身。因此，在政治平等方面，阿德勒认为"一种不受机会平等（天资和造诣都不平等的人享有的机会平等）影响的条件平等，只有靠社会的强大努力才能达到，社会必须意识到应使它的所有社会成员都得到某种程度的这种平等"①。正义只有在环境平等或不平等方面才具有制约作用，即环境平等或不平等才具有道德意义。我们作为人而有权拥有的平等是环境平等，即地位、待遇和机会的平等，而不是个人平等。在经济平等方面，阿德勒基于正义提出了两条原则，第一，平等赋予每个人天生有权拥有每个人应该拥有的东西。两个限制条件为："①没有人拥有得比他足够达到目标（指生活得好）所需要的还少；②没有人拥有得比每一个人所能够拥有的还多。"② 第二，"按照每个人创造的财富在所有人共同协作以创造的总体财富中所占的比例进行分配（含两个限制条件）"③。

通过上述对平等观念的梳理与认识，我们能初步对平等的内涵做如下把握：（1）自然和社会是影响事实平等或不平等的重要因素；（2）有作为"人类"的平等，有作为有形无形之物分配的平等；（3）平等的分配规则是多向度的，有提倡机会、资源、复合、基于正义的平等等研究进路；（4）平等是人类的价值追求。

从功利主义的平等观来看，幼儿班级活动参与权对每一个幼儿而言，都是幼儿的需要，对幼儿而言，是同等重要的，这种平等意味着每个幼儿的参与权都是一样的，不能因为幼儿性别、性格、家庭等因素而有所差别。从自由至上主义而言，幼儿的班级活动参与权具有消极权利的意味，是基于幼儿需要的自然权利之下的幼儿自由，它是幼儿的一项基本权利，成人无权任意干涉。如果把幼儿活动参与权作为幼儿的机会权来看，根据罗尔斯正义两原则，每个幼儿都平等地拥有参与权，在幼儿班级活动参与机会上，每个幼儿应该拥有平等的机会，如果有不平等，也应以保证最不利幼儿利益的最大化

---

① 摩狄曼·J. 阿德勒. 六大观念：真善美、自由、平等、正义 [M]. 陈珠泉，扬建国，译. 北京：团结出版社，1989：163.
② 摩狄曼·J. 阿德勒. 六大观念：真善美、自由、平等、正义 [M]. 陈珠泉，扬建国，译. 北京：团结出版社，1989：183.
③ 摩狄曼·J. 阿德勒. 六大观念：真善美、自由、平等、正义 [M]. 陈珠泉，扬建国，译. 北京：团结出版社，1989：185.

为前提。根据德沃金的资源平等理论，幼儿在班级活动中，如果不受个人不可控制因素的影响，幼儿应在一定程度上对决定是否行使参与权负责，但是幼儿的理性能力不成熟是天然的事实，在决定与否上更多受到个人不可控制因素的影响，因此，成人应更多地创造条件，对幼儿行使班级活动参与权实行鼓励。就阿德勒的平等理论而言，机会平等对幼儿班级活动参与权而言很重要，但幼儿的天资和造诣也会影响到结果的平等或不平等。不受机会平等影响的结果平等，只有依靠成人的强大努力才能达到。成人必须意识到应使所有的幼儿得到某种程度的平等并付诸有效的措施。基于正义的幼儿需要使幼儿天生有权拥有参与权，幼儿班级活动参与权的环境平等是幼儿所能要求的，即地位、待遇和机会的平等。因此，成人应平等看待每一个幼儿，不因幼儿的性别、性格、家庭等因素差别对待，赋予每个幼儿参与幼儿班级活动平等的机会。

（四）作为整体的正义、自由、平等与幼儿班级活动参与权

正义既与个人行为的合理性相关，又与社会秩序的合理性相关，因此，它所涉及的是个人行为何以是正义行为，也涉及社会秩序何以是正义的秩序。自由的意义主要体现在它对人们追求那些认为对自己有价值的目标的支持，可以说，自由是个体的主体性在一定秩序范围内的发挥。平等的意义则体现在它使得不同客体、不同的人或者不同环境之间在某一个方面达成一致。作为社会价值的平等是人们精神追求的一种表现，它是对人们社会关系的一种表达[1]，如阿德勒所言，正义与自由、平等一起构成人行为准则的观念[2]，自由和平等是正义得以明确表达的重要条件，因为"一种社会制度如果在某种程度上具有了自由或者平等属性或者这些属性的某些主要方面，往往就被认为是'合乎正义'的"[3]。在这三者之中（见图2-2），正义居于支配地位[4]，是对自由和平等的限定，如阿德勒所言，"自由、平等和正义三者中，只有正义才是不受任何限制的实在善。一个人可能想要太多的自由或者过分的平等，他这种

---

[1] 周宏芬. 教育正义论 [D]. 南京：南京师范大学，2006.
[2] 摩狄曼·J. 阿德勒. 六大观念：真善美、自由、平等、正义 [M]. 陈珠泉，扬建国，译. 北京：团结出版社，1989：20.
[3] 何怀宏. 公平的正义：罗尔斯正义论解读 [M]. 济南：山东人民出版社，2002：42.
[4] 摩狄曼·J. 阿德勒. 六大观念：真善美、自由、平等、正义 [M]. 陈珠泉，扬建国，译. 北京：团结出版社，1989：20.

自由和平等可以超出他和别人相处时所应该拥有的自由和平等。但是正义则不然。没有一个社会是过分正义的，也没有一个人认为对他自己或对他周围的人来说会是太正义了。"①

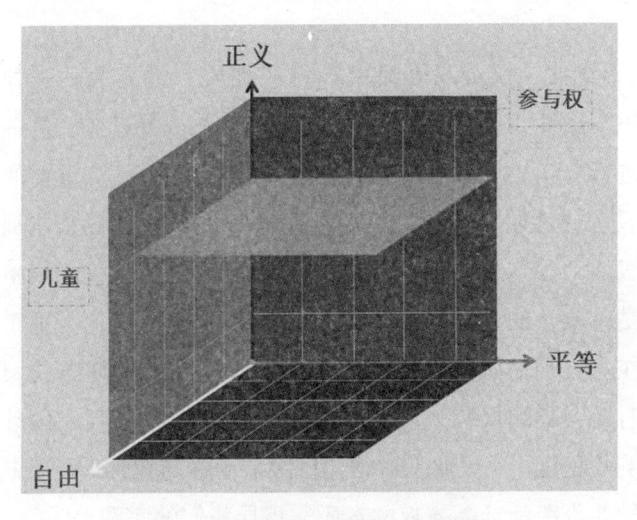

图 2-2　儿童参与权的价值基础

那么，正义、自由、平等作为幼儿班级活动参与权的价值基础，三者与幼儿班级活动参与权构成的关系也可以做如下说明。首先，正义作为权利的逻辑基础，也是幼儿班级活动参与权的基础，具体而言，即幼儿需要得到满足的正当性是幼儿权利的正当性的基础，幼儿对周围世界的参与具有天然的合法性，使幼儿班级活动参与权成为幼儿的一项权利。其次，自由于幼儿班级活动参与权而言，主要体现在对幼儿拥有和行使幼儿班级活动参与权作为重要价值目标的支持，是在正义所规约范围内的发挥。再次，平等之于幼儿班级活动参与权的意义在于使不同幼儿在行使各自班级活动参与权方面达成某种程度上的和谐与一致。最后，正义制约着自由和平等，共同形成幼儿班级活动参与权的价值基础。

---

① 摩狄曼·J. 阿德勒. 六大观念：真善美、自由、平等、正义 [M]. 陈珠泉，扬建国，译. 北京：团结出版社，1989：141.

第二节 幼儿班级活动参与权的性质

《现代汉语词典（汉英双语版）》将"性质"界定为：一种事物区别于其他事物的根本属性，其首要对应英文单词为"quality"①。进一步对此界定中的关键词进行分析，"根本"在此语境中指"主要的、重要的"，"属性"指"事物所具有的性质、特点"②。以上分析表明，事物的根本属性一定是单数。幼儿班级活动参与权的性质即幼儿园班级活动参与权的根本属性，根本属性不一定是单数，幼儿班级活动参与权具有的性质正是区别于幼儿其他权利的根本所在。权利性质的界定不但决定了该权利的行使方式及其产生的法律效力，同时还会影响权利人利益受保护的程度以及权利人以外第三人受该权利行使影响的程度。③ 因此，对幼儿班级活动参与权性质的分析与澄清有利于我们认清幼儿班级活动参与权的本质，指导我们的实践。

一、幼儿班级活动参与权是自由权的体现

不少情况下，自由和自由权被视为可以通用，但这两者之间存在着明显差别。自由主要指主体免除外界限制、自主作为或不作为的活动状态，而自由作为权利——自由权，除了指主体行为的自由之外，还指主体对于自由的主张、资格、权能，强调主体与主体之外的组织或他人的关系。

《布莱克法律词典》对自由权的定义为："遵从个人的自由选择，指导个人外在行为不受他人约束、强迫、控制意志的权利。"④ 何孝元（1982）认为："自由权者，谓人就其活动，不受不当之拘束或妨碍之权利也。"⑤ 杨立新（2002）则指出："自由权是指公民在法律规定的范围内，按照自己的意志

---

① 中国社会科学院语言研究所词典编辑室. 现代汉语词典（汉英双语版）[M]. 北京：外语教学与研究出版社, 2002：2151.
② 中国社会科学院语言研究所词典编辑室. 现代汉语词典：第5版 [M]. 北京：商务印书馆, 2005：1528.
③ 刘盼. 我国关于股东优先购买权性质与效力的理论与实践 [D]. 北京：中国政法大学, 2013.
④ BRYAN G A. Black's law dictionary [M]. St. Paul：West Publishing Co, 1979：827.
⑤ 何孝元. 损害赔偿之研究 [M]. 台北：台湾商务印书馆, 1982：139.

和利益进行行动和思维，不受约束、控制或妨碍的权利，包括政治自由权和民事自由权。"① 以上学者对自由权的看法都基本体现了自由权指主体不受不正当约束，按照主体意愿自我决定的权利。任何权利都有其边界，因此，从自然法和实在法的角度来看，自由权实指在自然法或实在法约束范围内，主体免除外界限制、自主作为或不作为的权利。在实在法中，自由权一般作为一类权利而出现，如我国宪法中的基本权利可以分为政治权利（主要是选举权和被选举权）、平等权、自由权、受益权等几种类型，其中自由权包括财产权，言论、出版、集会、结社、游行、示威自由、宗教信仰自由、人身自由、人格尊严、住宅不受侵犯，通信自由和通信秘密。此外，批评、建议、申诉、控告、检举的权利也属于自由权。②

如前所述，幼儿参与周围世界、与有益的周围世界互动是幼儿成长的基本需要，如果幼儿被剥夺了这种需要，幼儿就无法成长为"人"。因此，这种需要的天然性特征使幼儿的参与需要得以满足具有正当性。幼儿对班级活动的参与应该是自觉、自愿、主动的参与，而不是消极被动的参与，它是作为主体的幼儿在班级主动参与集体教学活动、游戏和生活活动的组织、管理、决策以及评价等的权利。就其本质而言，就是幼儿的自由权，因为幼儿在班级活动中作为主体主动参与到活动中，是幼儿自主性的体现。源自幼儿通过参与班级活动形成的自主意识、自主能力和自我主张等自由权本应具备之品格，也是幼儿发展成人的必要条件，这与《儿童权利公约》中提倡儿童参与权的精神理念是完全一致的。

从自由权涉及的主体范围来看，可将自由权分为独立的个人自由权和与其他人有联系的自由权。③ 具体到幼儿班级活动参与权中，独立的个人自由权主要指幼儿不需要与他人发生联系就可以行使或享有的自由权，如幼儿在自由游戏中选择玩什么、怎么评价自己、处理私人物品等权利；具体到幼儿班级活动参与权中，与其他人有联系的自由权指那些需要与主体幼儿之外的其他人发生联系才能行使或享有的自由权，比如幼儿对别人的承诺、对他人或行为的评价、亲近或疏远他人等权利。他人不能任意剥夺和限制幼儿的班级活动参与权，即不合理地剥夺或限制幼儿班级活动参与权是对幼儿自由权的

---

① 杨立新. 人身权法论 [M]. 修订版. 北京：人民法院出版社，2002：640.
② 谢立斌. 自由权的保护义务 [J]. 比较法研究，2011（1）：35-42.
③ 刘国. 论自由权及其限制标准 [J]. 广东社会科学，2011（6）：237-244.

侵犯，合理的限制也仅限于符合幼儿根本利益这一前提。

二、幼儿班级活动参与权是幼儿的积极权利

积极权利和消极权利有着积极自由和消极自由相类似的区别。我们先从积极权利和消极权利的思想传统上做简单梳理来把握这两种权利的不同主张，这有助于我们加深对幼儿班级活动权的理解。

就思想传统而言，我们可以把消极权利的源头追溯到自由主义权利思想。在近代自然法权利思想中，最初"人仅凭人的身份"而获得权利，到后来，权利来自人的理性的观点变成了主流，如以霍布斯和洛克为代表的古典自然法权利思想都认为人的权利来源于自由，正是这样的理解，使得自由有了消极自由的意味，即"be free from…"之意。由自然状态发展为社会，权利就带有关系性色彩，从这层意义上讲，权利表现为"自由行为"与他人"行为自由"的关系①，在个人权利和国家权力关系上，他们也倾向于国家作为个人权利"守夜人"的角色而存在，即不能超越个人权利的存在。现代西方自由主义权利思想从道德正当性上来论述消极权利，诺齐克从权利的道德基础出发论证在国家面前个人正当权利的神圣不可侵犯性，国家的角色只能是个人权利的保护者，超出这种保护需要的国家行为是不正当的。罗尔斯在"正义两原则"中认为，平等自由作为优先原则，承认权利的优先性。罗尔斯指出，"尊重人就是承认人们有一种基于正义基础之上的不可侵犯性，甚至作为一个整体的社会的福利也不可以去践踏这种性质。正义的词典式顺序上的优先性表现着康德所说的人的价值是超过一切其他价值的"②。德沃金也从权利的道德正当性上说明个人权利的优先及不可侵犯性，为了说明这一点，德沃金宣称："在大多数情况下，当我们说某人有权利做某件事的时候，我们的含义是，如果别人干预他做这件事，那么这种干预是错误的，或者至少表明，如果为了证明干涉的合理性，你必须提出一些特别的理据。"③ 作为消极权利中的言论自由权，德沃金指出，"即使政府认为公民要说的话所带来的害处大

---

① 王本余. 教育中的儿童基本权利及优先性研究 [D]. 南京：南京师范大学, 2007.
② 罗尔斯. 正义论 [M]. 何怀宏, 何包钢, 廖申白, 译. 北京：中国社会科学出版社, 1988：573.
③ 罗纳德·德沃金. 认真对待权利 [M]. 信春鹰, 吴玉章, 译. 北京：中国大百科全书出版社, 1998：249.

于好处，阻止他们发表言论也是错误的"①。通过简单梳理自由主义的消极权利观，我们可以发现，自由主义这种消极权利观是基于权利的道德正当性，凭借个人权利，个人有权要求他人提供实现这些权利的条件，或不阻碍个体实现这些权利。俞可平（2005）对消极权利的含义做了很好的总结，他认为，"所谓的消极权利就是个人由于政府的无所作为而获得的权利，对于个人的这些权利，政府无论如何也不得加以侵犯，它只能消极地不作为"②。

与源自自由主义传统的消极权利观不同，积极权利源自社群主义权利观。社群主义权利观否认基于权利的道德正当性，社会共同体的法律是权利的唯一合法来源。个人行为的正当性来源于对共同体法律及规范的遵守，个人在道德意义上的正当要求与权利不是全然一一对应的关系，"是一种由法律规定的人与人之间的社会关系，是一种保护个人正当利益的制度安排，离开了一定的社会规则或法律规范，个人的正当行为就无法转变成不受他人干涉的权利"③。"共同体"是社群主义权利思想中的核心概念，桑德尔认为"这个社会本身是否按照某种方式组织起来，以至于我们要用共同体来描述该社会的基本结构，而不仅仅是这一结构中的人的性情。对于一个严格意义上的共同体社会，该共同体必须由参与者所共享的自我理解构成，并且体现在社会制度安排中，而不仅仅是由参与者的人生计划的某种特征构成"④。自我存在于共同体中，离开共同体的传统和价值，自我就失去了意义，因此，共同体优先于个体。而个人权利的获得也是以成为某一共同体成员为条件的，个人权利的实现必须以个人在共同体中获得特定能力为前提。从这里可以看出，社群主义主张的是积极权利，个人的这种权利来自共同体的法律及规范，集体权利优先于个体权利。社群主义的这一主张看到了自由主义个人的消极权利在压制集体权利的同时，仅凭自身难以实现的现实。王本余（2007）在对社群主义权利思想分析基础上认为，"所谓积极权利，主要是指个体有要求从国家、社会和他人的积极行为中获益的权利，这些权利主要是指各种福利权，

---

① 罗纳德·德沃金. 认真对待权利 [M]. 信春鹰，吴玉章，译. 北京：中国大百科全书出版社，1998：251.
② 俞可平. 社群主义 [M]. 北京：中国社会科学出版社，2005：107.
③ 俞可平. 社群主义 [M]. 北京：中国社会科学出版社，2005：107.
④ 迈克尔·J. 桑德尔. 自由主义与正义的局限 [M]. 万俊人，唐文明，张之锋，等译. 南京：译林出版社，2001：209.

譬如工作权、受教育权、获得帮助和救济的权利等"①。

从对积极权利和消极权利的分析理解来看，幼儿班级活动参与权是幼儿在班级活动中的一项重要的积极权利。作为积极意义上的幼儿班级活动参与权，要求幼儿教师为幼儿行使其班级活动参与权创设条件、提供帮助和指导。幼儿理性能力不足是天然的事实，但不能截然否定幼儿的理性能力，而且，我们对儿童理性能力的判断是基于成人视角做出的判断，我们对幼儿发展的理解还远远不够；从新童年社会学的视角出发，幼儿的能力具有文化性和社会情境性，远非机械的阶段式标准所能衡量，幼儿理性能力的不足也不能成为成人任意干涉幼儿班级活动参与的充分理由。因此，在班级活动中，幼儿教师应有意识地创造幼儿参与的机会和条件，如有意识地多组织半结构和开放性活动，引导幼儿积极参与。在班级活动中加强对幼儿参与的指导和帮助。在班级活动的规则制定等方面，引导幼儿认识并参与一些活动规则的制定。对幼儿参与班级活动行为持较为开放的态度，谨慎评价幼儿班级活动参与中的"问题"。

第三节 幼儿班级活动参与权的条件性权利

参与是人与参与对象的互动行为，这种行为涉及行为主体、行为对象以及实现成功参与的条件。对参与权而言，也涉及参与权的权利主体、权利对象以及实现参与权的条件。伦迪（Lundy，2007）认为，为了充分执行《儿童权利公约》第12条，必须满足四个条件：（1）空间，儿童必须有机会表达观点；（2）声音，必须促进儿童表达自己的观点；（3）受众，意见必须受到倾听；（4）影响，必须酌情对观点采取行动。那么，参与权的实现条件：第一，个体能对活动的信息有充分的了解；第二，能有机会表达意见；第三，意见能被活动组织、决策所考虑；第四，个体能对活动的开展进行监督、质询。在活动中，这四个条件是参与权得以实现的重要前提，缺少其中任何一个，都会对参与权的实现有所损害。根据对幼儿班级活动参与权性质的分析，以及从参与权实现条件的角度出发，本研究认为，幼儿班级活动参与权的实现

---

① 王本余. 教育中的儿童基本权利及优先性研究［D］. 南京：南京师范大学，2007.

依赖于四种条件性权利，即知情权、言论自由权、意见受尊重权、监督权，这里并非认为幼儿班级活动参与权与以上四种权利之间是种属关系，而是幼儿班级活动参与权的实现以这四种权利为条件。这四种权利之间相互联系在一起，构成幼儿班级活动参与权实现的条件，并以上述的正义、自由、平等为基础，其间关系见图2-3。

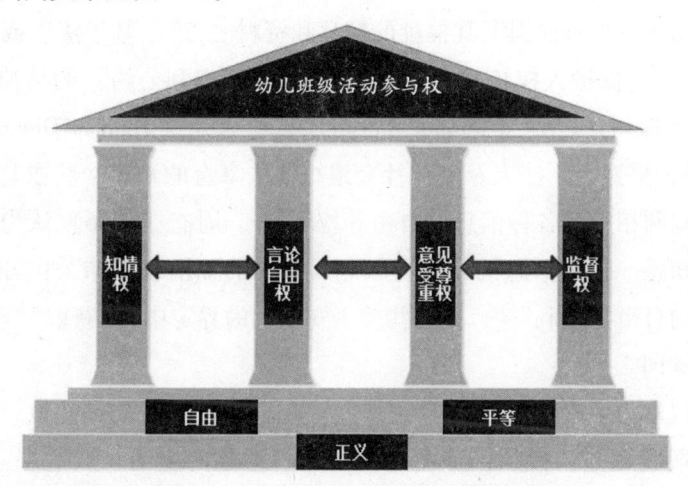

图2-3 幼儿班级活动参与权整体构成

一、幼儿班级活动中的知情权及其限度

知情权（the right to know），作为公民的一项基本权利和自由由来已久，1945年由库珀（Kent Copper）首次提出，到1948年的《世界人权宣言》中也对人们"知"的权利有所描述，其第19条规定："人人有权享有主张和发表意见的自由，此项权利包括持有主张而不受干涉的自由和通过任何媒介并不分国界寻求、接受与传递消息和思想的自由。"再到1950年签署的《保护人权与基本自由公约》的第10条规定，"每个人都有表达自由的权利，这一权利包括拥有观点以及不受政府机关干扰，接收和传播信息和观点的自由"。1966年的《公民权利和政治权利国际公约》的第19条第2款规定："人人有自由发表意见的权利，此项权利包括寻求、接受和传递各种消息和思想的自由。"知情权作为公民的一项基本权利得到广泛认可，在儿童的知情权方面，《儿童权利公约》中第17条也做了明确规定，即"缔约国确认大众传播媒介的重要作用，并应确保儿童能够从多种的国家和国际来源获得信息和资料，尤其是旨在促进其社会、精神和道德福祉与身心健康的信息和资料。为此目

117

的，缔约国应：(a) 鼓励大众传播媒介本着第29条的精神传播在社会和文化方面有益于儿童的信息和资料；(b) 鼓励在编制、交流和散播来自不同文化、国家和国际来源的这类信息和资料方面进行国际合作；(c) 鼓励儿童读物的著作和普及；(d) 鼓励大众传播媒介特别注意属于少数群体或土著居民的儿童在语言方面的需要；(e) 鼓励根据第13条和第18条的规定制定适当的准则，保护儿童不受可能损害其福祉的信息和资料之害"。基于法理或以上《世界人权宣言》《保护人权与基本自由公约》《儿童权利公约》的精神对知情权的内涵展开探讨，巴伦（Jerome Barron）与迪恩斯（Thomas Dienes）认为，"知情权是指自然人、法人及其他社会组织依法享有的知悉、获取与法律赋予该主体的权利相关的各种信息的自由和权利"①。周楠（1996）认为"知情权泛指公民知悉、获取信息的自由与权利，狭义的知情权仅指公民知悉、获取官方信息的自由与权利"②，在这些关于知情权的界定中，"获取"和"知悉"是两个关键词。

知情权作为手段性权利而言，其主旨在于通过保障公民获取、知晓正确的信息以摆脱无知、盲从，从而过上健康、理性的生活，从这层意义上讲，知情权是行使、实现其他权利的重要条件，如自主决策权、监督权、选举权等权利的成功行使与实现。其构成要素包括权利的主体、义务主体（满足信息知晓权的主体）、应该公开的信息三者。

知情权对于民主社会而言是至关重要的，如果公民在所处社会中知之甚少，那么根本谈不上对社会的民主参与，这也绝非民主社会的主旨，这一点如科恩所言，"如果民主国家中，不论间接或直接民主，有治理权的公民处于一无所知的状态，要想治理好这个国家是不可能的"③。日本学者杉原泰雄（2000）对此也有类似的看法，他宣称，"没有知情权的保障，民主主义就不可能得到真正实现。因为主权者不能获得有关政治的信息就不可能做出准确的判断"④。因此，成功的民主社会，必定要为公民提供普遍参与管理和决策所需的信息，从这层意义上讲，知情权是公民的一项积极权利。

---

① 杰罗姆·巴伦,托马斯·迪恩斯. 美国宪法概论 [M]. 刘瑞祥,潘嘉玢,颜福祥,等译. 北京：中国社会科学出版社, 1995：11.
② 周楠. 罗马法原论 [M]. 北京：商务印书馆, 1996：886.
③ 科恩. 论民主 [M]. 聂崇信,朱秀贤,译. 北京：商务印书馆, 1988：159.
④ 杉原泰雄. 宪法的历史：比较宪法学新论 [M]. 吕昶,渠涛,译. 北京：社会科学文献出版社, 2000：190.

知情权对民主社会至关重要，很重要的一点在于，民主社会以公民有效参与为前提，而有效参与的重要条件之一就是公民拥有知情权，对此，巴伦与迪恩斯认为，"在有关政治的理论研究和经验研究中，参与都是一个核心概念。它在对于民主分析中具有特别重要的作用"[1]。由此可见，只有公民拥有知情权，对所要参与和决策的对象有足够的了解，才能有效参与。

在民主社会，公民享有知情权也是民主社会之平等观念和制度的具体化。形式平等固然重要，但实质平等更加重要，如果公民没有知情权，无法掌握普遍参与管理和决策所需的信息，即使在形式平等层面，可以参与管理和决策，这种参与和决策大多也是无效的，最终跌入实质不平等的泥淖。经济领域里的"信息对称"理论，用到社会政治中，也具有一定的合理性。"信息对称"理论强调在市场条件下，要实现公平交易，交易双方掌握的信息必须对称，如果信息不对称，交易将无法平等完成，乃至失败。在民主社会，公民具有知情权，掌握着与管理者对称的信息，不仅是社会平等的表现，而且公民通过对称的信息，形成有效的管理和决策参与。在公共生活中，知情权也是有边界的，这种边界在于知情权不能超越隐私权，即知情权不能侵犯隐私权的范围，主体隐私权的范围与权利主体的社会角色有关，隐私权与其他权利带来的利益和道德衡量有关，与人格尊严有关。

在班级活动中，幼儿知情权是幼儿的一项积极权利，即幼儿有从幼儿教师及直接参加幼儿班级教育的成人的积极行为中获益的权利。幼儿的知情权作为手段性权利是幼儿班级活动参与权行使和实现的重要条件，如果幼儿不拥有知情权，幼儿的班级活动参与权也将是空洞无效的，形式参与大于实质参与，这在我们当前的幼儿班级活动中较为常见。幼儿知情权也是班级民主管理的重要体现，因为只有幼儿享有充分的知情权，幼儿才能真正意义上是平等参与，信息不对称只能造成幼儿班级活动参与的虚无化。根据对知情权构成要素的分析，幼儿知情权的构成要素包括作为知情权权利主体的幼儿、作为幼儿知情权义务主体的幼儿教师及其他直接参与班级幼儿教育的成人，"应该让幼儿获取、知悉的信息"主要包括班级活动事件的原因和目的、程序、规则等，以及幼儿自身拥有什么权利等信息。幼儿获取、知悉这些信息不但有助于班级活动的顺利开展，更重要的是有助于幼儿积极主动地参与班

---

[1] 邓正来. 布莱克维尔政治学百科全书 [M]. 北京：中国政法大学出版社，1992：563.

级活动，形成参与意识和参与能力，从而形成民主意识、平等意识以及权利意识。

在幼儿班级活动中，幼儿的知情权指的是获取、知悉班级活动信息的权利，如班级集体教学活动中，幼儿有获取、知悉与幼儿相关活动的目的、过程、要求的权利，幼儿的这一权利要求幼儿教师能在活动开始或活动结束后以幼儿能够理解的方式对为什么开展这一活动、对幼儿有什么要求等进行讲解，目的在于让幼儿充分了解班级活动相关信息，使得幼儿能更加有效地做出合乎自主的决策，提高幼儿参与的主动性和积极性。在班级管理中，尤其是班级规则的制定，幼儿教师应让幼儿充分了解班级规则的作用，以及为什么制定这些班级规则，幼儿在获取、知悉这些信息之后，能更为有效地理解并遵守班级规则，那种单纯的"不准式"① 规则教育对幼儿而言，只会压抑幼儿的自主性，幼儿易形成一味服从、消极接受的人格；在生活活动中，幼儿的知情权主要体现在幼儿有权获取、知晓生活活动安排、安排的原因、注意事项及其他要求，特别是生活活动中很多与幼儿发展、活动安全相关等方面的信息，应让幼儿知晓并理解，一方面让幼儿形成良好的生活习惯和规律，另一方面有助于幼儿理解生活活动的意义、特定安排和要求的原因，让幼儿更加积极主动地参与到生活活动中，正所谓，要知其然，更要知其所以然。幼儿的班级活动知情权面对的是作为幼儿公共生活的班级活动，幼儿的班级活动知情权的界限在于不侵犯其他权利主体的隐私权。

二、幼儿班级活动中的言论自由权及其限度

言论自由权（freedom of speech）作为人的一项权利，可以追溯到古希腊城邦政治中公民可以自由辩论、参与政治生活，这在古罗马得到进一步发扬。文艺复兴和启蒙运动中，在自由、平等旗帜的引领下，言论自由权成为人权重要的一部分和祛除蒙昧走向民主的重要武器，就此成为西方民主政治的重要基础。在现代的国际法中，言论自由作为人的一项基本权利得到普遍肯定，1948年的《世界人权宣言》第19条规定：人人有权享有主张和表达自由，这种权利包括持有主张而不受干涉的自由和通过任何媒介并不分国界寻求、

---

① "不准式"的规则教育指幼儿教师在幼儿规则教育方面，一般以"不准……"的方式进行规则表达，如"不准上课的时候讲闲话"等。

接受和传递信息和思想的自由。1966年的《公民权利和政治权利国际公约》对表达自由的内涵以及表达自由受到法律保护的范围给予了具体的明确规定，该公约第19条规定："（1）人人持有主张而不受干涉。（2）人人享有表达自由，该权利应当包括寻求、接受和传递各种信息和思想的自由，不论国界，也不论口头的、书面的或者是印刷的，采取艺术形式，或者是通过他所选择的任何其他媒介。（3）本条第2款所规定的权利的行使带有特殊的义务和责任，因此得受某些限制，但是，这些限制必须是由法律所规定的并且为下列所需，A．尊重他人的权利或者是名誉；B．保障国家安全或者是公共秩序，或者是公共健康或道德。"随着人们对儿童权利的承认与重视，儿童的言论自由权在国际法中也得到了体现，《儿童权利公约》的第13条规定："（1）儿童应有自由发表言论的权利，此项权利应包括通过口头、书面或印刷、艺术形成或儿童所选择的任何其他媒介，寻求、接受和传递各种信息和思想的自由，而不论国界。（2）此项权利的行使可受某些限制约束，但这些限制仅限于法律所规定并为以下目的所必需，A．尊重他人的权利和名誉；B．保护国家安全或公共秩序或公共健康或道德。"

言论自由权的内涵富有争议，甄树青（2000）综合学者们的争议做了较好的总结，他认为狭义的言论自由即是从字面上理解的，最简单的言论自由；中义的言论自由则在狭义的基础上增加了新闻、出版和艺术表达自由；广义的言论自由更进一步，增加了结社、游行、集会、请愿、通讯和信息自由，以及选举投票自由等。① 言论自由权与知情权之间有着相辅相成的关系，言论自由权存在知情权才能实现，而知情权的实现为言论自由权提供依据并扩大言论自由权的空间。

言论自由是公民成功实现民主参与的一项重要的基本权利。马克思指出："发表意见的自由是一切自由中最神圣的，因为它是一切的基础。"② 从这一层面上讲，言论自由权具有工具性价值，如言论自由有助于发现真理、促进民主。布兰代斯（Louis Brandeis）认为，"言论自由对于发现和传播真理是必不可少的。如果没有言论自由，公共讨论将变得毫无意义，更无法抵抗邪说

---

① 甄树青．论表达自由[M]．北京：社会科学文献出版社，2000：38．
② 中共中央马克思恩格斯列宁斯大林著作编译局．马克思恩格斯全集：第11卷[M]．北京：人民出版社，1995：573．

之散布"①。当然，言论自由权也具有目的性价值，即言论自由权也是正义社会的构成要素。德沃金认为，"言论自由之所以重要，不只是因为它所带来的后果，还因为它是一个正义的社会所应具有的'构成性'上的特征"②，人作为社会动物，交流是人的基本需要，言论自由权体现着人性的尊严。爱默生（Thomas I. Emerson）认为，言论自由权的价值包括："（1）促成个人的自我实现；（2）作为获致真理的一种手段；（3）作为保证社会成员参与社会的包括政治的决策过程的一种方式；（4）维持社会稳定和变化之间的平衡。"③

事实上，就本质而言，言论自由权是民主社会正义价值的深刻体现，也是自由和平等价值观的直接体现。就言论自由权的性质而言，言论自由权既有积极权利的特点，也有消极权利的特点。就其积极权利意义而言，言论自由权的行使和实现要求国家及其他权力机关为其提供良好的条件；就其消极权利意义而言，言论自由权的行使和实现要求不受其他权利主体的不合理干涉和限制。

正如其他权利一样，言论自由权也有其界限。绝对主义认为，言论有公言论和私言论之分，公言论是政治生活等公共领域相关的言论，私言论则与个人生活有关。公言论不应受到限制，而私言论应该受到限制。相对主义则从权利与义务之间平衡的角度出发认为，不管是公言论还是私言论，只要言论自由权的行使会侵犯其他权利主体的合法权利，那么这一言论自由权就应受到限制。正如密尔（John Stuart Mill）所言，"第一，如果一个人的言行举止并不会对其他人造成不利的影响，那么这个人就不需要就其言论承担社会责任；第二，如果这个人的言行对其他人的正当利益造成了损害，且法律法规或者公序良俗认为应该对其进行惩罚的话，那么这个人就应当对其不当言行承担责任"④。相对主义进而提出了判断言论自由权是否该受到限制的原

---

① 孟庆祥. 言论自由权及其限度［D］. 北京：北方工业大学，2014.
② 罗纳德·德沃金. 自由的法：对美国宪法的道德解读［M］. 刘丽君，译. 上海：上海人民出版社，2001：284.
③ 向佐群. 政府信息公开法律制度的宪政基础［J］. 云南行政学院学报，2010，12（1）：159-163.
④ 约翰·密尔. 论自由［M］. 许宝骙，译. 北京：商务印书馆，1959：86.

则，如明显而即刻的危险原则（clear and present danger）①、"真实恶意"原则②与法益权衡原则③。

《儿童权利公约》与不少国内有关儿童的法律中明确了儿童在社会生活中的言论自由权。虽然《公约》所指儿童涵盖了3~6岁幼儿这一阶段，但却未对具体年龄段的儿童（幼儿）的权利进行详细说明，只能作为实在法性质的依据。

幼儿班级活动中的言论自由权，是幼儿在幼儿园班级这一特定环境下的言论自由权，既有言论自由权的一般特征，又有幼儿这一特殊年龄群体的特殊之处。具体而言，幼儿班级活动中的言论自由权指幼儿在班级活动中，以道德、法律、习俗为边界，幼儿享有以口头、绘画、表演等形式获取和传递信息、观点的权利，它包括三方面的自由：（1）获取信息的自由，即幼儿通过向他人，如同伴、幼儿教师及其他媒介获取、接收信息的自由；（2）持有观点的自由，即幼儿有权对班级活动中的人和事持有自己的看法；（3）以幼儿能理解和使用的方式——如语言、绘画、表演等方式——传递班级活动信息以及对人和事持有观点的自由。

幼儿班级活动中的言论自由权是幼儿成功行使和实现班级活动参与权的重要条件，也是幼儿发现知识、形成民主班级氛围的重要方式，就这一层面而言，幼儿在班级中的言论自由权具有工具性价值；同时，幼儿在班级中的言论自由权也具有目的性价值，即幼儿的言论自由权也是幼儿作为人——虽然是未成年人——的价值和尊严的体现，在班级活动中体现着幼儿作为主体的主观能动性。

幼儿在班级活动中的言论自由权既具有积极权利的属性，又具有消极权利的属性。就其积极权利意义而言，幼儿在班级活动中的言论自由权的行使和实现要求幼儿教师等为其提供良好的条件，如物质条件、民主宽松的班级氛围以及适合言论自由的班级规则等；就消极权利意义而言，幼儿在班级活动中的言

---

① 美国宪法修正案中提出的原则之一，意指言论自由权在造成一种明显而即刻的危险时，言论自由应该受到限制。
② "真实恶意"原则源于1964年美国最高法院的"《纽约时报》诉沙利文案"，该原则最早由大法官布伦南提出。"真实恶意"原则要求具有政府官员身份的原告举证证明被告主观上具有"真实恶意"，即明知陈述虚假或完全不在乎其真伪性，才能请求损害赔偿。
③ 司法实践中，遇有法益冲突且无法两全之时，采用"两益相权取其重，两害相权取其轻"的方法，以损失较小法益来保全较大法益，最终实现社会利益的最大化。

论自由权的行使和实现要求不受其他权利主体——如其他幼儿、幼儿教师等——不合理的干涉和限制，在班级活动中，其他幼儿和幼儿教师不能横加干涉某一幼儿获取、传递信息，不能无理强迫要求幼儿接受某一观点，也不能随意干涉幼儿获取、传递班级活动信息以及对人和事持有观点的自由。

幼儿在班级活动中的言论自由权与其他权利一样，也有其界限。那么在什么情况下，幼儿在班级活动中的言论自由权应该受到限制？一般意义而言，道德、法律、习俗是作为一般权利的边界，与绝对主义的观点相比较，相对主义的观点显得更加务实。在幼儿班级活动中，幼儿的言论自由权的界限应该是：如果幼儿的言论自由权不会对其他幼儿等权利主体造成不利影响，那么，其言论自由权是不应该受到限制的；如果幼儿的言行对其他幼儿等权利主体的正当利益造成损害，那么，其言论自由权就应该受到限制。

三、幼儿班级活动中的意见受尊重权及其限度

要理解意见受尊重权（children's views to be respected），首先应理解何谓"尊重"和"意见"。

"尊重"是哲学、伦理学、社会学及心理学等学科的重要概念之一。狄龙（Robin S. Dillon）在为《斯坦福哲学百科全书》写的"尊重"（respect）条目中对其有如下界定："一般而言，尊重是主体和客体之间的一种关系。在这种关系中，主体从某种角度、以某种适当的方式对客体做出回应。"① 在这一界定中，"尊重"包含着三个要素，即主体、客体及回应。这一界定较为宽泛，使"尊重"和其他概念区别开的是"回应"，即决定具体"回应"的主体对客体的认知、意志、评价和行为。首先，尊重意味着主体对客体的重视并严肃对待、努力认识与客体相关的事实；其次，尊重意味着某种动机，这种动机激励主体去认同客体的属性，即尊重包含着客体要求我们必须给予关注和适当回应的情感或意识②，当然，产生激励作用的原因可能来自主体，也有可能来自客体；再次，尊重是主体由于对客体的重要性、权威性以及优越性的体验而产生的积极评价；最后，以上三者外化为具体的行为表现，尊重意味着主体在面对客体时，会采取或避免某些行为，当然，主体对客体的尊重并不

---

① DILLON R S. Respect [EB/OL]. PLATO, 2019-07-09.
② BIRCH T H. Moral considerability and universal consideration [J]. Environmental Ethics, 1993 (15): 313-332.

意味着尊重和尊重行为的一一对应关系。达尔沃（Stephen L. Darwall）把"尊重"分为"承认性尊重"（recognition respect）①与"评价性尊重"（appraisal respect）②。哈德逊（Stephen D. Hudson）把"尊重"分为评价的尊重（evaluative respect），即由于主体认为客体的身份或某些特质符合主体的理想要求而产生的尊重；阻碍的尊重（obstacle respect），即主体如果对客体的某些特质不予慎重对待，就会陷入不利或危险境地而产生的尊重；训诫的尊重（directive respect），即主体对被主体认为正当、合乎规律的指示性对象而产生的尊重，如被主体认为合理正当的规则、协议、法律或权利等；惯习的尊重（institutional respect），主体对那些被认为合理正当的制度或惯例，在制度和惯例中拥有位置、代表制度和惯习的人或物而产生的尊重。其注重的是处理人与自然以及不同主体之间关系的首要准则，也是人存在的需要，这一点体现在马斯洛及其他相关需要理论中。意见（view）是主体从自身出发，对与之发生联系的客体（人或事物）提出的观点，这些观点往往与主体的价值观、利益等直接联系在一起，带有较为明显的倾向性。

基于对"尊重"和"意见"的理解，意见受尊重权指，在社会生活中，公民有从自身对生活各方面的理解出发提出自己的观点和看法，其他权利主体积极主动、严肃认真听取并对待的权利。意见受尊重权本质上是社会正义、自由和平等价值的深刻体现。很难想象在一个非正义、不自由、不平等的社会中，公民的意见会得到充分的尊重。意见受尊重权是公民实现其他权利的重要条件性权利，就这一意义而言，意见受尊重权对公民其他权利而言具有明显的工具性价值，当然，意见受尊重权的行使和实现对于权利主体而言也有本体性价值，即由于意见受到尊重而产生的被尊重感，在马斯洛的需要层次理论中，尊重的需要也是人的"成长型"需要，在人的发展中具有重要的

---

① 存在着这样一种尊重，它的对象可以是各种不同类型的事物。这种尊重的中心义涵在于它是人们在思考过程（deliberations）中对有关事物的某个特征给予适当考虑，并采取相应行为的意向。……由于此种尊重主要涉及考虑如何在行动中给予对象的某个特征以恰当的考量或承认，达尔沃将其称之为承认性尊重。
② 它的唯一的一类对象是人，或者被认为表明了人的优秀之处或有助于追求某种具体目标的特征。……这样的尊重主要涉及对人的一种积极评价的态度：对他作为人的积极评价，或者对他作为某种具体目标之追求者的积极评价。相应地，能够充当这种尊重基础的，就是人们显示了应当受到积极评价的那些品质。……因为这种尊重主要由对人或他的品质的积极评价构成，达尔沃将其称之为评价性尊重。

地位。就意见受尊重权的性质而言，它是公民的一项积极权利，它要求社会应创造有利于意见受尊重权行使并实现的良好条件。

《儿童权利公约》第12条第1款明确指出："缔约国应确保有主见能力的儿童有权对影响到其本人的一切事项自由发表自己的意见，对儿童的意见应按照其年龄和成熟程度给以适当地看待。"这一条款明确表明儿童拥有意见受尊重的权利，其内容至少表明了以下四层意思：第一，享受这项权利的权利主体是有主见能力的儿童，这里的主见能力应是指有足够的理性能力；第二，儿童发表意见所指向的是与儿童本身有关的事项，即与儿童本身无关的事项意见不在权利范围之内；第三，儿童这项权利的义务主体是成人及相关权利主体；第四，这项权利的义务主体有义务根据儿童的年龄和成熟度予以合理对待。

与公民权利相关法律相比较，《儿童权利公约》中强调儿童有意见受尊重权基于两方面原因：其一，基于儿童意见不受重视的现实，在现实中，不少成人认为儿童不具备成熟理性能力，其意见也带有先天的非理性，因此，儿童的意见不值得重视；其二，社会对儿童作为权利主体的承认，前已述及的幼儿权利历史可以发现，儿童作为权利主体是从无到有的事实，在现代社会，人们对儿童作为权利主体基本达成共识。

虽然《儿童权利公约》中的儿童涵盖了幼儿这一群体，但就幼儿的意见受尊重权而言，《儿童权利公约》这一条款显得过于宽泛，这与《儿童权利公约》本身面向的群体有一定的关系。《儿童权利公约》中透露出来的理念也值得商榷，如以理性能力成熟度以及年龄作为衡量儿童是否享有意见受尊重权的标准，这在幼儿权利正当性论述中已做批判，而且《儿童权利公约》中对儿童意见受尊重权的范围的界定也值得商榷，对于幼儿这一特殊群体而言更是如此。

基于对"尊重、受尊重权"的理解，幼儿在班级活动中的意见受尊重权是指：在班级活动中，幼儿有从自身对班级活动各方面的理解出发提出意见，幼儿教师积极主动、严肃认真地听取并对待幼儿意见的权利。从本质上讲，幼儿在班级活动中的意见受尊重权是幼儿作为权利主体的体现，即把幼儿当成"人"来看待并予以尊重。廖加林（2008）认为，"一切道德价值的基点在于对作为人格主体的尊重。这种对人的尊重，就是把人当人看，强调他人

（包括自我）的人格尊严的不可侵犯性"①。就幼儿在班级活动中的意见受尊重权的性质而言，它是幼儿在班级活动中的积极权利，要求幼儿教师为幼儿这一权利的行使和实现创造良好的条件。

幼儿在班级活动中的意见受尊重权实际是幼儿在班级活动中的言论自由权的延伸。幼儿在班级活动中的言论自由权包括"以幼儿能理解和使用的方式——如语言、绘画、表演等方式——传递班级活动信息以及对人和事观点的自由"，即在班级活动中，幼儿有权对班级活动组织、管理、决策等提出自己看法的权利，而表达意见只是幼儿言论自由权的表现，只有幼儿的意见真正得到幼儿教师等群体的尊重，幼儿的思想和观念才能真正影响到班级活动，真正体现幼儿的利益。就这一层意义而言，幼儿在班级活动中的意见受尊重权是实现幼儿班级活动参与权的重要条件，如果在班级活动中，幼儿的意见受尊重权得不到保障，幼儿的参与也将是形式的、无效的。

我们从对权利本身的理解知道，任何权利都有限度，但是幼儿在班级活动中的意见受尊重权的限度有其特殊性，即幼儿在班级活动中的意见受尊重权是无限的。其原因有二：其一，对幼儿意见的尊重本身是一种"善"，因为幼儿是人，这是无可辩驳的事实，幼儿与周围世界的互动是其发展的内在需要，这种需要具有客观性和无可取代性，这一需要决定了幼儿具有在与周围世界互动中发表自己观点和见解的权利。追求"善"的生活无论如何都是人的正当权利，因此，我们无论如何也不能说"善"已经足够多了，就这一层意义而言，幼儿在班级活动中的意见受尊重权是没有限制的。其二，正如我们对这个世界认知的有限一样，我们对人的发展、幼儿的发展规律的认知还远远不够，这一事实要求我们在对待幼儿的意见上应始终持敬畏和审慎的态度，而不能止步于目前对幼儿的了解。对幼儿的意见妄加判断，这一点也体现了罗杰斯（Carl Ransom Rogers）提出的对受教育者"无条件积极关注（尊重）"（unconditional positive regard）的理念。罗杰斯认为"个人内在地拥有自我理解、改变自我概念及态度、自我指导行为的巨大资源"②。

幼儿班级活动中享有意见受尊重权意味着幼儿教师有尊重幼儿意见的义

---

① 廖加林. 尊重：公共生活的基础性道德价值 [J]. 道德与文明，2008 (6)：23-26.
② ROGERS C R. Client-centered approach to therapy [M] //KUTASH I L, WOLF A. Psychotherapist's casebook：Theory and technique in practice. San Francisco：Jossey-Bass，1951：359.

务。第一，在班级活动中，幼儿教师应对幼儿的意见持开放的态度，把幼儿的所有意见都看成其对世界的探索，给予幼儿足够的尊重和自由。第二，幼儿的理性不成熟是不争的事实，但我们对于什么才是理性成熟的理解也存在局限，因此，这一点并不能成为我们忽视甚至轻视班级活动中幼儿意见的理由。理性与感性也不是能截然分开的事物，它们统一于幼儿身上。第三，由于幼儿表达能力与成人存在巨大的差异，成人可以通过完善的语言和文字等表达自己的意见，但幼儿并不完全具备这一能力，幼儿更多的是借助语言、绘画、表演，甚至是肢体语言、表情、行为等表达方式来表达他们的意见。因此，在班级活动中，幼儿教师应注意鼓励幼儿采取这些方式来表达意见。第四，幼儿存在个体差异也是不争的事实，每个幼儿的基本需要是一致的，但在某些具体的方面却存在巨大的差异，如个性心理特征。因此，幼儿教师应充分了解幼儿由于个性心理上的差异导致在意见表达上的差异，在班级活动中，真正做到尊重每一个幼儿的意见。第五，尊重幼儿在班级活动中的意见受尊重权并非等同于全盘接受幼儿的意见，但尊重却是接受的前提，接受意味着在活动中采纳幼儿的意见并付诸实施。接纳与否的评判标准在于幼儿的班级活动意见是否对幼儿有利，如果对幼儿有利，那么就应该在其他条件允许的情况下予以接受并充分肯定提出意见的幼儿；如果对幼儿不利，那么应该拒绝，但应该向幼儿说明不采纳的理由。

四、幼儿班级活动中的监督权及其限度

在《说文解字注》中，"监，临下也"[1]，引申为"由上至下察看之意"；"督，察也"，有"察看、监管"之意。在《周礼·地官·乡师》中开始"监"和"督"连用，"大丧用役，则帅其民而至，遂治之"[2]，汉郑玄注："治谓监督其事。"[3] 贾公彦疏："谓监当督察其事。"[4] 其意为"有大劳役，就率领民夫来到施工地，监督他们执行政令的情况"。自此，"监督"一词有"对现场或某一特定环节、过程进行监视、督促和管理，使其结果能达到预定的目标"之义。"监督"的英文对应词为"supervision"，该词由"super"（可引

---

[1] 段玉裁. 说文解字注 [M]. 北京：中华书局，2013：346.
[2] 吕友仁，李正辉，孙新梅. 周礼 [M]. 郑州：中州古籍出版社，2018：127.
[3] 吕友仁，李正辉，孙新梅. 周礼 [M]. 郑州：中州古籍出版社，2018：127.
[4] 吕友仁，李正辉，孙新梅. 周礼 [M]. 郑州：中州古籍出版社，2018：127.

申为"在……上方")和"vision"(可引申为"察看")组成,其英文解释为"the work of making sure something is done properly and according to all the rules",汉语翻译意为"确保一切都按照规定恰当地进行的工作","监督"的英文含义为"自上而下进行督察、管理"。在现代语境中,"监督"作为政治学的一个重要概念与其以往的字面意义相去甚远。尤光付(2003)认为,"所谓监督,主要是指人们通过自身的内部监督和外部监督的参与等途径来维护军事、经济的发展,来完善政治和司法方面等其他目标,从而针对公共权力的资源、主体权责、运作效能等相对独立地开展的检查、审核、评议、督促活动"[①]。在民主社会,"监督"不仅是自上而下,还包括自下而上的意味,有"权利主体之间实现彼此制衡"的含义。本研究所指"幼儿在班级活动中的监督权",即就此意义而言。

作为一项重要的公民政治权利,近代西方"权利主体之间实现彼此制衡"意义上的"监督权"往往与公民联系在一起。在古罗马时期,平民可以通过参与立法来限制行政长官的权利。到资产阶级革命胜利后,代议制得以确立,西方国家把监督权作为公民的一项重要权利确定下来,公民主要通过议会行使监督权,即通过议会对政府施政审查、人事监督、受理请愿等方式行使监督权,对国家权力进行限制。正是在这种"委托"过程中,公民监督权得以产生,这也是政治文明发展的进步成果。之所以要对国家权力进行限制,孟德斯鸠指出:"一切有权力的人都容易滥用权力,这是万古不易的一条经验。有权力的人们使用权力一直到遇到有界限的地方才休止……要防止滥用权力,就必须以权力约束权力。"[②] 在现实中,对国家权力的制约方面,一是权力之间的相互限制,如西方"三权分立"理论中"checks and balances"式的制衡;二是通过公民拥有的权利对国家权力进行制约,即公民依据法律拥有的检举、申诉和控告权对国家权力及其实施者进行外部监督。我国《宪法》第

---

① 尤光付. 中外监督制度比较 [M]. 北京:商务印书馆,2003:1.
② 孟德斯鸠. 论法的精神:上册 [M]. 张雁深,译. 北京:商务印书馆,1961:154.

四十一条中的六项权利提炼为公民监督权①，并认为"公民监督权与平等权"包括政治权利和自由、宗教信仰自由、人身自由，人格尊严、住宅不受侵犯，通信自由和通信秘密受法律保护等都是与民主权利密切相关的公民权利，是现代民主国家从宪法的高度赋予处于弱势地位的公民对抗国家权力不法侵害的权利②。

通过对"监督"以及本研究对于权利的阐释，监督权指依据道德、法律和习俗，权利主体对客体实施监督行为的利益、主张、资格、权能和自由。从这一界定中可以看出，监督权包含"监督权主体、客体和内容"三个要素。在内容方面，主要包括权利拥有者运用权力的行为及结果的合法性、正当性和效率等。在我国宪法中，公民监督权主要通过批评、建议、申诉、控告、检举来实现。公民行使监督权的根本目的在于通过约束国家权力、保障公民免受国家权力侵害，实现社会的正义、民主、平等价值。在民主社会中，从其性质而言，公民监督权是实现公民基本权利的人权，它是由人类生存和社会生活需要所决定的，因为公民监督权本质上是一种与国家权力相互依存、相互对抗的力量，这一权利的行使和实现目的在于保护公民的其他权利。因此，公民监督权是公民的一项积极权利，需要国家创设良好条件以促进公民这一权利的行使和实施。

通过对公民监督权的含义、性质的理解，我们可以进一步理解公民监督权的价值，即公民监督权的正义、自由平等和社会良好秩序价值。首先，公民监督权的正义价值在于它通过对国家权力的制约、对公民权利的保障、平衡国家权力和公民权利以实现社会正义。其次，公民监督权的良好社会秩序价值基于社会契约理论，公民让渡部分权利给国家，让渡的目的在于更好地实现公民权利，公民让渡出去的权利赋予国家管理社会的权力，使社会中各个权利主体各在其位、各司其职，实现对社会的有序管理。但对于让渡出去

---

① 王月明把《中华人民共和国宪法》第四十一条（中华人民共和国公民对于任何国家机关和国家工作人员，有提出批评和建议的权利；对于任何国家机关和国家工作人员的违法失职行为，有向有关国家机关提出申诉、控告或者检举的权利，但是不得捏造或者歪曲事实进行诬告陷害。对于公民的申诉、控告或者检举，有关国家机关必须查清事实，负责处理。任何人不得压制和打击报复。由于国家机关和国家工作人员侵犯公民权利而受到损失的人，有依照法律规定取得赔偿的权利。）中公民的六项权利提炼为"公民监督权"。
② 王月明. 公民监督权体系及其价值实现［J］. 华东政法大学学报，2010（3）：38-44.

的这部分权利，公民有权进行监督使之不得被滥用，使国家对权力的使用符合程序正义和实质正义，这也是公民监督权的正当性之所在。最后，公民监督权是每个公民的基本权利之一，不应受到任何形式的非正义剥夺，是对每个公民自由、平等和尊重的体现。只要不妨害其他权利主体的合法权利，公民正是通过行使和实现监督权，最终才能实现公民的自由和平等。

正如前面所说，幼儿的班级生活就是社会生活的"缩影"，是一个"小社会"，与外界的"大社会"一样，其间充斥着不同主体的"权利""权力""权利主体之间的关系"。以上对"监督"和"（公民）监督权"的涵义的分析以及对公民监督权的要素、性质、价值的阐释有助于本研究理解幼儿在班级活动中的监督权。

幼儿在班级中的监督权指在班级活动中，幼儿有对班级活动中出现的诸如班级成员对活动规则遵守、对班级共同协议或决定的执行等进行监督的权利，有对违背班级活动规则、班级共同协议等的行为进行批评、建议和质询的权利。幼儿在班级中的监督权的要素有作为权利主体的幼儿，作为权利客体的幼儿班级活动中的其他幼儿和幼儿教师，权利的内容包括班级成员对活动规则的遵守、对班级共同协议或决定的执行情况。

在班级活动中，幼儿的监督权是幼儿班级生活中的一项重要权利，与成人在社会生活中政治性质的监督权不同，幼儿在班级生活中的参与权来自幼儿的当下和未来过上民主生活的需要，这一需要的满足具有明显的向善性，以正义、平等和自由为价值基础。与成人在社会生活中的监督权类似，幼儿在班级活动中，也是把原本属于个人权利的部分让渡给班集体，通过班级集体活动来满足幼儿过好班级生活的需要，那么幼儿就有权对由班集体行使班级活动管理的权力进行监督，与成人在社会生活中的监督权不同的是，在班级活动中，幼儿直接而非间接行使和实现监督权。幼儿在班级活动中的监督权既有条件性权利的特点，即幼儿在班级活动中的监督权的行使和实现是幼儿其他权利行使和实现的重要条件，如幼儿在班级活动中的监督权之于幼儿班级活动的参与权；幼儿在班级活动中的监督权也有目的性权利的特点，该权利自身即目的，幼儿在班级活动中的监督权本身就有重要的意义，是正义、自由和平等价值的深刻体现。

幼儿在班级活动中的监督权是幼儿的一项积极权利，即幼儿有从该项权利的行使和实现中获益的权利，这种获益包括幼儿自身权利的保障和实现，也包括从该项权利的行使和实现中过上民主生活的可能。正是这种积极权利的行使和实现，使得幼儿的其他权利得以保障和实现，如对幼儿的班级活动的知情权、言论自由权、意见受尊重权的实现具有重要意义，同时，班级活动的知情权、言论自由权、意见受尊重权也是实现幼儿在班级活动中的监督权的重要条件。监督权是幼儿在班级活动中的一项积极权利，以幼儿教师为主导的班级管理应为幼儿行使监督权创设良好条件、创设民主的班级氛围。在班级活动中，幼儿的监督权作为一项重要的积极权利，也有其界限，其界限在于幼儿在行使和实现监督权的过程中不侵害其他幼儿的权利。

幼儿在班级活动中监督权的价值在于幼儿的成长以及班级活动管理两个方面。第一，幼儿在班级活动中的监督权的行使和实现对幼儿形成民主、自由、平等观念以及权利意识和权利能力具有重要意义。在班级活动中，幼儿通过行使监督权，不但能理解自身权利意味着什么，也能理解他人的权利意味着什么，对班集体生活的规则和管理也能有更加深刻的理解。同时，在监督权的行使和实现过程中，幼儿形成民主参与及管理能力，为当下和将来过上民主、自由的生活提供可能。第二，幼儿在班级活动中的监督权的行使和实现对形成民主的班级氛围、良好的班级秩序、提高班级管理效能具有重要的意义。在班级活动中，幼儿通过行使监督权，实现对班级活动规则、班级共同协议的遵守情况的监督，对违背班级活动规则、班级共同协议等的行为进行批评、建议和质询，使班级活动按照共同规则和协议运行，形成良好的班级活动秩序，进而提高班级管理的效能，形成民主的班级氛围。因此，作为幼儿班级管理的主导者，幼儿教师应在制定班级规则时强调幼儿的班级活动监督权，并在游戏、生活、集体教学活动中灵活采取措施和策略不断强化幼儿的监督权意识，并在活动中鼓励幼儿行使监督权，提高幼儿行使监督权的能力，注重幼儿的权利行使和表达方式。在班级活动中，根据对幼儿班级活动监督权的理解，幼儿这一权利的边界在于监督对象的公共性，即对班级活动人和事的监督，并非毫无范围地监督。

本章小结

本章探讨了幼儿班级活动参与权的价值基础，进而探讨幼儿班级活动参与权的性质、内容、限度等问题，目的在于确立本研究在幼儿班级活动参与权问题上的价值立场，厘清幼儿班级活动参与权的内涵，为本研究接下来分析幼儿班级活动参与权实现状况打下基础。

根据幼儿班级活动参与权的特性与价值，本研究论证了正义、平等和自由是幼儿班级活动参与权的价值基础。首先，正义作为权利的逻辑基础，也是幼儿班级活动参与权的基础，即幼儿需要得到满足的正当性是幼儿权利的正当性的基础，幼儿对周围世界的参与具有天然的合法性，使幼儿班级活动参与权成为幼儿的一项权利。其次，自由对幼儿班级活动参与权而言，主要体现在对幼儿拥有和行使幼儿班级活动参与权作为重要价值目标的支持，是在正义所规约范围内的发挥。再次，平等之于幼儿班级活动参与权的意义在于使不同幼儿在行使各自班级活动参与权方面达成某种程度上的和谐与一致。最后，正义制约着自由和平等，共同形成幼儿班级活动参与权的价值基础。

本研究通过对幼儿班级活动参与权性质的分析认为，幼儿班级活动参与权是幼儿自由权的体现，也是幼儿在班级活动中的一项积极权利。根据对幼儿班级活动参与权性质的分析，以及从参与权实现条件的角度出发，本研究把幼儿班级活动参与权的条件性权利划分为知情权、言论自由权、意见受尊重权和监督权。每种权利都有其界限，大的原则就是幼儿在行使和实现这些权利的同时不能侵害其他幼儿或权利主体的正当权利。这里并非认为幼儿班级活动参与权与以上四种权利之间是种属关系，而是幼儿班级活动参与权的实现以这四种权利为条件。这四种权利之间相互联系在一起，构成幼儿班级活动参与权实现的条件，并以上述的权利正义、自由和平等为基础。

第三章 幼儿班级活动参与权扎根理论研究设计

深描并解释实践中的幼儿班级活动参与权是本研究的一大任务。前已赘述针对此问题选用研究方法的缘由。在本章中，将对采用扎根理论深描并解释实践中幼儿班级活动参与权的具体研究设计及操作进行介绍。

一、研究对象的选择

本研究采用目的性取样的方法，选择了四川省 C 市。C 市的学前教育近几年发展迅速，出现了不少提倡幼儿参与、动手的幼儿园，当然也存在一些在办学上相对较差的幼儿园。本研究试图在各级、各类幼儿园中各选一所，但考虑到质性研究提倡的深度研究所需要的时间，因此采取了折中的办法。C 市 2014 年的《幼儿园等级评定办法》，把全市的幼儿园分成了三个级别。本研究选取了一级、二级、三级各一所幼儿园，每所幼儿园选取大、中、小班各一作为研究对象。这三所幼儿园有在社会上口碑非常好的幼儿园，也有中等级别的幼儿园，也有在小区内开办的普通小型幼儿园。这三所幼儿园具有一定程度的代表性，但并非该市幼儿园的全貌。

S 幼儿园位于该市市中区。公办园，有 60 多年的办园历史，是教育部幼儿园园长培训中心实践教学基地、四川省首批示范幼儿园、C 市一级园，现有三个园区，共 20 余个教学班，800 余名幼儿，教职工 150 余人。该幼儿园以儿童核心经验为课程体系基础，提倡在活动中的幼儿参与。这是一所典型的大型幼儿园，办园历史较长，形成了较为稳定的办园理念。在其他老师的推荐下，该园园长欣然接受了笔者到该园进行调研。

X 幼儿园位于城郊。公办公益性幼儿园，有 37 年的办园历史。现有大、中、小班共 12 个，教职工 58 人，幼儿 350 余名，2018 年正在接受市一级幼儿园评估。该园教师学历结构符合相关要求，普遍年轻，很有朝气和活力，且聘有学前教育专家每周进行教学指导,该园具体时间在开展以"幼儿深度学习"为主题的园本课程教研,提倡幼儿参与和自主是其中很重要的部分。在日常教学中,每天有固定的全园性户外游戏活动时间,在此期间,大班幼儿和小班幼儿固定结对游戏,全园的户外活动区域向全体幼儿开放。该园园长对笔者到园进行调研持开放和支持的态度。

D幼儿园位于C市城乡接合部的某小区里面,有10年左右的办园历史。民办幼儿园,隶属于某民营教育集团,在2015年被评为该市三级幼儿园,2016年被纳入公益性幼儿园范围。该幼儿园规模较小,只有6个教学班级,大、中、小班各两个,共有110余名幼儿,绝大多数幼儿来自该小区、附近小区以及周围流动务工家庭。16名教职员工,教师学历偏低。场地非常有限,几个班共用一个厕所。该园在某种程度上代表了办园规模较小、办园历史较短、师资力量偏差的幼儿园,能为本研究了解此类幼儿园的幼儿班级参与权实现情况提供良好的样本。在了解笔者的来意之后,该园园长接受了笔者在该园进行调研。

二、收集资料的方法

要深描并解释幼儿园班级参与权的实现样态,并形成理论,必须找到适合研究问题的方法,尤其是有关幼儿的研究,必须考虑到幼儿身心发展的特点,以及研究问题的生活情景性,而非在实验室摒除一切无关变量可达到的。本研究以幼儿在班级活动中参与权的实现样态为焦点,围绕这一焦点获取幼儿在班级活动中实现参与权以及幼儿教师面对幼儿班级活动参与权的行动逻辑,即揭示他们在幼儿园班级活动中的内在结构、过程、行为主体的行动意义。有些幼儿教师和幼儿的行为具有外显性,易于观察,而有些幼儿教师和幼儿的行为具有内隐性,不易观察。这就需要运用观察和访谈的方式,通过观察发现行为主体之间的外在表现,形成假设,进而分析其背后的行为逻辑;通过访谈进一步理解观察所得的事件,也进一步对观察的结果和访谈的内容做相互印证。通过长时间的观察、访谈,在整个资料搜集过程中,笔者共计收集了11.3GB的视频、图片,17.67万字的访谈转录与观察记录文字。

(一)实地半参与式、半结构性观察法

质的研究中实地观察法可以分为参与型观察和非参与型观察。参与型观察强调观察者和被观察者一起生活、工作，在密切的相互接触和直接体验中倾听和观察他们的言行，这种观察的情境比较自然，观察者不仅能够对当地的社会文化现象产生比较具体的感性认识，而且可以深入到被观察者文化的内部，了解他们对自己行为意义的解释。非参与型观察不要求研究者直接进入被研究者的日常活动，通常置身于被观察的世界之外，作为旁观者了解事态的发展动态。事实上参与型观察与非参与型观察不一定是一个截然分开的类型，它们之间还可以有很多结合的形态。建构主义者认为，从某种意义上来说，所有的社会科学研究都是一种"参与型观察"，研究者只有成为社会世界的一部分，才有可能理解这个世界，真正意义上的"局外人"是不存在的（Hammersley, 1983）。进一步而言，研究者只有作为被研究者文化群体中的一个"成员"（虽然涉入的程度有所不同），参加到他们的生活中去，才能真正理解他们。[①] 要研究幼儿班级活动参与权的实现状况，实地观察是很好的途径，从问题的性质出发，绝对意义上的完全观察者身份并不适合，也不太可能，为了确保所观察到的情境是真实可信的，观察者某种程度上的参与反而能起到更好的效果，因此，本研究把观察者定位于"作为观察者的参与者"，参与程度较低，以观察者的身份为主，在维持观察情境"原生态"的同时，观察者能作为研究情境中的"成员"（涉入程度较低），真正理解研究情境的意义。在本研究中，研究者的角色定位为"作为观察者的参与者"，即观察多于参与；既是"局内人"又是"局外人"的双重身份，"局外人"的身份重于"局内人"的身份，研究者获得幼儿园班级的认可；聚焦于幼儿班级活动参与权相关的事件，同时收集班级管理制度及相关文档、可见的家园联系栏内容等。

按照观察本身的形式，观察法又可以分成结构型和非结构型，前者是比较程式化的观察活动，研究者事先设计了统一的观察对象和记录标准，对所有的观察对象都使用同样的观察方法和记录规格；无结构型观察是一种开放式的观察活动，允许观察者根据当地的具体情境调整自己的观察视角和内容，观察者可能设计观察提纲，但这个提纲比较开放，内容也比较灵活，可以根据当地的情形进行修改。基于本研究所研究问题的性质，本研究将定位于半结构型观察，目的在于在聚焦观察问题的同时，保持对需要观察的现象进行

[①] 陈向明. 质的研究方法与社会科学研究[M]. 北京：教育科学出版社，2000：230.

探索，不断深化研究的可能。

在笔者调研的三个幼儿园中，S和X幼儿园园长在介绍完幼儿园基本情况后，由笔者自己选择观察和访谈的班级，D幼儿园园长强烈推荐她认为适合的班级。在进入幼儿园时，笔者主要携带笔记本、笔、录音笔和手机（录音和拍照都在征得教师和幼儿许可后进行，且不影响班级活动的自然开展），采用事件取样和逸事记录的方式记录与幼儿班级活动参与权相关的事件。笔者于2018年5月7日进入S幼儿园，选择大、中、小班各一，在大班观察了5个全天教学日，5个半天教学日；中班5个全天教学日；小班5个全天教学日，5个半天教学日。2018年6月8日结束，共计15个全天教学日，10个半天教学日。在2018年6月11日进入X幼儿园，选择大、中、小班各一，在该园大班观察了5个全天、5个半天教学日，中班观察了5个全天、5个半天教学日，对小班的观察于2018年9月3日开始，观察了5个全天、5个半天教学日，共计15个全天教学日和15个半天教学日。2018年9月14日结束。在2018年9月17日进入D幼儿园，选择大、中、小班各一，在大班观察了5个全天教学日，5个半天教学日；中班观察了4个全天教学日，5个半天教学日；小班观察了5个全天教学日，5个半天教学日。2018年11月2日结束，共计14个全天教学日，15个半天教学日，其间国庆放假和西博会放假一天。共记录了917个事件。

由于幼儿的印象整饰技巧相对较弱，以及幼儿教师对幼儿理性认知能力的低估，虽然教师和幼儿由于认知水平以及地位差异而导致教师和幼儿之间有某种"不平等"，但是幼儿园班级活动事件具有某种程度的"本真性"，可以被观察者理解和把握。为了进一步淡化观察者本身对班级活动自然情境的影响，笔者努力和教师、幼儿建立相对"亲密"的关系，如在空余时间和教师聊工作，甚至一些生活中的烦恼，帮助教师搬、拿粗重教学用品，坚持每天晨间和幼儿玩桌上游戏，偶尔在教师忙不过来的时候帮助幼儿解决一些问题，甚至在衣着上选择适合幼儿园这一特殊情境的风格，这在一定程度上避免了冷漠的"监视者"角色对班级活动情境自然性的破坏。

在观察与理解幼儿班级活动事件时，笔者力图保持"儿童视角"和"教师视角"，这有利于观察者对幼儿和教师的行动进行深层次的理解，这样做的目的是试图无限接近事件真相。当然，由于研究者先见的客观存在、观察者的客观在场、教师的印象整饰的客观存在，研究者的理解和事件的真相永远做不到合二为一。

研究是一个不断解释和揭示的过程，研究者的先见不可避免地带着既有的价值、知识文化背景。笔者在观察和理解事件的过程中深刻认识到了这一点，每次进入现场都时刻提醒自己，对一切事件陌生化，即以全然新奇的心态去观察和理解，努力悬置自己的先见，避免沉溺于"就是这样"的理所当然式的理解。

具体的步骤如下：

第一，确定观察对象。

第二，制订观察计划。涉及观察内容、对象、范围，地点，观察时刻、时长、次数、方式、手段、效度、伦理（详见附录1）。

第三，设计观察提纲。涉及人物、活动、事件、结果（详见附录2）。

第四，进入现场，获取观察资料。采取事件取样法，对幼儿班级活动时涉及参与权行为和事件的完整过程进行观察，并以录音、拍照或录像的方式记录下来，活动结束后及时整理。

第五，分析观察资料，撰写备忘录。

（二）质性访谈法

质性访谈是帮助参与者梳理其隐性认知和情感的有效方式[1]，也是访谈者和被访谈者共同构建知识的过程[2]，研究所追寻的意义在互动对话中产生，是访谈者和被访谈者共同合作的结果。质的研究重视探索被研究者的观点及其看问题的方式[3]。在本研究中，涉及对幼儿教师和幼儿的访谈。

本研究的目的之一是了解幼儿教师对幼儿班级活动参与权的看法以及对班级活动的行为解释。笔者在三所幼儿园中共选择了15名教师作为访谈对象，这些教师全部来自被观察的班级。在这些教师中，有入职3—5年、年富力强的教师，有入职15年左右的"老"骨干教师，即使教龄较长，他们中的一些教师仍然对新的教学、新的观念充满热情。

其具体运用方式有两种：

第一种是比较随意的、非正式的访谈。主要在观察的间隙进行，有时是

---

[1] ARKSEY H, KNIGHTPT. Interviewing for social scientists [M]. London: Sage, 1999: 274.
[2] MASON J. Qualitative researching [M]. 2nd ed. London: Sage, 2002: 219.
[3] 陈向明. 社会科学中的定性研究方法 [J]. 中国社会科学, 1996 (6): 93—102.

围绕当时所观察到的对象,有时在一天观察结束后在整理观察记录时遇到问题,向行为主体(主要是班级教师、保育员及幼儿)了解更多的信息,寻求对观察对象进一步的解释。

第二种是正式的访谈。目的在于了解幼儿教师对幼儿班级活动参与权的认知、态度以及对班级活动的解释。依据问题设计出访谈提纲(详见附录4),并将之运用于访谈过程。

笔者一般选择在观察进行了一周,与被访谈教师建立起必要的相互了解和信任后进行访谈,且在征得被访谈教师同意后进行录音。从2018年5月15日开始对其进行45分钟到1个小时左右的一对一访谈,访谈时间共计863分钟。访谈时间和地点由被访谈教师自己选择,多为在幼儿午睡期间,在班级活动室或者幼儿园会议室进行。每次访谈中没有新的主题出现后,结束访谈。把访谈录音转为文字花费了大量的时间,不过这也是沉浸于问题情境的过程,对于后面的研究分析起到了很大的帮助,有助于笔者结合观察所得资料,对日常情境中幼儿教师透过行动表达出来的价值观念与访谈中陈述的价值观念及行动解释做出甄别。

除了了解幼儿教师对幼儿班级活动参与权的认知、态度及对相关行为的解释之外,了解幼儿对班级活动参与权的认知、态度及对相关行为的解释也是本研究的重要任务。通过对幼儿访谈,形成对教师访谈和观察中所获资料的相互印证。在所观察的班级中,笔者选择了18名幼儿作为访谈对象,大、中、小班幼儿各6名,男生8名,女生10名。对象的确定一般是在观察进行3天后,即在对该名幼儿有了一定了解之后。在幼儿入园时征询该幼儿家长并取得他们的同意,在访谈过程中尊重幼儿意愿,不伤害幼儿。在这些幼儿中,有活泼外向的,也有相对内敛的。为了使访谈有良好的效果,坚持每天和被选择访谈的幼儿玩晨间桌面游戏(被访谈幼儿迟到或请假除外),尽量拉近和被访谈幼儿之间的心理距离。考虑到幼儿的思维特点和语言表达能力水平,确定以非正式访谈为主,不脱离具体的情境,如使用手机拍下活动的照片或者20秒以内的短视频,让幼儿就照片或视频中的事件进行评论和解读;在与幼儿玩桌面游戏时就班级活动中的事件进行随机询问,当幼儿拒绝回答时耐心等待下一次机会;创造假想的情境,如在玩桌面游戏时,利用桌面游戏材料进行角色、情境模拟,设计心理冲突,形成问题,让幼儿回答;和幼儿玩"打电话"的角色游戏,就已发生的班级活动或者笔者假想的活动情境与幼儿交谈，获得幼儿对班级活动的解释、看法。在一定情境（如活动照片、视频、模拟角色游戏等）中，访谈围绕几个核心问题进行，因为对幼儿的访谈都是发生在情境中的，环境相对嘈杂，难以录音。不过，访谈时间较为随机，时间有4分钟左右，也有1分钟左右的，因此，其中片段式的访谈次数较多，共计91人次采用这样的访谈。笔者在每次访谈结束后，以最快的速度在笔记本上记录对话，有时候也借助视频来回忆当时的对话，然后补充对话发生的情境，并在当天把这些访谈录入电脑，录入过程也是对资料的沉浸，这有助于对幼儿班级活动参与权相关事件做深入解读。

三、编码过程

扎根理论有一套相对普遍认同的操作程序。陈向明（2000）认为，这套操作程序应包括：（1）从资料中产生概念，对资料进行逐级登录；（2）不断地就与概念有关的生成性理论问题对资料和概念进行系统的询问；（3）发展理论性概念，建立概念和概念之间的联系；（4）理论性抽样，系统地对资料进行编码；⑤建构理论，力求获得理论概念的密度、变异度和高度的整合性。①

在长时间的幼儿园扎根研究中，保持开放的心态很重要，在"陌生→熟悉→陌生→熟悉"中转换。笔者首先带着宽泛的假设以及收集资料的预计进入现场。在当天完成观察和访谈后，于晚上进行资料整理，录音转化为文字录入电脑，完善资料。笔者为这三所幼儿园分别建立文件夹，每所幼儿园的资料分成两类，第一类资料包括非参与式观察记录以及公开在班级环境中的材料，第二类资料是访谈教师、幼儿所得。对每份资料进行编号，并在对资料初步分析的基础上撰写备忘录。

本研究根据扎根理论规范对所获资料进行了三级编码，即开放编码、主轴编码、选择性编码。

（一）开放编码

在开放编码阶段，要求研究者保持开放的心态，尽可能摒除个人先见，遵照资料本身进行登录，目的是发现概念类属、命名类属、确定类属属性和

---

① 陈向明. 质的研究方法与社会科学研究 [M]. 北京：教育科学出版社，2000：138.

维度，进而对研究现象命名和类属化。笔者对幼儿教师访谈所得的材料进行"逐行编码"[①]，寻找最小的"分析单位"。在这一阶段，笔者通过对资料的反复阅读与沉浸，从中发现了和研究主题密切相关的"本土概念"，如"太小""听话""告状"。然后，根据这些本土概念进一步目的性取样，聚焦于接下来的观察和访谈。根据所获得的本土概念，笔者将原始资料再次分类，保留资料较多的本土概念作为集中编码的依据。在这一阶段，形成了41个编码（见表3-1）。

表3-1 开放编码（发现类属1）

1	大型活动能锻炼幼儿能力	22	幼儿对规则的理解与幼儿自主意识、能力水平有关
2	固定的月活动主题	23	幼儿多在游戏活动中表达想法，对集体教学较少提意见
3	家长观念影响幼儿参与机会	24	幼儿会监督班级活动规则的执行
4	参与机会作为控制手段	25	幼儿较少质疑班级活动规则
5	工作忙影响幼儿参与机会	26	幼儿理解活动目的、过程对幼儿和活动开展有益
6	推测幼儿需要和想法	27	幼儿没有成人的能力
7	想办法弥补集体活动机会有限	28	幼儿要适应集体生活及班级活动规则
8	优先给予表现好的幼儿参与机会	29	幼儿以语言表达意见
9	预设并主导活动	30	幼儿应遵守活动规则，特殊情况除外
10	主导、引导活动规则制定	31	幼儿有权持有、表达自己的想法
11	主导环创，幼儿作品作为材料	32	幼儿在活动前有权了解活动目的、过程
12	纠正幼儿错误的想法和违反班级活动规则的行为	33	幼儿自己把握参与机会
13	考虑活动安全	34	园方规定影响幼儿参与机会
14	师幼比影响幼儿参与机会	35	在小班，教师制定颁布实施规则

[①] 在访谈中所获资料有着丰富的细节，与基本经验问题密切相关，逐行编码发挥了特别重要的作用。

续表

15	提倡、倾听、尊重、鼓励幼儿发表不同的意见	36	在一定范围内允许幼儿行使自主权
16	小班以教师控制为主	37	中、大班幼儿有能力参与班级活动规则制定
17	小班幼儿年龄小，不知道行为正确与否	38	中、大班教师与幼儿一起制定规则
18	小班幼儿无能力制定规则	39	通过活动开展让幼儿理解活动意图
19	图文结合呈现活动规则	40	幼儿表达意见与否和幼儿性格有关
20	硬件环境影响幼儿参与机会	41	表扬监督活动规则执行的幼儿
21	不一定完全满足幼儿想法		

再把这41个编码进行提炼，用上位概念把其中能归为一类的概念进行概括，通过这一归类，共形成了10个上位开放编码（见表3-2）。

表3-2 开放编码（发现类属2）

1	教师对幼儿发表意见的认知	23、27、29、31、40	6	影响幼儿参与机会的因素	2、3、4、5、6、7、8、9、10、11、14、16、20、34、35、36
2	教师对幼儿发表意见的行动	12	7	教师对幼儿班级活动知情权的认知	26、32
3	教师对幼儿监督权的认知	24、25	8	教师对幼儿班级活动知情权的行动	19、39
4	教师对幼儿监督权的行动	41	9	教师对幼儿意见受尊重权的认知	15、38
5	教师的幼儿班级活动观	1、13、17、18、22、28、30、33、37	10	教师对幼儿意见受尊重权的行动	21

通过上表抽象出来的上位概念还是难以发现清晰的故事线索，因此，笔

者再次对表3-2的10个开放编码抽象概括，一共形成了6个主要概念，这6个概念可以概括所有获得的资料（见表3-3）。

表3-3 开放编码（发现类属3）

1	教师的幼儿言论自由权实践	1、2
2	教师的幼儿活动监督权实践	3、4
3	教师的幼儿班级活动观	5
4	幼儿班级活动参与机会	6
5	教师的幼儿知情权实践	7、8
6	教师的幼儿意见受尊重权实践	9、10

（二）主轴编码

实际上，主轴编码是通过寻求范式模型对初级编码的再次概括，寻求概念类属之间的内在关系。本研究借助施特劳斯（Strauss，1990）在轴心编码阶段提出的编码范式模式（coding paradigm）[1]将不同类属按照事情发展的通常顺序联结起来：①因果条件—②现象—③情境—④中介条件—⑤行动/互动策略—⑥结果。那么，本研究就要确定表3~4中的六个概念根据这一编码方式会是一种什么样的逻辑图景。结合先前的备忘录，以及反复阅读原始资料，笔者确定了由这六个概念串联成的逻辑图景：幼儿有参与权[2]是大多数幼儿教师认可的，但在幼儿班级活动实践中幼儿参与权的实现状况却与理想状态相去甚远（因果条件）；在此基础上，形成幼儿教师的相关班级活动参与实践（现象）；幼儿园园务管理的理念等构成幼儿班级活动参与权实践的基本情境（情境）；在班级活动这一特定场域中，教师对幼儿需要、兴趣和想法的认知与教师的幼儿观、幼儿能力观、幼儿班级活动观等对幼儿班级活动参与权的实现产生重要影响（中介条件）；在此基础上，幼儿教师采取了相应的促进或限制幼儿班级活动参与权的行为（行动策略）；班级活动的外在环境和教师的行为策略导致幼儿班级活动参与权的实现程度（结果）。

---

[1] 陈向明. 扎根理论在中国教育研究中的运用探索［J］. 北京大学教育评论，2015（1）：2-15.

[2] 在现实中，幼儿教师对幼儿参与权的理解有明显差异。

紧接着，在备忘录的提示下，本研究对提炼出的类属属性与维度展开分析（见表3-4）。

表3-4 属性、维度分析

	类属	属性	维度
1	幼儿班级活动参与机会	园务管理对幼儿活动参与机会的影响	大—小
		教师"忙"对幼儿活动参与机会的影响	大—小
		幼儿参与机会	多—少
2	教师的幼儿言论自由权实践	幼儿表达意见	听从—拒绝
		幼儿表达意见的能力	有—没有
		幼儿表达意见的方式	有效—无效
		幼儿表达意见的权利	有—没有
		幼儿表达意见的频率	多—少
3	教师的幼儿活动监督权实践	幼儿监督活动规则的执行	会—不会
		幼儿质疑活动规则	经常—从不
		教师对待幼儿的监督行为	悦纳—忽视
4	教师的幼儿班级活动观	幼儿能力	缺乏—充足
		教师主导活动	总是—偶尔
		活动参与作为调控工具	总是—偶尔
5	教师的幼儿知情权实践	幼儿理解活动效用	有益—无益
		幼儿理解活动的权利	有—无
		告知幼儿活动详情	经常—偶尔
6	教师的幼儿意见受尊重权实践	对待幼儿意见	尊重—无视（满足—不满足）

在轴心编码分析中，通过对类属的抽象和找出各个类属之间的关系，可以得出以下概念框架：

（1）条件

包括因果、情境和中介条件。

①教师的幼儿观、幼儿能力观、幼儿班级活动观。

② 影响幼儿班级活动参与的外在条件。

（2）行动

① 教师的幼儿知情权实践。

② 教师的幼儿言论自由权实践。
③ 教师的幼儿意见受尊重权实践。
④ 教师的幼儿活动监督权实践。
（3）结果
幼儿行使班级活动参与权及效果。

（三）选择性编码

对已发现的概念类属进行系统分析后，选择"核心类属"是这一阶段的中心任务。具体而言，需要做的是思考如何把以上概念类属归纳至更大的社会类属并确定这一社会类属，以及如何串联这些概念类属形成系统理论框架。笔者对所有收集到的资料进行反复阅读、思考，撰写备忘录。至此，笔者把"教师的义务行动与幼儿班级活动参与权"作为核心类属，形成相应的假设，并以此建立起最终的理论模型，以解释所有搜集到的资料，并形成研究报告的撰写框架。子主题按照"条件""行动"和"结果"归类为三大主题："幼儿班级活动参与权的行使场域""教师的实践行动""幼儿行使班级活动参与权及效果"（见图3-1）。每一子主题采用泰勒和博格丹（Taylor and Bogdan, 1984）提倡的第三种撰写方法①，即将实践（社会现象的现实）与理论联系起来，对描述性资料进行总结，并与更一般的理论建构联系在一起。

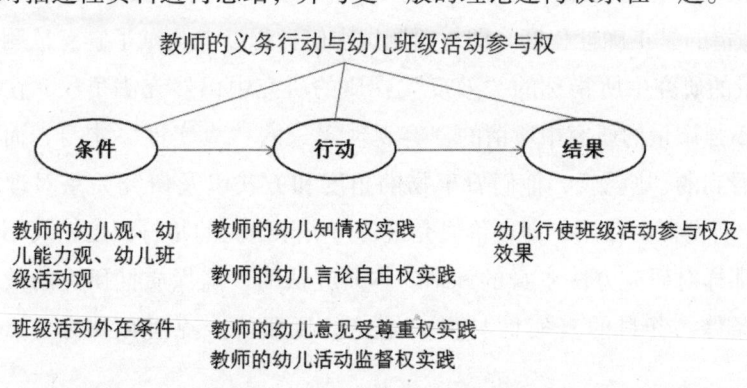

教师的义务行动与幼儿班级活动参与权

条件 → 行动 → 结果

条件	行动	结果
教师的幼儿观、幼儿能力观、幼儿班级活动观	教师的幼儿知情权实践 教师的幼儿言论自由权实践	幼儿行使班级活动参与权及效果
班级活动外在条件	教师的幼儿意见受尊重权实践 教师的幼儿活动监督权实践	

图3-1 教师的义务行动与幼儿班级活动参与权

---

① 凯瑟琳·马歇尔，格雷琴·B. 罗斯曼. 设计质性研究：有效研究计划的全程指导：第5版 [M]. 何江穗，译. 重庆：重庆大学出版社，2015：314-315.

四、研究的信度、效度及伦理考量

(一) 信度

信度在质性研究中是一个相当有争议的问题。一般而言，研究的信度指的是"研究的方法、条件和结果是否可重复，是否具有前后一贯性"①。信度是判断可靠性的重要指标，但这样的界定较为适合量化研究。而在质性研究中，研究本身是研究者与研究对象之间互动、共同建构意义的过程，人和社会情境都在不断地变化，要想实现上述的信度，在理论和实践中都是不可能的。有些学者甚至主张在质性研究中不使用信度这一术语，改而用"一致性"(consistency)②。本研究认为，质性研究的信度与获取资料的途径、资料本身、获取研究结论的过程和方法、研究结论的一致性有关。因此，研究者在资料收集、对资料的分析、获取结论的过程和方法这一过程中始终审慎思考，确保其一致性，本研究正是基于这样的指导思想来确保研究的信度的。

(二) 效度

在对社会现象进行研究时，一般要用"效度"这一概念来衡量研究结果的可靠性，即研究的结果是否反映了研究对象的真实情况。在量的研究中，"效度"指的是正确性程度，即一项测试在何种程度上测试了它意欲测试的东西。③ 量的研究中所指称的"效度"在质的研究中仍然充满争议，在质的研究中并不强调量的研究中所谓的"客观现实"的"真实性"本身，而是被研究者所看到的"真实"，他们看事物的角度和方式以及研究关系对理解这一"真实"所发挥的作用，即评价研究报告与实际研究的相符程度，而不是像量的研究那样对研究方法本身的评估。本研究认为，确保质性研究的效度有两个重要条件：资料的真实性与得出结论的说服力。克里斯维尔（Creswell，

---

① 威廉·维尔斯曼. 教育研究方法导论 [M]. 袁振国, 译. 北京: 教育科学出版社, 1997: 11.
② OLSON H. Quantitative "VERSUS" qualitative research: The wrong question [EB/OL]. DOCIN, 2016-10-21.
③ 陈向明. 质的研究方法与社会科学研究 [M]. 北京: 教育科学出版社, 2000: 388.

1998）描述了8个常用来提高质性研究可信度（trustworthiness）① 的方法②，本研究使用了其中两种：

1. 三角互证——使用多种收集资料的方法、多种资源。在本研究中，采用访谈幼儿教师与幼儿、观察班级活动以及收集公开在班级活动室内的资料物品等方法，搜集和研究主题相关材料，使资料之间形成一定的"三角互证"③ 关系，在某种程度上确保研究结论的"可信度"。

2. 成员检验——与研究被试分享访谈转录资料。笔者在访谈结束后，及时把访谈录音转录为文字并发给被访谈教师确认、修正和补充，在分析材料形成的观点并与被访谈教师分享后，确保分析结论精确地代表了他们的观点。对于被访谈幼儿，笔者一般会随机在后期的访谈中问相同的问题，确保其前后一致性。

（三）伦理考量

自愿参与是质性研究应遵循的基本原则。在本研究中，研究者进入现场之前，事先与幼儿园园长及幼儿教师进行了沟通，使他们对笔者的研究目的、计划和要求有了充分的了解，并征得了他们的同意。对被选取作为访谈对象的幼儿，也在该幼儿家长送幼儿入园时与家长进行了充分沟通，并取得了家长的同意。在对幼儿进行访谈时，充分尊重幼儿的意愿，当幼儿不愿意被访谈或可能会打扰他们正常的活动时，停止访谈，耐心等待下一次机会。

建立平等关系是质性研究应遵循的另一条原则。研究者与被研究者之间的关系特点对研究过程、结果的真实性有直接的影响。研究者作为"局外人"要在访谈中取得真实的信息，与被访谈者建立相互信任的关系是一个非常重要的条件，但这种相互信任的关系又不能过度，即变成像非常熟悉的朋友，太"亲密"的关系容易适得其反，这需要研究者去维持这种微妙的平衡。为了在短时间内和被访谈教师建立有利于访谈效果的相互信任关系，笔者主动

---

① 科瑞恩（G. Corrine G）认为，可信度这一概念使研究者可以衡量其采用研究方法是否具有合理性和可信性。
② CRESWELL J. Qualitative inquiry and research design: Choosing among five approaches [M]. Thousand Oaks, CA: Sage Publications, 1998: 201-203.
③ 克里斯维尔认为"三角互证"是8个经常用来提高质性研究可信度的方法之一。具体指"使用多种资料收集方法、多种资源、多个调查或多个理论视角"。

热情帮忙，主动帮助教师搬、拿粗重物品，一般在进入班级的第二或第三天买一些适宜放在教室的绿植作为礼物送给教师，节假日发短信问候，在离开研究现场时也再三表示感谢，并承诺在将来会对他们的工作做力所能及的帮助，在平时的交谈中也保持"同情并理解"的态度。对于参与研究的幼儿，笔者在班级调研过程中会买一些幼儿喜爱的小物品作为礼物，并与他们建立良好的伙伴关系，但是作为研究者，也应时刻警惕过多的介入会改变研究情境的自然性，在小班的一次观察中，刚入园的一个小女孩一直因为分离焦虑而伤心，笔者忍不住去安慰了她好几次，结果她一直跟着笔者，不肯参加班级活动，后来在教师的协助下才解决这一问题。这一事件提醒了笔者在接下来和幼儿的互动中应采取相对亲密，但不至于影响、改变研究情境自然性的方式。

第三条原则是参与者的充分知情。由于进入幼儿园现场不容易，都是通过"熟人"介绍才获得进入现场的机会。而这些熟人中，有些是与幼儿园有业务关系的专家或上级。为了避免由此带来的教师过度"守门员"式的自我保护，笔者在进入现场时都会在第一时间与园长及相关的教师做自我介绍，把笔者的研究目的、计划、要求等告诉教师和相关的幼儿家长，并取得他们的同意。

质性研究的另一条原则是保密。保密本身也是对参与研究者的尊重。在搜集资料过程中，涉及录音、录像，笔者都事先征得他们同意，并充分告知他们该录音、录像以及资料的用途，承诺在资料使用过程中不泄露敏感信息。事实上，本研究在资料的使用过程以及研究结果的呈现中都很好地遵循了这一原则。

第四章 幼儿班级活动参与权的行使场域

权利不存在于"真空",它存在于人与人的互动之中,即权利主体和义务主体之间的互动之中。这种互动构成了一个小的"场域",而这个小的"场域"之外还有一个更大的场域。

生态系统理论学者布朗芬布伦纳(Bronfenbrenner,1993)认为"人的发展过程受到背景之间的关系及背景所嵌入的更大背景的影响"。就幼儿班级活动参与权而言,它的行使存在于作为权利主体的幼儿与作为义务主体的幼儿教师互动之中。而这种互动也存在于一个更大的背景中,不能脱离更大的背景去思考幼儿班级活动参与权,这一点与对幼儿教师的访谈结果相一致。本章就幼儿班级活动参与权中的义务主体(幼儿教师)与更大的外在背景(幼儿园、家长)如何影响幼儿行使班级活动参与权展开讨论。

第一节 教师眼中的幼儿:幼儿有什么样的能力?

本土概念事实上折射出被研究者看待某一具体事物的价值观和方式。对被研究者"本土概念"的分析有助于站在被研究者的角度去理解特定的事物。陈向明认为"本土概念"[1]应该是被研究者经常使用的,用来表达他们自己看世界的方式的概念。霍尔(E. T. Hall)认为,只有充分理解了局内人的语言,才能掌握他们对于自身世界的原有观念。[2] 本研究通过访谈和观察的形式,在谈到幼儿时,教师经常使用"他们太小了""太忙了""告状"这些词

---

[1] 陈向明. 质的研究方法与社会科学研究 [M]. 北京:教育科学出版社,2000:284.
[2] 丹尼·L. 乔金森. 参与观察法:关于人类研究的一种方法 [M]. 龙筱红,张小山,译. 重庆:重庆大学出版社,2008:4.

语，通过对这些词语的分析，可以理解其对幼儿及幼儿在班级中的活动参与权的行动及行动意义。在本节中，首先就"他们太小了"这一本土概念来分析教师对幼儿能力的看法。

一、"他们太小了"

本土概念并非一定以单个词语出现，陈向明（2000）认为，"有时候，我们找到的本土概念可能不是由一个词，而是由一个句子来表达的。这种时候，我们需要首先对这个句子中的每一个概念进行澄清，然后再陈述自己找到的本土概念"①。那么按照这一要求，我们来对"他们太小了"这一简单句进行分析。里面的"他们"显然指的是班级中的幼儿，"太"作为一个程度副词以表"小"的程度，"了"是一个语气词，在这里"太小"一词具有核心意义。"他们太小了"这样一种带有判断和评价性质的话语，在幼儿教师工作话语体系中具有重要的地位，其往往出现在评价、判断幼儿行为或者教师为寻求行动的依据时。

"他们太小了"中的"小"具有丰富的含义。据甲骨文，"小"像沙粒形，小篆析为会意。从"八"和"丨"，"八"表示分开，"丨"表示沙粒，本义：细；微，与"大"相对。在现代汉语中，"小"主要有以下几种含义：(1) 指面积、体积、容量、数量、强度、力量不及一般或不及所比较的对象，与"大"相对；(2) 范围窄，程度浅，性质不重要；(3) 时间短；(4) 年幼，小，通"少"，意指"年幼"或者排行最末；(5) 谦辞。幼儿教师说"他们太小了"，有两层含义：其一，幼儿年龄小，这是一种事实判断；其二，与年龄小相联系的"能力不足"。(如 F 老师在谈到幼儿参与环创时说："幼儿年龄小，没能力参与环创设计。")

"他们太小了"透露出教师的幼儿能力观，即由于年龄小，因此幼儿并不具备像成人那样的能力（W 老师：对，肯定嘛，毕竟因为孩子还小，我们只是说慢慢地去确认孩子心里的一些东西，或者不能说像大人一样，我给你一个点，你就能马上消化……）。理解教师的幼儿能力观对于理解其对幼儿的班级活动参与权的态度和行动至关重要。那么，这样的幼儿能力观是基于什么

---

① 陈向明. "本土概念"分析 [J]. 外语教学与研究（外国语文双月刊），2000，32（3）：196-199.

样的理论基础呢？幼儿的能力是如何发展起来的，与年龄有着绝对的一对一关系吗？透过教师的幼儿能力观，我们可以发现其带有浓重的发展心理学背景。

　　发展心理学植根于这样的假设，即发展是一个阶段性的过程，无论是在身体、道德、社会、情感还是智力、能力方面。这种传统的方法经常与生物和身体科学的研究方法联系在一起。① 从 19 世纪末 20 世纪初达尔文和儿童研究运动的著作开始，儿童的概念就被赋予了生物普遍性的概念。在他们看来，儿童作为自然的形象，其遵循一个不可避免的生物成熟和发展的过程，除非儿童有一些"异常"，儿童发展通常被理解为一个单独的事件，儿童逐渐爬上能力更高的阶梯。发展心理学倾向于把重点放在认知发展上，这是一系列假定为普遍存在的阶段——随着大脑的成熟，儿童逐渐发现现实（伍德海德，1997）。对于3~6岁的幼儿具有什么样的能力，皮亚杰的认知发展建构主义理论提出了一个儿童模型，其将儿童的年龄与明确定义的发展阶段联系起来，使儿童沿着一条直线走向成熟。这种通常被认为是一系列发展里程碑的线性路径，但该模型遭到了学界的批评，被批评有两个主要原因：第一，虽然皮亚杰对儿童的思维有着深刻的尊重，但隐含的层次连续性（即婴儿感觉运动智力最低，成人正式操作智力较高）意味着对儿童思维的评价较低。这引发了一种简单/复杂的二分法，即儿童被视为比成人更不复杂的有机体，因此，其被认为不完整和低劣。第二，儿童被理解为过渡对象，被称为"正在形成的人类"（human becomings），易受伤害和依赖，不同于成人，他们完全按照自己的权利构成"人类"（human beings）②。因此，儿童被定位为不同于成人的本体论。这具有认识论效应，因为儿童与成人的差异可能被认为是不充分的，而不是作为另一种认知方式。总而言之，在发展心理学看来：儿童发展是一个普遍的过程，成年期具有规范地位，发展目标是普遍的，偏离标准表明儿童存在风险，儿童期是长期的依赖期，儿童是成人保护、培训、智慧和

---

① LANSDOWN G. The evolving capacities of the child [M]. New York: UNICEF, 2005: 57-103.
② QVORTRUP J. Childhood matters: An introduction [M] //QVORTRUP J, BARDY M, SGRITTA G, et al. Childhood matters: Social theory, practice and politics. Aldershot: Avebury, 1994: 1-24.

指导的被动接受者,而不是社会环境的贡献者。①

虽然皮亚杰关于离散的、确定的发展阶段的观点在很大程度上被怀疑,但我们不可能完全否定阶段的概念。虽然儿童个体之间差异很大,但有明显的证据表明儿童身体发育在生物学基础上具有普遍性。儿童的骨骼遵循完全可预测的发展路径,而肌肉的发展遵循从儿童头部获得控制并逐渐向下移动到脚部的顺序过程。人们普遍认为,体格力量、敏捷性、认知和社交能力的某些重大变化发生在儿童出生的第二年,持续大约 6 到 7 年,并且在青春期再次发生。认知能力取决于特定元认知技能的出现,而这些技能对儿童来说根本不适用。人们普遍倾向于认为成人有能力,而相反地认为儿童缺乏能力,这种总体假设常常使成人看不到儿童能够理解或胜任任务的现实。在某种程度上,成人对儿童能力的低估源于将童年看作一种独立和离散的经验或与成人的需求不同的阶段。

在一次有关幼儿参与班级活动规则制定的访谈中,Y1 老师说:

> 当然,因为小孩子他们年龄太小了,不可能让他们来,如果你让他们来制定一些规则,各种乱七八糟的规则都会出来。

而 Y2 老师说道:

> 我觉得(它)是根据年龄阶段来的,比如说小班,小班的话基本上就有很多他不能做的事情,他不能给班级制定规则,像中班的就可以给班级制定一些规则。大班的话,大班的孩子能力要更强一点,就根据他的年龄特点来。"

在随后的幼儿参与环创设计、幼儿评价等访谈中,类似的话语经常出现。在这些话语里面,更多展现的是幼儿教师较为机械地把发展心理学中有关儿童能力发展的阶段论套用到现实中的幼儿身上,忽视了能力本身与幼儿生活的文化、对幼儿重要的他人对幼儿的期望以及幼儿自身个体差异的客观存在。

---

① BOYDEN J, LING B, MYERS W. What works for working children [M]. Reved. Florence: UNICEF, 1998: 55-106.

二、"他们真的太小吗？"

许多强调社会和文化背景对儿童发展和研究实践重要性的社会文化心理学家，如维果茨基（Vygotsky，1978）、布朗芬布伦纳（1979）、霍根（Hogan，2005）等人批评从家庭或托儿所等日常环境中提取个别儿童做样本推而广之的做法。使用简单的发展阶段或与年龄相关的规范来确定儿童的能力是错误的，尽管熟悉一些最重要的发展序列是有用的，例如儿童对他人持有观点能力的发展。重要的是要记住，这些情况发生的年龄可能会因文化和儿童的个人特征而大不相同，而且人们越来越认识到儿童拥有各种不同的智力，这些智力以复杂和互动的方式影响着他们的发展，而这种方式不能通过单一的总体能力衡量来表达。根据梅耶尔（2003）的研究，发展心理学强化了儿童作为社会和儿童时期非参与者的观念。事实上，幼儿在班级活动中影响和体验参与日常活动的机会取决于教师对其能力和学习的信念。

在一次与F老师谈到幼儿园班级环创时，笔者就班级环创设计中幼儿参与问题进行了追问：

笔者：比如说教室的布置、环境的创设，为什么我们没有听一听孩子的意见呢？您觉得这个原因在哪里？

F老师：原因可能是觉得他们太小了吧，然后我们就自己做了这些事情。

在现实中，不少幼儿园的班级环创主要由教师设计（H老师：因为每学期开学初，那个时候娃娃也没有来，老师在每个学期末的时候就要构思，然后开学初的时候就开始做了，先把一些基本的大环境做出来），只是把幼儿作品填充进去，甚至在作品的选择上教师仍然有较大的决定权（W老师：相片的选择一般是由老师来选，觉得他表现得特别好，表现得很生动，能够去表现出我们的主题，把照片放出来大家都在看，知道我在里面扮演的什么角色，其他小朋友一看，都知道"我"是怎么演的）。

另外，在X幼儿园观察幼儿户外活动时，班级户外环境的设计也较少能看到幼儿想法的影子。

图4-1是X幼儿园供幼儿活动时用到的水池，图中一个大班幼儿吃力地

俯下身去用塑料瓶装水，如果是中班和小班的幼儿，则更具一定的危险。在与该幼儿园园长助理 Y 老师谈到班级户外环创时，Y 老师说：

我们根据环境美不美，当然也会考虑到幼儿会喜欢什么来设计。

在类似这样的情境中，幼儿真的没有能力参与吗？这显然与教师机械理解幼儿能力有着密切的关系，进一步说，即教师的幼儿观中，对幼儿能力的看法。那么，这种幼儿能力观的正当性不容置疑吗？被詹姆斯和普劳特（James and Prout，1997）称为"新童年社会学"的理论范式给我们提供了一个有关"童年"及"儿童能力"的新视角，该理论认为，儿童从非常年幼起，他们的观点、经验、理解、行动能力和表达观点与看法就非常重要，因此，应承认幼儿影响他们生活和掌握他们学习的能力。

图 4-1　X 幼儿园户外水池

在 20 世纪，以科学方法为基础的发展心理学成为研究儿童的主要方法，为了识别、测量和调节阻碍儿童成长过程的因素，心理学家进行了大量的心理研究，儿童被从日常生活中分离出来，并接受临床访谈、测试和观察，这通常是在实验室条件下进行的可量化测试，以便根据"规范"和规定的适当经验对个别儿童进行分类。福西特（Fawcett，2000）指出，这项研究中的研究者近 95%是来自北美和欧洲的男性心理学家，这促进了西方男性对儿童发展观的认识，这种观点没有考虑到全球儿童的多样性，却被用于对全世界所有儿童进行分类。梅耶尔（1996）将这种方法描述为"个人主义者和普世主义者：个人主义者关注社会背景之外的儿童，以及普世主义者旨在揭示适用于所有儿童的真理"。因此，儿童是个性化的、去背景化的、本质化的和正常化的。事实上，自20世纪70年代以来，社会文化心理学家、批判性心理学家和一些从事社会建构主义认识论研究的学者批评了这种研究儿童的霸权主义方法。

奥德森（2012）认为，新童年社会学内产生的研究挑战了许多关于儿童和童年的习以为常的假设，促进了对儿童和青少年生活的更深、更丰富的背景知识的理解，特别是对他们的决策能力的理解。例如，批判心理学家伯曼（1994）指出，过时的发展年龄阶段理论和专业实践夸大了成人和儿童之间的认知和情感差异，仅仅由于儿童的年龄就认为他们在认知和情感上存在"缺陷"。因此，大多数人认为孩子缺乏决策能力，这使儿童处于双重劣势：（1）他们很难挑战有权势的和带有轻蔑之意的成人；（2）比起展示无能力，儿童更难展示其有能力。

阿里埃斯（1962）利用一系列中世纪的手工艺品，包括绘画和日记，提出童年作为一个独立迈向成年状态的观念是现代的。他认为，从15世纪开始，儿童开始像儿童一样出现，而不是被描绘成微型成人，反映出他们逐渐从日常成人社会中消失。随着19世纪晚期欧洲流行的强制性和义务性教育的出现，构建了"童年"的特定类别。

"新童年社会学"源于各种理论观点。首先，它借鉴了符号互动主义的理论，他们认为发展主义和社会化使儿童成为被动的，儿童没有任何内在的或自然的东西。其次，它受到社会建构主义的影响，以及"没有单一普遍现象的'儿童'，而是多元化儿童"观念的影响。这些"童年"应被理解为社会现象，在"话语"领域中不断构建和重构。再次，"新童年社会学"结合了功能主义社会学的要素，将儿童视为社会结构的一个永久特征，并强调儿童的能动性。最后，它利用女权主义研究来断言儿童是"少数群体"，受制于边缘化和排斥可瑞弗拉普等人（Qvorrup et al., 1994）所谓的"完全参与其社会生活"。

儿童作为社会行动者和共同建构者是"新童年社会学"的核心观念，儿童能动性是"新童年社会学"的关键要素。儿童被认为积极地决定他们的生活和周围社会，他们是构建自己文化的有能力的行动者，并且像成人一样，有能力（同样受到限制）来塑造自己的经历。这种观点得到了社会文化心理学的经验证据的支持，从能力范式来看，儿童的能力被理解为此时此地的儿童经验，而不是根据生活轨迹的阶段。史密斯（2007）认为儿童的能力是通过经验、文化背景和关系的结合产生的。幼儿被理解为一个复杂的、独特的和能动的主体，而不是一个可以被简化为可测量的和独立类别的对象。幼儿不是一个无知的人，被庇护并与世界分开，而是达尔伯格等人（2007）所认为的"儿童体现了这个世界、被这个世界所激发，但也在这个世界上行动并赋予它意义"。阿兰娜（Alanen，2004）也认为，"社会行动者和日常社会世界的参与者，为其活动做出贡献，从而也为其再生产和转化做出贡献"。从这个角度来看，儿童并不是被动地被构建童年，他们帮助构成自己的现实。在此基础上，联合国儿童权利委员会2006年的《第7号一般性意见：在幼儿期落实儿童权利》（CRC/C/GC/7/rev1）和2009年的《第12号一般性意见：儿童表达意见的权利》（CRC/C/GC/12）两份文件中，委员会都主张"必须改变把幼儿期主要看成是未成年人朝成熟成人地位社会化时期的传统信念"。挪威教育和研究部①在《幼儿园内容和任务框架计划》中规定"幼儿园儿童有权就幼儿园的日常活动发表意见，幼儿将定期有机会积极参与规划和评估幼儿园的活动。根据幼儿的年龄和成熟程度，他们的观点将得到应有的重视"。

  人类生活在此时此地，但同时他们也有向未来投射的意图，试图实现新的可能。如果要在实践中实现儿童以自己的方式参与的权利，他们必须遇到做出反应的教师/工作人员——认识到有能力的幼儿与渴望发展和学习的教师/工作人员、对脆弱性和依赖性的方面持开放态度的老师。毕竟迄今为止，我们对儿童在自己的生活中做出明智和理性决策的能力的了解仍然有限。幼儿缺乏能力很重要的一点源自幼儿无能力的形象，幼儿教师有责任将幼儿的身份构建为有能力的贡献者。对于幼儿教师而言，改变基于与年龄相联系的阶段式的幼儿能力观至关重要。在访谈中，多名教师提到诸如"幼儿主体""班级是孩子的主场""幼儿有自主权"等理念，但在实践中却表现出教师主导的倾向，这与某些教师根深蒂固的幼儿观、幼儿能力观有莫大的关系，这样的幼儿观及幼儿能力观更多在于发展心理学长期占据了解释幼儿发展的主

---

① Norwegian Ministry of Education and Research. Framework plan for the content and tasks of kindergartens [EB/OL]. ODIN, 2019-07-17.

流优势地位，这种观念惯性沁入幼儿教师观念的方方面面，并据此推动教师的行动。但是也能感受到，有些教师说出上述的理念也并非全然为了应付研究者、掩饰自己的真实观念，这反映在某些幼儿教师的观念冲突焦虑中，即知道幼儿在班级活动中具有主体地位，但焦虑于不知道如何体现幼儿的主体地位，以及困扰于幼儿班级所在的更大环境（园所环境）带来的压力，这在下一节将进一步讨论。

第二节　外在环境中的幼儿班级活动参与权

班级是幼儿在园生活的核心环境，但这并不意味着幼儿参与班级活动是在超然中进行的。班级也是存在于更大的外在环境中的，幼儿的班级活动参与权也是在这更大的外在环境中行使和得到回应的。因此，在考虑幼儿班级活动参与权问题时，撇开与班级紧密联系的外在环境无异于盲人摸象。在观察和访谈中，教师们对此也提供了诸多与此相关的信息。

布朗芬布伦纳（1979）的人类发展生态学理论把个体发展与其环境之间的关系划分为微观系统（microsystems）、中介系统（mesosystems）、外在系统（exosystems）、宏观系统（macrosystems），在随后的研究中，布朗芬布伦纳在其模型中增加了时间维度，即历史年代系统。该模型很好地解释了人的发展与环境之间的关系。按照这一人类发展生态理论，幼儿园无疑是幼儿发展过程中的"微系统"，但如果把这一理论模型放在幼儿园这一特定环境中，班级无疑是幼儿园这一"微系统"中的"微系统"。与班级这一微系统相联系最多的"中介系统"就是幼儿园的教育、行政。本节就这一问题进行相关讨论。

一、"太忙了"

在访谈中，不少教师不止一次地感叹"太忙了"。H老师在谈到活动结束后咨询幼儿对活动的意见和想法时说：

哎（叹气）！因为（它）一日环节的每个环节都安排（得）很紧凑，如果你这个环节拖了，比如在集教环节稍微拖一点，就会影响后面的一些环节。

一日活动环节的紧凑以及近乎机械地遵循,是幼儿班级活动参与权受到影响的重要因素。在随后的观察中也证明了这一点。

表 4-1 是 D 幼儿园小班的作息时间安排表,类似的作息时间安排在不少幼儿园都可以见到。从时间安排来看,似乎体现了按照幼儿生理特点及教学规律安排作息的理念。但在实践中,幼儿活动展开和幼儿兴趣、情绪等变量的不可捉摸,往往导致教师在忙碌中失去尊重幼儿参与权的机会和条件。尼兰(Nyland B,2009)在其研究中也指出"机构程序可能导致缺乏日常互动时刻,因为紧凑的时间表几乎没有给孩子们提供实践表达观点的机会"①。因为幼儿的兴趣、情绪等往往是变化的,这导致活动安排本应具有生成性,而非一成不变地按照预设的安排来进行。这在随后的活动观察中得到了印证。

表 4-1　叮当班 2018 年秋季作息时间表

时间	星期一	星期二	星期三	星期四	星期五
7:40—8:10	入园	入园	入园	入园	入园
8:10—8:50	早餐、晨间活动	早餐、晨间活动	早餐、晨间活动	早餐、晨间活动	早餐、晨间活动
8:50—9:10	升国旗(9:00—9:20)	早操活动	早操活动	早操活动	早操活动
9:30—9:50	学习活动	学习活动	学习活动	学习活动	学习活动
9:50—10:15	盥洗、早点、整理	盥洗、早点、整理	盥洗、早点、整理	盥洗、早点、整理	盥洗、早点、整理
10:15—10:45	区角活动(娃娃家)	区角活动	区角活动	建构游戏(10:15—11:15)	区角活动
10:45—11:00	盥洗、喝水	盥洗、喝水	盥洗、喝水		盥洗、喝水
11:00—11:30	户外活动	户外活动	户外活动		户外活动
11:30—12:10	午餐	午餐	午餐	午餐	午餐
12:15—12:30	餐后散步	餐后散步	餐后散步	餐后散步	餐后散步

---

① NYLAND B. The guiding principles of participation: Infant, toddler groups and The United Nations Convention of the rights of the child [M] //BERTHELSEN D, BROWNLEE J, JOHANSSON E. Participatory learning in the early years: Research and pedagogy. New York: Routledge, 2009: 26-43.

续表

时间	星期一	星期二	星期三	星期四	星期五
12:30—14:40	午睡	午睡	午睡	午睡	午睡
14:40—15:10	盥洗、整理、午点	盥洗、整理、午点	盥洗、整理、午点	盥洗、整理、午点	盥洗、整理、午点
15:10—15:30	建构游戏（15:10—16:10）	学习活动	学习活动	学习活动	学习活动
15:30—16:00		阅读室	户外活动（娃娃家）	户外活动	户外活动（娃娃家）
16:10—16:25	盥洗、喝水	盥洗、喝水	盥洗、喝水	盥洗、喝水	盥洗、喝水
16:30—17:30	晚餐	晚餐	晚餐	晚餐	晚餐
17:30—18:00	离园活动	离园活动	离园活动	离园活动	离园活动

幼儿午睡起床穿好衣服回到教室喝水，F老师给女生梳头，同时叫一个幼儿给每个表现乖的幼儿发橡皮泥，有些还没喝完水的幼儿在教师督促下喝完水，领到橡皮泥的幼儿在桌上玩，大约半个小时后，F老师要求收起橡皮泥，有的幼儿还没领到橡皮泥，有的幼儿玩了不到两三分钟。同样的情况出现在午餐过程中，午餐时间一般是40分钟左右，涵盖分餐、取餐、进餐，幼儿进食较慢，特别是有些幼儿没有养成良好的用餐习惯，导致教师催促的情况也屡有发生，匆匆忙忙进餐完毕，几乎没有餐后的散步时间，就被教师带到寝室休息。

类似这样的情境不止一次发生在班级活动中。有时在活动中幼儿刚刚有了兴趣，甚至探索到新的游戏玩法并饶有兴趣地尝试，可是根据活动时间安排，活动已草草结束，幼儿在活动中的参与往往变成了哈特所谓的"象征主义"[1]的参与。

那么，如何理解教师的行动逻辑呢？首先，班级活动作息时间安排表无论作为园方的安排，还是作为学术界研究结果在实践中的具体体现，它都具

---

[1] HART R A. Children's participation: from tokenism to citizenship [M]. Florence: UNICEF International Child Development Centre, 1992: 49.

有规范性的规则。詹姆斯（James March）认为，"规则对个人行为方面的影响是至关重要的，个人在规则的影响下，无法自由地选择制度、程序、规范等，其行为必须与特定的情境相结合"①。幼儿教师在班级活动中不能随意违背这些（实践中也确实如此），违背和挑战这些规则会带来"不利"的后果，就这一层面而言，教师的"太忙"与"不得不"都与遵循这些规则有关。其次，规则在组织中非常重要，强调对规则的遵守有利于维系组织朝着既定目标运行，在这一理念支配下的个体往往会形成某种程度的惯性行动及思维，甚至产生对规则的强烈依赖感，更何况遵守规则本身也确实带来了一定的安全感。② 在面对如此情境时，即使有些幼儿教师意识到实践中这些安排和规定带来的问题，但往往也会把遵循规定作为优先选项。幼儿教师正是在此情境中不断感叹"太忙了"，同时也失去对幼儿在活动中真正参与的观照，甚至用"没办法，只能这样"来作为为行动辩护的"挡箭牌"。最后，科萨罗认为"常规（routines）所具有的惯习性（habitual）和理所当然性的特点，给儿童和所有社会行动者提供了安全感和对特定社会群体的共同归属感"③。幼儿教师在实践中遵循这些常规，能够在处理模糊性、非预期性困境的时候较为顺畅地开展工作。

当然，教师的"忙"不仅与上述"规定"相联系，还为日常及大型节庆活动准备环创、撰写各种检查需要的心得体会及表格、为大型活动编排节目、做家长工作以及紧绷的"孩子安全"这根弦等，耗费着大量的心力。虽然这些与教师在活动中对幼儿参与的关注之间并非具有全然的因果关系，但对教师关注幼儿活动以及关注幼儿在活动中的参与问题却产生了事实上的影响。

二、幼儿教师们为什么"太忙了"？

班级并非能完全独立于幼儿园而存在，这一事实显然表明了幼儿班级活动是发生在幼儿园这一大环境中的。幼儿的班级活动参与权的实现也不可避免地与幼儿园园务管理导向有着不可分割的关系。通过观察和访谈发现，幼

---

① MARCH J G, OLSON J P. Rediscovering institution: The organizational basis of politics [M]. New York: The Free Press, 1989: 689-701.
② 当没有规则时，组织中的个体往往会失去确定感，组织也由此变得混乱。
③ 威廉·A. 科萨罗. 童年社会学：第2版 [M]. 程福财, 译. 上海：上海社会科学出版社, 2014: 20.

儿班级活动中的幼儿参与也受到园务管理的影响。在与 G 老师谈到幼儿参与环创设计时，G 老师说：

这些环创，像这儿的环创，就是园办说的，哪几个板块必须弄什么的（这种），然后每个班就会有哪些板块。

而园务管理层面真的能站在幼儿立场去考虑幼儿的参与问题吗？能考虑到幼儿实在的多样性吗？之前的水池设计或许能在一定程度上说明这一点。我们继续来看园务管理层面在何种程度上影响幼儿班级活动的参与。

C 市教育局在 2012 年出台了禁止以集中授课方式（或与社会办学机构合作）举办拼音、汉字、外语认读拼写训练和数字书写运算训练等活动的规定。该规定的目的在于禁止幼儿园教学"小学化"的倾向。在实践中，基于幼儿的兴趣、认知形式、采取游戏化的手段识字并不违反规定，幼儿的识字训练不如以前那么受到重视。但在观察中发现，尽管是小班，教室的区角规则仍然以大量的文字呈现，这里并非否认这些对于提高幼儿对文字的敏感有积极作用。在与幼儿的访谈中发现，大多数幼儿并不认识那些字，当然也有不少教室采取文字加幼儿的图画或者教师设计的图画相结合的方式呈现区角规则。

在谈到过多以文字方式呈现区角规则时，L 老师做了这样的回答：

这个问题没办法解决，因为像公立幼儿园其实上面是有要求的，领导来检查的时候，这些东西你必须要有，如果你没有的话，那就说明你工作没有做到位，有的时候，我个人看法（认为）这其实是忽略了孩子在游戏当中的一些发展，因为人的精力总是有限的，我顾得了这一头，肯定就会忽略另外一头。其实现在我们一线的老师包括我们幼儿园同事都经常讨论，我们都会说，如果我们有更多的时间去探索怎么样调整某些材料的话，可能我们的成就感包括孩子的发展会更好。

从这里可以看出，教师意识到了这样的做法无益于幼儿参与区角规则的呈现（该教师在区角规则呈现中，采取让某些幼儿以画图与教师的艺术字相结合的方式，这也算是一种折中吧）。

在每一学年中，相对固定的大型节庆活动在大部分幼儿园都有，如儿童节、国庆节、中秋节与重阳节等。为了迎接这些节日，幼儿园会做一些准备，如排练节目、设计节庆活动流程等。在班级中，幼儿参与为节庆准备的节目排练成了临近节庆表演前一段时间里的重要活动（有些幼儿园在节庆前两三周甚至一个月左右就开始准备）。在本研究调研时，一位很不情愿参加国庆

"红歌会"排练的幼儿无可奈何的表情吸引了笔者的注意,也引发了笔者的思考。于是,就这一问题笔者做了持续跟进。

首先,我们看看 J 幼儿园三位教师是如何看待"红歌会"这一节庆安排的:

  W 老师:对,(孩子)太小了,因为小班还太小情绪还在稳定当中,其实红歌会就是排练节目嘛,很多时候家长很期盼孩子在舞台上表演,老师知道排练节目是很枯燥、很乏味的,但有些时候你不得不去做一些让步、一些妥协,让他(家长)看得见孩子的成长。其实孩子上台还是很高兴的,上台还是愿意的,只是说过程很枯燥,因为上台有服装、有掌声、有音乐、有节奏。

  X 老师:这也是变相地说,其实对于我们大人来说生活还是需要仪式感的,对吧,其实这种两面性都有,孩子通过一遍一遍练习或者上台表演也会有自己的收获,对吧?而且你在练习当中也不是光练,比如红歌,我们班级这一个月的活动可能也会围绕红歌。又加,认识国旗、做五星、了解各行各业的人以及中国有哪些好玩的地方……就这样的一个系列,然后,当孩子对祖国有了这样的一种情感过后,我们再去唱这个歌。这个(过程)会稍微枯燥点,但是他在反复排练中,(会)学会怎样做得更好、怎样记住歌词、怎样在集体中让自己的嗓音能够让别人都听得见。其实他也有成长,但是相比于游戏,那当然,孩子更喜欢出去玩。你给他大型活动,他在舞台上的经验越多他越爱表现,或者他会更加自信,对节日的印象更加深刻。

  Z 老师:想着还是要有一个自己的归属感,感觉自己是一个中国人,孩子多多少少还是知道的,应该说还是能够慢慢地清楚(这种)祖国的一些相关的概念,因为祖国对他们来说,这个概念是比较抽象的,所以就通过"红歌会"这样的方式,让孩子知道自己是一个中国人,或者是大家都有一个共同的目标等,我觉得这样应该会引起他们的情感共鸣。

在这三位教师的话语中,我们可以概括出以下基本观点:对于该幼儿园的学期安排，班级无权拒绝（在和该园业务园长 P 老师交流中得知，S 幼儿园在每个月都有固定的月主题。上半学期的每个月的固定月主题：九月是祖国、十月是重阳、十一月是安全、十二月是新年，一月是我长大了）；满足家长希望看到幼儿有舞台展示的愿望；"红歌会"节目排练（很）枯燥，但幼儿能力可以得到锻炼；"红歌会"能慢慢形成幼儿的祖国观念和意识。那么，幼儿又是如何看待"红歌会"以及想要在"红歌会"中表现什么呢？

S 幼儿园中班幼儿在玩桌上游戏时，笔者用手机出示了拍摄的"红歌会"合唱排练短视频（11 秒）。当笔者问及视频内容时，A 幼儿回答"不知道"，D 幼儿回答"在学本领"，E 幼儿回答"在彩排"，H 幼儿回答"祖国妈妈要过生日""不知道祖国妈妈是谁"。

同样，在"红歌会"过程中，笔者全程拍照并对选择调研班级的表演进行拍照和录像，随后对该班幼儿再次展示照片和视频，B 幼儿回答"喜欢，有唱歌、表演"，并展示了在舞台上的表演动作。C 幼儿回答"不知道，不喜欢，老师没让我唱歌"（领唱的只有两位幼儿）。

图 4-2 是该班幼儿在等待上台表演时，在观众区观看"红歌会"的情况，图片中展示了幼儿对"红歌会"的感受，在随后的访谈中也印证了幼儿对"红歌会"的理解。在这里，我们看到幼儿教师对"红歌会"的期望和理解与幼儿对它的理解之间产生了巨大的冲突，园方寄希望于"红歌会"培养幼儿的爱国情怀、给幼儿带来欢乐。而幼儿感受到的是音乐、节奏、舞蹈和表演，甚至是不开心。两种不同的理解在同一时空中交错在一起，幼儿的活动

图 4-2 S 幼儿园中五班在"红歌会"现场

参与在很大程度上是哈特（1992）所谓的"装饰"的参与，而非真正意义的参与。

如何理解园务管理导向、行动和教师对这些导向的理解呢？从儿童视角（children's perspectives）相关理论来解释可能是好办法。在人们日益重视儿童权利的主体地位，以及承认儿童能力作为重要核心价值的"新童年社会学"的促进下，"儿童视角"的研究范式正在兴起。在提到这一术语时，研究者经常提到这一概念的两种不同取向：（1）他们可能会把注意力集中在成人看待儿童的方式上，并反思他们作为成人对儿童观点的看法；（2）他们可能会把注意力集中在儿童如何看待自己的世界、他们的状况和他们自己身上。迪翁（Dion Sommer，2010）所指"儿童视角指的是儿童作为主体，对自己生活世界中的经验、认知和理解"，即为第二种理解。我国学者李旭（2016）对"儿童视角"与"儿童的视角"进行了较为清楚的划分。"儿童视角"主要指成人和社会如何理解儿童的生活，"儿童的视角"主要指儿童自身如何体验和描述他们的生活。斯特兰德尔（K. Strandell，1997）指出，儿童视角"以儿童的立场，从他们作为儿童的立场倾听和作为成人想象儿童如何思考，以努力缩小阻碍交流的代际距离"。

显然，上述园务管理倾向、行动以及教师对类似活动的理解并没有深刻的"儿童视角"，或者只是自认为基于理解儿童的"儿童视角"，即并未真正理解儿童，而是变成实质上的"成人视角"，从成人理解出发看待幼儿的活动参与，导致幼儿的活动参与变成"装饰"性的参与。

本章小结

在本章中，基于编码中对核心类属的把握，主要描述、解释了幼儿班级活动参与权行使的场域。在这一场域中，教师的幼儿能力观与班级活动所处的园务管理构成了幼儿班级活动参与权行使的重要场域。研究中发现，幼儿教师受到发展心理学中阶段式幼儿发展认识的影响，把幼儿年龄与幼儿能力机械地一一对应，倾向于低估幼儿的能力，借助发展心理学主要理论对幼儿教师的这一行动逻辑进行了解释，并认为"新童年社会学"能给教师转变幼儿观、幼儿能力观提供新的途径。园务管理是影响幼儿班级活动参与权实现的另一个重要因素，教师的"太忙了"后面有着深刻的园务管理因素影响，用遵守规则的"依赖"来解释教师们的行动逻辑，并认为有些教师在遵守规则这一行动中处在心理冲突中。园务管理中的"成人视角"是影响幼儿班级活动参与权的重要因素之一，基于"儿童视角"理论解释了园务管理导向和行动的逻辑，本研究认为基于"儿童视角"的园务管理是促进幼儿班级活动参与权实现的重要途径。

第五章　教师的幼儿班级活动参与权实践

"权利"从来都是发生在权利主体和与此权利相关的义务主体之间。一项权利得到主张，必然意味着有相应的义务主体的存在，否则权利将不存在。根据普林灵等人（Pramling et al., 2003）的观点，教育者对待儿童参与的态度以及儿童的声音、观点和文化是反映和促进儿童影响日常生活并在学习中发挥积极作用的机会和关键因素。在幼儿班级活动中，作为权利主体的幼儿拥有活动参与权，与之相对应的，幼儿教师是幼儿班级活动参与权的主要义务主体。那么在实践中，作为幼儿班级活动参与权的义务主体，教师是如何行动的？这些行动又该如何理解？本章就这些问题展开讨论。

第一节　教师的幼儿班级活动知情权实践

在调研中，教师们几乎无一例外提到幼儿有自主选择的权利（H老师：我觉得对于他们来说最重要的就是自主权，很多事情让他们自己去选择，给他们选择的权利，老师不要把他们框得太死）。但是，幼儿真正自主选择的前提是幼儿对正在发生的事情有充分的了解。如果幼儿对当前的活动或事件一无所知，即使做出了选择也并非真正意义上的自主。克朗也指出"期望儿童按照教师的意愿和规则行事，教师的特征对充分知情参与要求的应用产生了负面影响"[1]。

---

[1] KORAN N. Perceptions of prospective pre-school teachers regarding children's right to participate in classroom activities [J]. Educational Sciences Theory and Practice, 2017, 17 (3): 127-139.

一、幼儿需要对什么知情？

一般而言，幼儿在班级活动中的知情指的是幼儿充分了解与幼儿密切相关的活动或事件，其中有班级公共活动或事件和与特定幼儿个体直接相关的活动或事件。班级公共活动或事件主要指发生在班级中、与每个幼儿都有关系的活动或事件，如集体活动、班级规则、集体事件等。与特定幼儿个体直接相关的事件则与幼儿私人利益直接相关，如基于幼儿个体特点在活动中需要做出选择时，以及教师对幼儿个体的评价、在活动中做出有关幼儿个体的决定、采取一定的措施等。

在调研中，教师们几乎无一例外地认为幼儿有权了解与之相关的信息，并且肯定幼儿对活动知情的积极作用。在班级公共活动中，教师普遍认为，在集体教学和游戏活动中不用明确告知幼儿活动目的，幼儿在活动中自然而然会明白活动的目的（Y2老师：其实我觉得集教的目的倒不一定非要告诉孩子们，可能我还没有想到怎么去把这个集教的目的告诉孩子们，只是说可能会通过活动让孩子去达到这个目的。W老师：其实目的我们没有特意、特别明确地说出来，是因为在一个活动中当孩子融入游戏后自然而然地就知道老师为什么要让我玩这个游戏）。教师们更关注的是让幼儿了解活动的要求、规则或过程（D老师：因为你不给他讲清楚要求的话，他不知道怎么去做），特别是活动中的安全要求（S老师：比如，使用剪刀的时候应该怎么用、使用水彩笔的时候应该怎么用，又如，笔盖不能放在嘴巴里，总之就是要收拾好这些东西），其目的在于确保活动安全、顺利进行。

二、幼儿真的充分知情吗？

联合国儿童权利委员会（UNCRC，2009）在儿童知情权部分明确指出："参与的信息要求包括提供完整的信息、其潜在的影响和目标、可获取、多样性、敏感性和适合儿童年龄。"这一要求明确指出，面对幼儿的班级活动知情权，教师有义务提供有关活动完整的信息，以及这些活动的潜在影响和目标是什么，而且这些信息对于幼儿而言是可获取的，具有多样性、敏感性且适合幼儿年龄。

在观察和访谈中可以发现，幼儿教师在对待幼儿知情权方面主要存在以下三个问题。

(一) 低估幼儿获取信息的能力

如前所述，不少幼儿教师对幼儿能力的认知受到发展心理学中阶段式、与年龄机械相关观念的影响，有低估幼儿能力的倾向。在幼儿获取信息能力方面，亦是如此（Y2老师：现在作为我们小班来说的话，可能有一半的人听得懂老师说的话，可能有些娃娃就听不懂）。幼儿的语言能力不等于幼儿的能力，幼儿是在和周围世界的互动中获得对世界的认知的，这种互动方式不仅仅局限于语言。相对而言，幼儿的语言能力一般低于成人，但幼儿的动作思维和形象思维较为发达，对成人和周围幼儿的情绪感受能力也在不断完善，通过观察、与他人的互动有效地获取信息。幼儿获取信息的方式较之成人有很大的不同，情境性是幼儿获取信息方式最大的特点。因此，诸如角色表演、绘画、动画、游戏是幼儿获取信息、实现与周围世界沟通的有效方式。虽然有些幼儿教师能正确认识到幼儿的信息获取能力，但由于诸如太忙、适合幼儿的方式太烦琐等放弃。

(二) 窄化幼儿活动知情的范围

对于幼儿应该对什么活动或者活动的什么部分知情，幼儿教师倾向于让幼儿了解活动规则、过程、安全注意事项以确保活动顺利、安全地进行，而教师主导班级活动的绝大部分。在与D2老师讨论教室主题墙设计会不会征求幼儿意见或者为什么这样设计时，D2教师说：

我觉得是有必要的，毕竟来源于他们（幼儿），只是因为现在是非常时期（该幼儿园正在接受一级园评估）。

幼儿园环创的目的是幼儿的发展，这一点大部分幼儿教师不会质疑。但在实践中，不少幼儿教师似乎忘记了这一点，经常基于对幼儿需要、兴趣的主观推定来进行环创，以成人的审美标准去指导、评价环创，在与Z老师谈及班级环创时，Z老师很自豪地说：

我带他们小班时就发现，孩子们喜欢恐龙，这学期开学初，我特意投放了很多恐龙玩具。

在长达两周的观察中，该班幼儿并非如Z老师认为的那样特别喜欢恐龙玩具。

规则是维系班级活动顺利开展的重要纽带，活动规则体验也是幼儿发展与他人、集体、周围世界关系的重要途径。在班级活动中有着各种各样的规则，如幼儿与其他幼儿、教师的交往规则，在集体活动中有活动规则，在生活活动中有生活规则。理解这些规则对于幼儿认同和遵守规则至关重要，教师应让幼儿充分理解这些规则的含义，因为有些规则在成人看来理所当然，但对于幼儿而言又是另一番光景。

在D幼儿园的中班1班，教师为幼儿划定了活动结束后进教室喝水时的行走路线，笔者问F老师有没有告诉幼儿为什么要有这样的规则时，F老师表示"没必要，幼儿按照路线走就可以了"，笔者问了3个幼儿为什么要这样走，回答有"不知道""老师说的""不这样走老师要生气"，显然幼儿并不清楚为什么有这一规则，在随后的观察中也发现，有的幼儿可能是忘记了这一规则，直奔饮水机，F老师赶紧上前制止。
之所以出现这种情况，这和幼儿教师对幼儿知情范围的认识有很大的关系，成人主导的思维底色赋予了幼儿教师外在行动的动力。

（三）消极的沟通方式

良好的沟通方式是幼儿充分知情的重要保障，这些良好的沟通方式具体表现为积极情绪、共情立场、适合幼儿的交流技巧等。兰斯多恩认为"在与充分知情的参与要求相关的积极应用中，教师使用儿童提供的线索，并通过使用由儿童发起的过程中产生的机会给予儿童充分的信息。教师在积极实践中提供的成人帮助鼓励和支持儿童增加现有能力"[①]。从观察中发现，部分幼儿教师主要的消极沟通方式在于过多使用会带来沟通障碍的表达方式，如命令、指挥、警告、恐吓、取绰号、嘲弄和批评。如"叫你站住就站住！""给我赶紧回教室！""不把玩具收拾好就别想玩了！""慢吞吞的，像个小乌龟！""给你说了多少回，就是不听！"等语言。

在S幼儿园小班，刚入园第四天的幼儿仍然处于分离焦虑中，哭闹的幼儿较多，看到幼儿情绪还是不稳定，W老师先用手指操让幼儿安静下来，然后讲了个故事："我昨天晚上啊，做了个梦，梦见在森林里有个大怪兽，这个大怪兽呀，最不喜欢小动物发出吵闹的声音，听到这些吵闹的声音后，就会出来把它们吃掉。小动物们全都害怕得躲了起来，小乌龟躲进壳里，小羊躲

---

① LANSDOWN G. The evolving capacities of the child [M]. New York: United Nations Children's Fund, 2005: 35-59.

进草丛里，小兔子躲进窝里，小鱼躲进水里……那小朋友躲到哪里呢……躲进幼儿园里！因为呀，幼儿园的老师会保护小朋友。"哭闹的幼儿陆续安静下来（脸上带着恐惧的表情），这种安静只保持了十几分钟。在后面面对处于分离焦虑而哭闹的幼儿时，W老师多次采用"大怪兽会吃掉发出吵闹声的孩子"的话语让幼儿安静下来。

在这里，教师显然违背了要求充分告知那些不遵守教师期望和规则的幼儿的原则，侵犯了那些行为不符合教师期望和规则的幼儿的充分知情参与的权利。布卢特（Bulut，2008）认为在交流中使用"你（第二人称）"语言构成障碍的信息包括指责、使人们感到不舒服的表达行为、不愿再说话、防止泄露愤怒的原因、低估儿童和迫使他们为自己辩护。沟通障碍向幼儿传达诸如他们不被接受、他们的感受或需求并不重要之类的信息。它还包括潜在信息的使用，即幼儿必须遵守成人的愿望和意见。沟通障碍可能导致幼儿感到受威胁和被剥夺、产生不适感并避免沟通。教师过多使用"你（第二人称）"语言会导致活动中的诸多沟通障碍，并导致教师扮演授权幼儿和控制幼儿的角色。教师的警告、威胁和命令行为限制了幼儿自我的表达。此外，这些行为在创造信任环境方面对幼儿产生了负面影响。幼儿没有充分了解过程，因此可以说，期望幼儿按照教师的意愿和规则行事的教师对幼儿班级活动充分知情参与要求产生了负面影响。

第二节 教师的幼儿班级活动言论自由权实践

一、幼儿有什么样的言论自由权？

《儿童权利公约》第13条规定："儿童应有自由发表言论的权利，此项权利应包括通过口头、书面或印刷、艺术形成或儿童所选择的任何其他媒介，寻求、接受和传递各种信息和思想的自由，而不论国界。"在幼儿园这一早期教育语境中，这些表述必须加以"翻译"，以便表达自由对于幼儿的交流方式变得有意义。第一，幼儿自由表达意见和看法是自主的体现，胁迫或引诱有违幼儿言论自由的本意。第二，幼儿身心发展特点决定了幼儿表达方式异于成人，兰斯多恩（2006）认为"从18个月开始，幼儿开始通过文字、绘画和游戏来表达自己;从4岁开始,幼儿开始获得更大的自我意识和独立性,以及认知和语言技能"①。联合国儿童权利委员会2006年在《第7号一般性意见:在幼儿期落实儿童权利》(CRC/C/GC/7/rev1)中也明确指出:"幼儿在他们能够用口头或书面语言进行交流之前,用多种方式表达自己的感情、想法和愿望。"② 幼儿园大龄幼儿通过口头语言和肢体语言表达他们的情感,更小的儿童通过身体姿势、模仿和其他形式来表达他们的情绪和观点。承认和尊重非语言形式的交流,包括游戏、肢体语言、面部表情、图画和绘画,通过这些方式幼儿表现出其理解、选择和偏好。第三,儿童有选择不表达自己观点的自由,他们面对成人或同伴压力的独特脆弱性可能对他们的决策产生不适当的影响。第四,当幼儿通过代表参与时,代表必须确保幼儿自由地表达自己的意见而不受外部压力的影响,并接收所有信息,而不是部分或浓缩的信息,以使她/他能够做出明智的选择。第五,幼儿教师有义务提供和发展自由行使这项权利的条件让幼儿发表意见。行使言论自由权没有年龄限制,因此,它延伸到任何关注与他们相关事项的幼儿,婴儿和幼儿都能够持有和表达观点,尽管表达形式随着儿童年龄的增长而改变。换句话说,儿童从出生起就开始发展表达意见和想法的技能和能力,他们从成人及其周围环境中得到的响应和尊重将增强和支持这些能力的发展。

  权利实践是权利主体和义务主体在一定时空的互动关系,个体与他人互动涉及识别表达的意义,对于对方表达方式的认同,直接涉及个体表达的意义是否能被理解。事实上,儿童是依赖周围其他人的同情反应来充分表达自己的人,互动需要能够以一种开放的心态去解释别人的观点,以便确定他们的真正含义。为了做到这一点,成人首先需要认识到幼儿是一个能够形成观点的个体。在访谈中,几乎所有的幼儿教师均表示幼儿有权自由发表意见(H老师:其实这是完全有必要的,表明他有他自己的一个观点、一个看法,表明他自己有想法……),但有些教师对幼儿表达意见的能力持怀疑态度(D老师:小班幼儿那么小,话都还说不太明白,怎么表达意见嘛)。幼儿被看作缺乏能力的观念有时被用作不与儿童协商的借口,因此,剥夺了他们发表意

---

① LANSDOWN G. Can you hear me? The right of young children to participate in decisions affecting them [J]. Working Papers in Early Childhood Development, 2006, 14 (8): 66.
② CRC. General comment No. 7 (2005): Implementing child rights in early childhood [J]. Research of Early Childhood Care and Education, 2006 (1): 7.

见的权利，这种看法与认为所有幼儿都是能动的、有能力和能够表达意见的看法之间存在着紧张关系。

兰斯多恩（2006）认为，"从出生起，幼儿就通过哭来表达需求和愿望，通过手势和身体动作发出一系列的声音，比如咕噜咕噜、大笑和交流"。洛肯（Løkken，2000）基于视频的调查描绘了幼儿如何使用各种身体和非语言的交流信号来建立规范、参与重复的快乐游戏，并发展出在早晨彼此问候的仪式。山特维克（Sandvik，2000）基于视频研究发现，最年幼的孩子通过对其他人的行动和互动进行非常敏锐和认真的观察，并通过巧妙地模仿周围人的行为来表达自己。

在幼儿表达意见的方式上，不少幼儿教师偏重于通过幼儿使用口头表达来获取幼儿意见（Y老师：我现在接触到的一般都是他们直接跟我说，有时候我会站在旁边，在不经意间听见他们讨论……）。教师对于幼儿通过诸如表演、绘画、身体语言表达意见的重视不够，这与语言表达的便捷性有一定的关系，教师习惯于用语言交流和传递信息。

有教师认为幼儿多在游戏活动中表达意见和想法（G老师：这种在集体教学上面的比较少，但是在游戏活动里面比较多，可能是因为我们集教的内容超出了他们现有的水平，他们好像只能够从老师身上来接受……），这与游戏更具自主性以及集教中传统的"授—受"思维有很大的关系。

幼儿是带着个体差异进入班级活动的，绝大多数教师都承认这一点。他们也认识到幼儿表达意见和想法与幼儿的个性、性格等有关（但是有一些小朋友的确不爱发言，就是你请他起来，给他这个机会他也不说，有的小朋友则是你每问一个问题他都会回答，而有些小朋友是你每问一个问题他都不会回答，但是这不代表他不知道）。教师们大多也会在集体活动中有意给予性格内向的幼儿表现机会，在观察中发现，如果教师多次尝试之后，该幼儿仍然未有改观，一切又恢复到先前状态。

二、教师应对幼儿言论自由的行动

在实践中，基于教师对幼儿言论自由权的认知产生了一系列的应对行动。反过来，透过这些行动的解释也能深刻理解教师的价值选择。在实践中，幼儿教师应对幼儿言论自由权的行动有以下三种。

(一) 重语言表达，轻其他表达方式

如前所述，语言表达带来的便捷性与高效性让成人习惯于口头语言表达，但这不太适合于幼儿，特别是低龄幼儿，原因不再赘述。因为教师易于从成人角度看待这一问题，所以形成了重视幼儿语言表达、轻其他表达方式的现象。以下是在 J 幼儿园观察中记录的一个事件：

在入园第二天上午，天气很热。刚入园的小班幼儿按照幼儿园安排要和指定的一个大班幼儿"结对子"（"结对子"活动在该园进行了五六年，小班幼儿和大班幼儿结对子，中班和中班幼儿结对子，每个月开展一次全园性的"结对子"活动）。在"结对子"仪式活动结束后是拍照环节，小班幼儿和结对的大班幼儿一起拍照，由于天气很热，有许多小班幼儿已经有点不适，不太精神。老师和家长仍然视若无睹（可能有些老师发现了，但是被活动安排所左右），一对对幼儿在主席台边摆着姿势让老师和家长拍照（后来与教师交流得知，这些需要存档，家长则为了留念）。

在这一事件中，幼儿的精神和身体不适表达出来的信号并未引起教师和家长的足够重视，幼儿的舒适感让位于其他目的，即使已经感知到幼儿精神和行为传达出的信息，但是出于其他需要，暂时性地忽视了幼儿传达出来的信息，在教师的即时价值排序中，幼儿的感受被排在其他价值之后。除此之外，在访谈中大部分教师坦承平时不太注意幼儿以游戏、肢体语言、面部表情、图画和绘画等方式表达的意见和想法。

(二) 集体教学活动中的幼儿言论自由权

集体教学活动在班级活动中虽然占班级活动总体时间比例不高，但它在教师和幼儿园管理者、专家、家长心目中占有非常重要的地位，因为通过"听课"来评价一个幼儿教师的业务素质是当下非常重要的教师评价方式。类似于班级授课制中的"课"，集体教学的内在特点决定了它结构性较强，教师规划、掌控了集体教学活动的进程，幼儿在集体教学活动中以教师为中心和专制的方法使教师成为信息来源的主体，容易掌控和压制课堂控制，利用与

173

儿童年龄、知识、能力和经历之间的差异来创造对他们的权威，迫使儿童采用教师的观点，忽视儿童的兴趣和需求。而儿童发生学习的情境也远非仅限于集体教学活动，正如奥尔森（Olsson，2009）所言，"许多学习似乎在无意识中发生，并不涉及一个有成就的过程。因此，一个深远的挑战在于思考、足够解释和理解儿童的观点，重新审视我们自己的观点和态度，并愿意将我们的实践转变为既包含儿童的思想，又保持对未知事物开放的态度。"

  D幼儿园，中班1班，某天上午集体教学活动。F老师以"你们喜欢什么动物？""为什么？""XX（动物）长什么样呢？""今天我给大家带来一个小动物"等问题为导向，引出今天的主题。F老师展示《小兔子咚咚》（教材）给幼儿（幼儿手里没有教材），让幼儿观察兔子身体各部位特点，有个幼儿说"小白兔会……"，话没说完，F老师打断道："我没请你说！"接着介绍兔子身体各个部位，但是图案太小，从第三排起，幼儿基本难以看清，不少幼儿的注意力已经分散。有幼儿刚想起来说什么，F老师就命令她坐下。F老师再提问幼儿有关兔子习性的问题，起来回答的幼儿主要由F老师指定，有些幼儿举手，被F老师喊起来回答。F老师继续介绍小兔子的家，让幼儿猜兔子怎么洗澡，介绍兔子的情绪表现，大约15分钟后，F老师和X老师把教材发给幼儿，幼儿自己对于老师刚刚讲解的部分进行学习。两位老师偶尔会到个别幼儿身边讲解，幼儿出现了许多理解性的错误，活动持续了23分钟，F老师请坐得端正的幼儿帮老师收每组的教材。

  在这一集体教学活动中，活动的主线由教师设计并控制，教师掌控着环境和资源。整个过程在预设的节奏中按部就班地进行，当有可能出现偏离预设主线的苗头时，教师就立即把这些苗头"扼杀"。幼儿在预设的时空里不得不跟着教师的脚步，失去了表达个人想法和意见的机会，最终的教学效果显而易见。可以预测，教师基于与幼儿资源和信息不对称而形成的"权力"，树立了成人不可挑战的角色形象，而成人的社会角色是影响儿童对成人认知的重要因素。幼儿长此以往置身于如此情境，不仅会失去表达的自由，更重要的是习惯于成人的"规训"。以上呈现的案例可能不具有普遍性，但集体教学中成人主导、幼儿在有限的时空里，即使幼儿可以在这既定的"圈子"里享有言论"自由"，这种"自由"也带着浓重的"给定"色彩，并非完全生成于幼儿的"内在"。在塞兰（Seland，2009）的研究中也发现类似的例子："在数学活动中，教师可能不会允许幼儿使用他们的想象力并以老师计划之外的方式玩积木。"[1]

当教师以生成的观点作为反思课程活动和学习活动的指导原则和工具时，有助于儿童影响学习过程和学习活动的内容。在访谈中，Y2老师也谈到对集体教学活动的理解，尝试着使用生成的方式来形成集体教学活动的主题，让活动主题来自幼儿的兴趣和生活，在活动中尽量保持开放和民主，引导而不主导，让幼儿更多展现自己的意见和想法。但是，由于幼儿兴趣的"即时"性难以捕捉，且难以在较短的时间转化为课程活动，而园务保教管理层面给教师"备课"、提交活动设计的时间又较短，种种原因干扰着Y2老师的想法付诸实现。

（三）游戏中的幼儿言论自由权

游戏是儿童的一种自然的、自发的行为，并且具有内在动机。观察儿童在自由时间里的游戏，人们会意识到，游戏是当儿童按照他们自己的观点、按照他们自己的方式、按照他们自己的条件，并且出于他们自己的理由时，儿童所做的事情被理解为"儿童工作"[2]，人们可以认为这是儿童选择通过行使其个人自由、言论和思想来参与世界的众多方式之一。在许多国家，自由游戏也是指导大多数幼儿教育方案的中心原则。从这个角度来看，游戏可能是最真实的儿童主导的活动，远离成人的控制，完全由儿童自己来操纵和操作。

结合之前所述，幼儿可以选择任何适合他们表达的媒介来表达他们的意见和想法。贝（2006）认为，"游戏（互动）行为是儿童经常选择自由表达自己的媒介"，游戏为幼儿主动和自我表达提供了充足的机会。从这个角度来看，探索幼儿园教师如何构思游戏及其在幼儿班级活动参与权方面的作用变

---

[1] SELAND M. Det moderne barn og den fleksible barnehagen [M]. Trondheim: Doktoravhandlinger ved NTNU, 2009: 258.

[2] TE O S. Defining rights: Children's rights in theory and in practice [J]. He Kupu, 2011, 2 (4): 41-57.

得十分重要。当幼儿教师在他们的教学工作中接受有关游戏地位的访谈时，评估研究描述了这种变化。由于儿童有权在日常活动中表达观点，因此，少数教师表示他们现在会给予游戏更多的关注和考虑游戏的优先性。观察中发现，在幼儿吵闹或者秩序混乱的情况下，不少教师以威胁剥夺幼儿游戏机会为手段让幼儿安静下来［Y2老师：还吵是不是？等下你们就别去玩区角（游戏）了！］，同时也发现，集体教学活动结束后，教师宣布等下可以去玩区角游戏或户外游戏时，幼儿欢呼雀跃的情绪变化或许也能证明这一点。

正如前面提到的，幼儿在集体教学活动中很少提意见（表达想法），而幼儿在游戏中表达意见和想法的情况相对较多。当然，在游戏中幼儿经常不是以口头语言的方式表达意见和想法，以下观察到的事件描述了幼儿如何通过游戏活动和互动来挑战社会规范和成人的活动预设：

> S幼儿园中班上午的户外游戏。这次的户外游戏是让幼儿沿着地上的两排呼啦圈跳到大象和小丑的前面，把筐中的纸球投入它们的嘴巴。幼儿排队分成两组，Z老师示范后讲解了规则要求：排队、依次扔完球后回到队伍后面排队继续等待，投完球后不能乱跑。游戏开始，一轮还没结束，有些幼儿投完后自发找到纸球新玩法，踢或者扔在滑梯上滚，遵守Z老师预定规则的幼儿越来越少。Z老师让4个违反规则的幼儿靠墙坐着不准玩，并说："玩不来你就给我坐着！"笔者过去问了其中一个幼儿为什么不玩了，一个幼儿说："老师不让我玩！"笔者说："老师为什么不让你玩，让其他幼儿玩呢？"她说"不知道"，其实她心里知道自己是因为没按教师要求的方法玩。再到后来，绝大部分幼儿已经不再按Z老师的要求投纸球了，新的玩法不断出现，如拿纸篮盛纸球玩、相互抛接、玩起角色游戏，Z老师无奈地苦笑……

根据安和金（Ahn and Kim, 2009）的建议，促进儿童发起的活动被视为支持儿童参与的一部分。发展幼儿参与需要支持个别幼儿的独立发起，同时也需要提高幼儿在活动中的积极能力，在活动中幼儿可以发展他们的社交技能、积极情绪和主观能动性。这就形成了一个多层面的参与概念，即幼儿发起的活动和幼儿与教师之间的共同活动可以共同改进。参与作为一种发展中的教育方法，通过反思实践成为可能，在这种实践中，教师有机会加强参与，并与儿童一起成为参与者。在这一事件中，当幼儿在教师指导的活动中感到厌倦时，他们以未经老师批准的俏皮和意想不到的方式开始使用新玩法，幼儿通过逐步挑战教师设定的游戏规则，用行动表达自主游戏的想法，虽然教师惩罚了最早出现"不守规矩"的幼儿，但最终幼儿们"胜利了"。马克斯特罗姆等人（Markstrom et al.）在他们的研究中也发现："在幼儿遇到障碍并被禁止在某些地方或与某些朋友一起玩耍的情况下，他们试图以富有想象力和有趣的方式绕过规则。"① 这些都说明了幼儿如何通过与成人和同伴的有趣互动来行使其参与权和言论自由。

观察还表明，游戏并不一定允许所有幼儿平等地行使自由表达权，有些幼儿在游戏时使用权力策略来排斥某些幼儿或接纳某些幼儿。通过微妙的交际信号或通过角色协商，一些幼儿以自己的名义成为强有力的、富有表现力的主体并确定了游戏的前提，而其他孩子似乎处于弱势地位。这种"权力斗争"表明，儿童在捍卫参与权和通过嬉戏方式表达意见时，在表达能力方面存在差异。

与教师们的访谈表明，大多数教师并未意识到幼儿的游戏行为是其表达自由的行为。在观察中时有发现，教师如果不喜欢幼儿的游戏内容或游戏角色，他们就会进行干预并试图控制游戏过程，如前面的"投纸球"游戏，这些干预在某种程度上涉及威胁儿童的言论自由权和以他们自己的方式参与的参与权，也体现了教师在潜意识里将其成人角色视为理所当然。事实上，在不承认和看不到儿童游戏性的互动与参与权相关联的环境中，有可能减少儿童言论自由的权利。

与那些被传统儿童观束缚的人认为的相反，幼儿并非如他们认为的那么"不成熟"，以致无法表达自己的观点，或太小以致无法影响他们的日常生活。通过与那些愿意挑战自己的想法并愿意在即时环境中解释儿童权利的成人见面，幼儿在幼儿园的经历可能有助于其从很小的时候就有一种以自己的方式参与其中的感觉。正如先前所述，游戏在幼儿教育中具有不可替代的地位，它为幼儿的表达自由和参与活动提供了空间。鉴于此，需要对主导游戏话语

---

① MARKSTROM A M, HALLDEN G. Children's strategies for agency in preschool [J]. Children and Society, 2009, 23 (2): 112-122.

进行批判反思，许多有关游戏的理论和实践也与发展心理学联系在一起，并按照发展心理学进行分类，认为游戏主要是某种预定的发展结果的工具。这可能会导致实践者试图规范和控制儿童游戏的内容和关系。为了工具目的而规范儿童的游戏可以被解释为通过游戏对儿童言论自由权的威胁。总而言之，幼儿在班级活动中，无论是通过身体行为、唱歌、画画、游戏还是其他活动，都有权体会到对其意图和表达的尊重。如果将这种情况简单化甚至象征化，可能会满足幼儿园向外界表明他们致力于实现幼儿参与的需要。然而，当谈到在实践中支持幼儿表达他们的观点和确保他们的言论自由权利时，这些方法是不够的。

第三节 教师的幼儿班级活动意见受尊重权实践

幼儿在班级活动中自由表达意见和想法只是幼儿参与的一个重要方面，幼儿的意见需要得到尊重，幼儿的意见和想法才能真正影响与之相关的一切活动。希尔（2010）认为，如果按照教师尊重幼儿意见和想法的积极程度来划分，依次有：教师倾听幼儿意见和想法、支持幼儿发表意见、考虑幼儿的意见、幼儿参与班级活动决策过程。本节将就教师对待幼儿意见和想法的行动进行分析。

一、倾听幼儿的意见和想法

参与可以被看作是一种与尊重和倾听儿童并对其事务感兴趣的成年人一起解释世界的共同活动。这意味着儿童被认为有机会被倾听、有机会采取独立的行动、有选择的经验和承担责任的机会。纳特布朗等人（Nutbrown et al., 2009）声称：任何旨在包括儿童视角的研究都必须以"声音"问题为中心，并找到倾听幼儿声音的方法，以便将他们的观点考虑在内。倾听儿童的声音包括被听到、被倾听、表达意见的权利，以及竞争、挑战、辩论和质询的权利。

在这一层次上，当幼儿主动表达观点时，教师注意倾听。其实，倾听的内容和过程很重要，但幼儿对倾听过程本身的看法同样至关重要。然而，这种倾听只发生在幼儿自己表达观点的时候，而没有进行有组织的努力，以确定他们对班级活动有什么看法。这是一个普遍表达的信念，幼儿对不感兴趣的事物有是否发言的决定权。首先，教师需要随时做好倾听的准备；其次，要有倾听的技能；最后，倾听成为工作中的常态，教师为幼儿提供选择并尊重幼儿选择和意见的做法表明以幼儿为中心的方法和民主的活动管理。参与权也正是发生在考虑儿童的愿望和意见的环境中，在这样的环境中，幼儿受到尊重，教师和幼儿之间共享决策权力。这种方法为幼儿提供了根据自己的意愿表达观点和实践的机会，与其他幼儿合作并富有创意。这些实践将幼儿置于班级活动过程的中心，并将其视为活动过程的积极参与者。

柯比等人（Kirby et al., 2002）认为，实现被倾听和得到适当重视的权利有助于提高幼儿的能力，越来越多的证据表明，经常考虑幼儿的观点和经历有助于培养幼儿的自尊、认知能力、社交技能和对他人的尊重。在观察中发现，也有教师倾向于使用标准的、严格的和不可改变的方式来管理幼儿（在一次自由绘画活动中，有个幼儿用红色水彩笔画大海。D老师问红色部分是什么。孩子说："这是大海。"D老师回答说："大海是红色的吗？大海是蓝色的！来，拿过一张纸，用蓝色画海！"）。在观察中，同样发现有的教师倾听意识不强（在F教师宣布桌上游戏时间结束之后，两个幼儿都想把玩具送回玩具架，互不相让产生争执，F老师发现后走过来，指定其中一个幼儿把玩具送回玩具架，没被指派的幼儿不高兴地看着F老师，似乎想说什么，但最终没说。在此之前，班级活动中一直遵循着谁把玩具从玩具架拿回来，就由谁送回去的规则）。

在观察中还发现，教师主动倾听幼儿意见和想法主要在集体教育教学活动中，如Y2老师与H老师经常在区角游戏结束后，召集幼儿讨论当天在区角游戏中遇到了什么问题或者有趣的事情、新的玩法，以及问题是如何解决的，如果有不能解决的，请其他幼儿给他们提供一些建议，这体现了教师良好的倾听意识和应对技巧。Z老师在集体教学中经常就活动内容向幼儿提问，倾听幼儿的想法。但有些教师虽然会在集体教学活动中提问，但是不是出于倾听幼儿的意见和想法，而是把提问当成一种工具，如故意问活动中走神的幼儿使之专心，或者作为奖励手段提问表现较好的幼儿，或者作为鼓励手段提问性格内向的幼儿。教师被动倾听的情况较多，如幼儿之间发生争执，教师为了解决纠纷而倾听幼儿之间争执的原委；也有幼儿在活动中发现问题，如发现其他幼儿违反活动规则，或者发现了被幼儿认为是有危险的或新奇的事物而向教师报告，教师的处理一般有倾听、出主意、评价等。

通过对班级活动的观察和对教师的访谈发现，影响教师倾听幼儿的因素有三个：

第一，教师的班级活动观。有些教师倾向于以教师为中心的活动理念，在班级活动中容易出现较少倾听幼儿的意见和想法的现象，多以教师对幼儿的"预设"为出发点组织活动，多以被动倾听为主；而持以幼儿为中心的班级活动理念的教师倾向于主动倾听幼儿的想法和意见，并且把倾听中的事件当作教育的契机对幼儿进行引导。

> X幼儿园大班1班，区角游戏结束后，保育员G老师在整理活动室，并准备幼儿午餐。H老师组织幼儿在寝室分享区角游戏中遇到的问题以及有趣的事情，H老师评价造型屋今天的小老板很好，但是没有收到钱，美饰店的老板没有给员工发工资；有个幼儿说今天在搭建的时候，房子总是倒，H老师说，那是什么原因呢？幼儿猜测说可能是地基不够大；有幼儿说搭了火车隧道，但是火车被其他人拿走了，问题没有得到解决，H老师请其他幼儿帮她想办法，后来引导幼儿用轮流玩的方式来解决。有幼儿分享在光影屋中的新发现，H老师鼓励其他幼儿可以去参观或者尝试……

这一活动较好地倾听了幼儿的意见和想法。H老师创设相互倾听的环境，活动有宽松自由的心理氛围。幼儿自由表达自己的意见和想法，H老师鼓励、引导幼儿表达想法和意见，且H老师并未一味地按照自己的价值对幼儿的意见进行评价，并不直接提供解决问题的策略，而是待幼儿自己再去尝试解决，很好地扮演了引导者的角色。之所以能做到这一点，在平时观察和对H老师的访谈中发现，H老师有较为合理的儿童观和活动观[H老师：我觉得很多时候还是应该把解决问题的机会留给孩子们，毕竟是以他们的成长为中心，在（班级）活动中，我觉得还是应该相对宽松自由一些……]。

第二，活动的性质。在高结构班级活动中教师的倾听行为少于在低结构班级活动中，高结构班级活动主要以教师为主导，以活动预设为基准控制着活动的进程；低结构班级活动中，教师与个别幼儿交流或参与到某些幼儿中倾听他们的意见和想法的情况较多。在班级活动中，集体教学活动结构性强一些,教师对活动的设计、实施和评价更具主导性,而且时间有限,能用来灵活处理活动预设之外事件的余地较小;而在自由游戏中,教师的主导和对活动的预设相对弱一些,教师在观察指导过程中也更易于倾听幼儿的意见和想法,当然,这和教师对活动及幼儿观的看法有内在的联系。

第三,幼儿的个性特征。外向、善于表达的幼儿更容易向教师"报告",而内向、不善表达的幼儿则倾向于"沉默",在班级活动中,教师更容易倾听那些外向、善于表达的幼儿。

> 某天上午,S幼儿园中班5班区角游戏,教师根据哪组幼儿休息得好(趴在桌面安静、不乱动),先后让每组幼儿进入自选区角开始游戏,幼儿兴致较高。突然,科学区的一名幼儿在一堆材料中翻找需要的材料时,掉出一个蓝色的木质陀螺,陀螺在地上滚动起来,滚动的轨迹引起了该区角几名幼儿的注意。A幼儿说:"陀螺!我最喜欢了!来,玩陀螺!"几名幼儿兴致颇高地加入进来,一名幼儿用与陀螺配套的绳子尝试让陀螺旋转起来,可是没成功,陀螺在地板上到处滚动,甚至钻到Z老师的电脑桌下面,这让幼儿们更开心了。Z老师看到这一情境,过来说:"下次玩陀螺,回科学区去!"幼儿们只好快快地回到科学区,眼睛却一直盯着那个被Z老师收起,放在玩具架上的陀螺。Z老师对此并没有任何反应,而是忙着观察其他区角幼儿游戏的情况。

如前所述,幼儿表达意见和想法的方式不一定总是以语言的方式,因此,倾听幼儿的意见也不仅仅限于听觉的倾听。克拉克(Clark,2005)认为,倾听幼儿的过程包括三个阶段:观察非言语信息;积极的解释,即建立意义;将倾听与日常互动和决策联系起来,使孩子学会理解他们所说或以其他方式表达的信息。显然,Z老师并未注意到幼儿通过情绪和动作表现出来的意义,未关注到幼儿的非语言信息,倾听效果是不理想的。

克拉克提出的"马赛克(mosaic)"[①] 方法给我们提供了新的"倾听"

---

① CLARK A, MOSS P. Listening to young children: The mosaic approach [M]. London: National Children's Bureau, 2001: 339-378.

方法，克拉克形容其基于瑞吉欧·艾米莉亚（Reggio Emilia）的"马赛克"方法"灵感来自'有能力的孩子'的概念、倾听教学法和关系教学法、多重方法，承认孩子的不同'声音'或语言"①。这种方法的目的是应用一系列视觉和语言工具来构建儿童视角的生动画面，这些工具包括观察（成人能够了解幼儿对环境的反应、他们做出的选择以及他们建立的关系。对于前语言儿童，观察包括倾听他们的肢体语言、面部表情、动作和不同的哭声）、访谈/儿童会议（通过基于幼儿对其日常经验的看法提出的问题，与幼儿讨论他们的想法。可以坐下来或四处走动，让幼儿突出他们正在评论的问题）、照相机（让幼儿建立他们对环境的感知的视觉图像）、旅游（使幼儿能够带着成人在环境周围，与他们谈论环境。他们可以负责如何创建路线以及如何记录路线）、地图制作（幼儿可以创建环境的视觉地图，为突出其最积极和最消极的方面提供空间）。这些倾听工具一起创造出一幅详细的画面，结合叙述和图像进行讨论和解释，以了解幼儿的意见和想法。

二、支持儿童发表意见

在班级活动中，有些幼儿可能对班级活动有自己的意见和想法，但可能由于缺乏自信、害羞、自尊心不强、以前没有被倾听的经历、表达意见没有成效、没有参与氛围或沟通能力不足而放弃表达。为了让儿童能够公开和自信地表达自己的观点，教师必须采取积极的行动来支持和实现这一点，克服那些可能妨碍幼儿表达观点的障碍，如帮助儿童表达他们的意见和想法、创造幼儿表达意见和想法的机会，根据每个幼儿的个人能力、信心和经验，考虑许多不同的方法来促进和鼓励他们表达意见和想法，幼儿评估他们的处境，考虑可能的选择，表达他们的观点，从而以各种方式影响决策过程。这需要有与幼儿年龄相适应的咨询技术，如利用游戏、表演、访谈等方法。杰弗瑞等人（Jeffrey et al., 2006）认为，教师创造支持幼儿表达意见和想法的活动环境可以简单地概括为给幼儿完成活动所需的时间、创造一个引人入胜和参与的课堂环境、展示有趣且引人注目的材料。

在访谈中，绝大部分教师表示提倡、倾听、尊重、鼓励幼儿表达不同的

---

① CLARK A. Listening to and involving young children: A review of research and practice [J]. Carly Child Developmentand Care, 2005, 175 (6): 489-505.

意见［Y1老师：比如一件东西（事情），他们觉得应该怎么样去做。这种时候，我们是最愿意听他们自己的想法的，最愿意给他们一个机会，让他们表达自己……］，在实践中也有教师力图这么去做。但观察发现，有些教师在活动中——尤其是集体教学活动中——实施以教师为中心、专制的管理方式（当活动结束时间到时，孩子们都想要继续玩打地鼠游戏，他们请求老师多玩一会，F老师宣布活动结束回教室休息；昨天W老师宣布了每个幼儿的固定座位，今天早上W老师说早餐的时候可以随便坐，实际却是安排幼儿坐到靠近餐台的两张桌子那里，方便教师管理，幼儿对此感到疑惑）。

虽然大多数教师在班级活动中有支持幼儿表达意见和想法的理念，但有些教师在了解、支持幼儿和创设支持性环境氛围方面存在问题。每个幼儿都有自己的个性特点，有积极的和消极的，如果幼儿在一个不利的环境中，这种消极的个性特点只会被放大和强化，甚至出现恶性循环。

  D幼儿园小班，笔者发现班上有个小男孩从入园到离园都背着一个蓝色的硬壳小书包，与教师和其他幼儿基本没有语言交流，但是会主动去玩玩具，也基本会按照教师的指令有一些行动。教师们几乎不怎么关注他，在班级活动观察期间，没有看到过教师主动让他表达意见和想法。经过与Y老师交流得知，该幼儿父母离婚，由妈妈独自抚养。有一次，W1老师对他说"整天背着个书包，像个小乌龟！"我尝试通过桌上游戏与他交流，问他为什么不把书包放到书包架上，他指着背上的小书包说："妈妈，妈妈！"在与W1老师交流中，她说："哎，有啥子办法嘛？之前我也关心过（他），可是一点都没改变，后来，事情又多，那么多娃（幼儿），你晓得（知道），就这样子了……"

显然，这名幼儿并非存在语言和智力上的问题，教师可能尝试过鼓励、支持他融入班集体，但效果甚微，最后放弃。在班级活动中，对幼儿表达意见和想法有支持作用的环境至少具备包容性、理解性、民主性的特点。如果要给幼儿参与和表达的空间，这就需要建立在片面理解关系的基础上，并把教师的观点视为理所当然的话语进行批判性的审视。史密斯（2002）认为，关于幼儿参与幼儿教育的研究表明，即使是幼儿也有能力理解他们的经历，而且他们确实非常有能力表达自己,幼儿形成和表达观点以及参与决策的能力在很大程度上取决于环境,尤其是取决于成人支持和促进幼儿参与的程度。教师应在充分理解幼儿特点的基础上,针对这些幼儿特点采取适合的措施支持幼儿敢于且喜欢表达意见和想法,当然这也需要教师的耐心和爱心。

三、考虑幼儿的意见

参与意味着让儿童参与他们日常生活中的决策过程,尊重和认可幼儿的声音,并为他们的想法赋权以支持他们对自己的生活产生影响,这一点很重要。曼尼翁(Mannion,2007)认为,幼儿与成人之间的对话不仅仅是"倾听",其已被确定为有意义的幼儿参与的最重要的方面之一。摩斯(Moss,2006)指出倾听的风险,暗示仅仅愿意倾听是一种"象征性的姿态"。虽然有的老师有倾听幼儿的意识,在实践中也在倾听幼儿,但这种方式受到限制[L老师:在某些方面(孩子们)没有选择……我们有一日活动安排,它这样规定,比如吃饭时间、睡觉时间等。因此,在这方面,孩子们不能只是说"哦,我今天不觉得饿,我真的不想坐在这",而别人都吃饭。他们没有选择(而且他们必须)跟随大家。我认为这和师生比有关,没有足够的老师……]。

如果不考虑幼儿的意见和想法,让他们表达自己的意见和想法就没太大意义。当然,在班级活动中考虑幼儿的意见和想法并不意味着每个活动决策都必须按照幼儿的意愿做出,也不意味着教师必须执行幼儿要求的任何事情。幼儿的观点是许多活动决策中必须考虑的几个因素之一,即使我们确保幼儿的观点"得到应有的重视",其他因素仍可能超过这一点,幼儿可能得不到他们要求的东西。正如里奇(P. Leach,1994)所言,"儿童必须得到他们的发言权,但并不总是必须让路于他们"[1]。(在访谈中,W老师说道:"不是非得都要听小朋友的,首先要弄清事情的性质,如果是对的,可以考虑听;如果是错的,那么就要跟他讲清楚,让他改过来。")事实上,幼儿的表达方式与成人不同,而这并不能成为拒绝他们的理由。

教师应准备好考虑幼儿的意见,并在活动决策中考虑幼儿的意见和想法。这意味着对班级活动中的决策情境进行评估,并且给出最终决策的原因。任

---

[1] LEACH P. Children first: What our society must do——and is not doing——for our children today [M]. New York: Knopf Doubleday Publishing Group, 1994: 93.

何排除幼儿兴趣和愿望的理由都必须明确解释，特别重要的是要充分解释机会和结果方面的不平等［L老师在户外组织"抢椅子"游戏，幼儿们都很喜欢这个游戏，但是能参加到"抢椅子"游戏中的幼儿只有7人，其他的幼儿都在当观众。活动结束后，一个平时比较活泼外向的幼儿向L老师说，"能不能大家都玩（抢椅子）啊？"L老师想了想说："下次吧，我们马上要回教室休息、吃午餐了。"在第二周的户外游戏中，L老师特意选了上次没参加的幼儿去参加"抢椅子"游戏］。在决策中纳入观点并不意味着某个幼儿或者教师的观点应该占主导地位，相反，它们和其他人的观点一起被考虑。在班级活动中，决定如何达到结果，以及结果实际意味着什么之后，必须告知幼儿，幼儿必须有机会提出问题并对活动安排和决策提出疑问，班级活动过程和结果需要进行某种形式的外部控制，以便尽量减少权力滥用。

如果无法在任何决定或随后的行动中反映这些意见，则应努力向幼儿传达做出决定的原因以及教师是如何考虑他们意见的，并且这种反馈应是以充分、友好、快速以及有后续行动的方式进行的。考虑是否采纳幼儿观点和想法的参考之一是幼儿对所涉及问题的理解程度，这并不意味着幼儿的观点应该被自动地给予更少的权重。越来越多的研究强调了将年龄作为能力假设的局限性，以及避免对幼儿在任何给定年龄能做和不能做什么进行预设的重要性。因此，需要鼓励对话和交流的过程，结合教师的引导，同时以与幼儿的年龄和成熟程度相一致的方式考虑他们的观点，以便让他们承担越来越多的责任，并变得积极、宽容和民主，使幼儿有机会和能力理解为什么做出特定的决定而不是幼儿可能更喜欢的选择。

在观察中发现，大多数教师在倾听了幼儿意见和想法后都会有相应的反馈，这种反馈一般是以语言和行为传递给幼儿的。很重要的一点是，教师的反馈都是基于教师自己对幼儿意见和想法性质的判断，即判断幼儿意见和想法合理还是不合理的"尺子"在教师的手里，这把尺子的背后是教师的基本价值观、教育观和幼儿观。

四、幼儿参与班级活动决策过程

这一水平标志着从协商到积极参与决策的过渡。尊重幼儿的观点意味着不能忽视他们的观点，幼儿的观点也不应仅仅得到认可，表达意见和想法并非做出决定，但它意味着影响决策的能力。希尔（2010）认为"哈特的模式中，咨询儿童是一种合法的参与形式。然而，最关键的区别在于，在较低的层次上，儿童通过提供意见（他们的观点）来帮助决策过程，但不参与实际做出决策的阶段，因此没有任何真正的决策权"①。因此，还需要教师与幼儿分享班级活动决策的权利，并有所行动，正如伦迪（2007）所宣称的那样，"正是声音和行动的结合导致了真正的参与、包容和归属感。"② 在这一层次上，教师和幼儿共同规划班级活动、做出决策，在班级活动中应有相对稳定的活动决策模式，做出决策的时间、地点、程序和运作模式应该是对幼儿友好的，并积极克服阻碍决策的障碍。辛克莱尔（R. Sinclair, 2004）认为"儿童参与决策是多方面的，涉及参与程度、决策重点、参与活动的性质以及人员"。

X 幼儿园大班，昨天在区角新开设了"光影小屋"（让幼儿感受光学现象，培养幼儿探究兴趣和精神）。幼儿们都很感兴趣，纷纷在到园后就预约"光影小屋"，"光影小屋"里多的时候有 9 名幼儿。今天，在结束区角游戏后，有个幼儿和 Y2 老师说："那里（光影小屋）好多人哟，都玩不开，豪豪都撞到我了，可不可以不要那么多（人）啊？" Y2 老师说："我们等会商量一下，好吗？"在活动总结（该班在每天的区角结束后，基本上都会有一个总结）"会议"上，Y2 老师就"光影小屋"中一次该进去几个人的问题让幼儿讨论，有 9 个幼儿自愿站起来说了自己的答案，Y2 老师特意请平时不怎么说话的幼儿起来表达想法和意见，统计答案数量也是由幼儿来进行的，幼儿的答案有"4、5、6"三种。Y2 老师说："那我们就举手表决。"有 8 个幼儿赞成一次进去 5 个人，其他的要少一些。Y2 老师说："那我们明天预约区角的时候，只能有 5 个人预约那里（光影小屋），先到先选择。不过我们明天只是先试一下，如果大家觉得（一次 5 个人）还是不合适，我们再来讨论，好吗？"

---

① SHIER H. Pathways to participation: openings, opportunities and obligations [J]. Children and Society, 2010, 15 (2): 107-117.
② LUNDY L. "Voice" is not enough: Conceptualising Article 12 of the United Nations Convention on the Rights of the Child [J]. British Cducation Researchjournal, 2007, 33 (6): 927-942.

在这一活动中我们可以看到，教师在充分了解与幼儿游戏体验相关的人数问题之后并没有自己决定，而是把这一问题在公共讨论中抛给幼儿，倾听幼儿们的意见和想法，幼儿自由发表意见，教师暂时以少数服从多数的方式尊重幼儿的意见，并且没有把这一解决方案作为最终结果，而是把它看成是一个不断推进的过程，让幼儿解决这一问题。在这样的班级活动案例中，我们可以看到幼儿参与班级活动决策的基本要求至少包括：（1）透明和内容丰富。必须向幼儿提供关于他们自由发表意见的权利，观点得到相应重视的权利，参与如何发生、范围、目的和潜在影响，可获取的、多样化敏感的、年龄适宜的信息。（2）自愿。幼儿绝不应该被迫违背自己的意愿发表意见，他们应该被告知他们可以选择表达意见和想法与否。（3）尊重。幼儿的观点必须得到尊重，并且应该为他们提供发起思考和活动的机会。教师应该承认、尊重和树立幼儿班级活动参与的良好榜样。教师还应了解幼儿生活的社会和家庭背景。（4）相关。在班级活动中，幼儿有权发表意见的问题必须与他们密切相关，使他们能够利用他们的知识、技能和能力。此外，还需要创造空间，使幼儿能够明确且解决他们认为与自己相关和他们认为重要的问题。（5）对幼儿友好。应根据幼儿的能力调整环境和工作方法，应提供足够的时间和资源，以确保幼儿有充分的准备，并有信心和机会发表意见。考虑幼儿需要根据其年龄和不断发展的能力所需要的不同程度的支持和参与形式。（6）包容性。参与必须具有包容性，避免歧视，并鼓励被边缘化的幼儿。幼儿不是一个同质的群体，参与需要为所有人提供平等机会，不能有任何理由的歧视。

在观察和访谈中发现，幼儿参与班级活动决策的范围主要是班级规则的制定（Z老师：到了中班、大班，一般都是和幼儿一起商量制定班级中的一些规则什么的）、解决班级活动中出现的问题（如以前没有出现过的问题或者幼儿之间的矛盾）等。但在小班的班级规则制定方面，绝大多数教师都认为应该由教师来制定（X老师：小班？小班孩子太小嘛，你让他们来制定规则，肯定要弄出很多乱七八糟的规则来！一般还是我告诉规则，他们照做就是了……），这也反映了教师们对小班幼儿的参与班级活动决策能力的低估。在环创设计等环节，幼儿教师基本不会让幼儿参与决策，其原因在前面的论述中已有所呈现。

图5-1是J幼儿园中班5班为庆祝国庆节做的主题展板，在展板中，从主题设计、选材、制作到最后的呈现，我们无法看到任何幼儿参与的影子，

而且这一主题在我的观察期间,没有一次在班级活动中提起和呈现。在随后对幼儿的访谈中,D幼儿说:

  我知道是我们班的,因为我认识这个布(背景布幕)。

对此,Z老师说:

  哎,领导说了,要弄得美观,家长来接娃的时候看了才高兴。而且时间那么紧,让小朋友来做,也完不成啊,他们也不会弄,只能辛苦一下我们自己咯。

在这里我们可以发现,幼儿没有参与这一环创设计的原因至少有:教师认为幼儿没能力做、幼儿做得不美观、行政领导在某些价值观念下的指令、家长期望对幼儿园班级活动的影响等。

图 5-1   J 幼儿园中班国庆主题展板

第四节   教师的幼儿班级活动监督权实践

  在班级活动中,幼儿对班级活动中事件的评价与监督是其行使参与权的重要方面之一,也是幼儿主体性的重要表现,它往往通过对班级活动规则执行的监督来体现。本节将就教师如何认识幼儿对班级活动规则的监督,以及教师的行动和行动的逻辑进行讨论。

一、幼儿班级活动规则

(一) 班级活动规则

从词源来分析,"规则"(rule)一词来源于拉丁语"regula"和"regere",其原意为"直尺、标尺"与"指导、统治、管理",后来引申为"规则、规定或者根据规则进行管理、统治"。从最宽泛的意义而言,"规则"指的是对行动或行为的指导。《现代汉语词典》中"规则"的含义包括三个方面:(1)规定出来供大家共同遵守的制度或章程;(2)法律、法则;(3)在形状、结构或分布上合乎一定的方式。[①]刘国雄等学者认为,它既是人们在生活、学习和工作中必须遵守的科学的、合理的、合法的行为规范和准则,也是人与人之间、组织与人之间、组织与组织之间彼此的约定。[②]

规则按照不同的标准,有不同的分类。米尔恩(1986)认为,人类社会的规则有三种产生途径:正式制定、惯例和非正式制定。米尔恩把正式制定的规则划分为初级和次级规则。塞尔(J. R. Searle,1969)把正式制定的规则分为调节性规则(regulative rule)和构成性规则(constitutive rule)。调节性规则是调整行为的,且调整的行为在逻辑上独立于它们(如交通规则等);而构成性规则所调整的行为在逻辑上依赖于它们(如各种比赛规则等),所有的制度都凭借构成性规则而存在。调节性规则可以调整基于构成性规则、在逻辑上有赖于构成性规则的行为或活动。无论是调节性规则还是构成性规则,都是人制定的。非正式制定的规则指的是罗尔斯的"概括式规则"[③],这些规则建立在对实际经验的概括或总结之上(如有关卫生、健康的规则,技艺和技术的规则),它们属于调节性规则。第三种规则指的是在人类社会中的语言规则、习惯性规则、传统做法规则和道德规

[①] 中国社会科学院语言研究所词典编辑室. 现代汉语词典 [M]. 北京:商务印书馆,2002:474.
[②] 刘国雄,李红. 儿童对社会规则的认知发展研究述评 [J]. 华东师范大学学报(教育科学版),2013(3):63-69.
[③] RAWLS J. Two Concepts of Rules [J]. Philosophical Review, 1955, 64 (1): 3-32.

则,这些规则可以统称为"惯例性规则"①,而且这些惯例性规则先于人所制定的规则而存在。

根据米尔恩对规则的解释,幼儿园班级活动规则是由这三类规则构成的。正式制定的规则:调节性规则,如班级活动中与幼儿安全相关的规则(上下楼梯、进教室后的行走路线等)、活动规则(区角规则、回答问题要举手等)等;构成性规则,如值日生制度、小小助手、请假制度、整理玩具以及规则类游戏中的规则等;非正式制定的规则,如洗手、解便、喝水、户外运动要带汗巾等;惯例性规则,如友好相处、礼貌、节约用水用电、爱惜粮食、爱护公共物品等规则。

班级规则是维系幼儿园班级活动重要的纽带,也是确保幼儿身心发展的重要保障,对幼儿的社会化发展有着极其重要的意义。幼儿正是浸润在这些规则中,逐渐习得并内化为社会价值观及行为规范。裘指挥(2009)认为,幼儿园班级规范调节班级主体间的关系、规范幼儿参与班级生活的行为准则。对于这一概念应注意两点:首先,它强调班级主体间的交往互动在规范的协商生成或促进幼儿规范内化中的作用;其次,它要求摆正班级团体作为正式组织的要求与幼儿个人需求在规范生成和实践中的合理地位。

(二)幼儿监督规则执行

幼儿对班级活动中的规则执行较为敏感。对违反规则的事件,有时候幼儿会以语言的形式表达出来,但有时候却不一定会以语言的形式表达出来,比如通过心理变化,以及心理变化引发的情绪、情感和行为表现出来。在实践中,不同年龄班对班级活动规则执行的监督行为也有不同的特点,如小班和中班幼儿倾向于向教师"告状"来进行监督,随着幼儿社会性发展,大班幼儿能直接告知违反班级活动规则的幼儿,并通过协商纠正幼儿的违规行为,但大班幼儿仍有"告状"现象发生。在访谈和观察中也证实了这一点〔X老师:小班的(幼儿)还小嘛,不懂事,有些是什么都不说,有些在发生矛盾的时候就告诉老师了,中班的(幼儿)很爱告状,动不动就说'×××又怎么啦',大班孩子很多时候自己就解决了,不过也有些孩子爱告别人的状……〕,

---

① 米尔恩. 人的权利与人的多样性:人权哲学[M]. 夏勇,张志铭,译. 北京:中国大百科全书出版社,1995:19。

即幼儿监督规则的表现形式有两种：（1）"告状"，求助教师来解决班级活动中的违规问题；（2）当事幼儿直接解决违规问题。

二、教师对幼儿监督班级活动规则执行的行动

（一）幼儿的"告状"行为

1. "告状"

《辞海》将"告状"解释为"诉说状况"①，这是关于告状的最早定义。《现代汉语词典》（第七版）里将"告状"解释为："（1）（当事人）请求司法机关审理某一案件；（2）向某人的上级或长辈诉说自己或别人受到这个人的欺负或不公正的待遇。"② 从这里可以看出，"告状"有法律诉讼请求的意思，在生活中又指个体在与他人争执时求助具有权威的第三者解决争执的行为。

在幼儿园班级活动过程中，幼儿"告状"现象也是班级活动事件中很重要的一部分，教师应对幼儿"告状"的策略和行动也因人而异。甚至有人从文化的角度认为"告状行为是我国儿童特有的一种比较典型的社会行为"③。刘晶波（1999）从师幼互动的角度把幼儿告状行为定义为："幼儿在他们自己认为受到同伴的侵犯或者发现同伴的某种行为与幼儿园的集体规则、教师的某项要求不相符合时，向教师发起的一种互动行为，他的突出目的是要阻止同伴的行为。"④ 这一界定较好地描述了幼儿的"告状"行为，但实践中我们要澄清两点：首先，发生告状的情境中，当事"幼儿"凭借自身无法解决问题；其次，幼儿"告状"的直接目的是阻止"告状"所指向的行为，最终目的指向的是公平。

引起幼儿"告状"的因素主要有被他人侵犯、与他人发生冲突、资源占有以及他人违反班级活动规则等。其中，因他人违反班级活动规则引起的

---

① 《辞海》编辑委员会. 辞海 [M]. 上海：上海辞书出版社，1989：828.
② 中国社会科学院语言研究所词典编辑室. 现代汉语词典：第7版 [M]. 北京：商务印书馆，2016：437.
③ 邢少颖，贾宏燕. 3—7岁儿童告状行为的初步研究 [J]. 太原师范学院学报（社会科学版），2002（1）：77-79.
④ 刘晶波. 师幼互动行为研究：我在幼儿园看到了什么 [M]. 南京：南京师范大学出版社，1999：160.

"告状"是"告状"行为中很重要的部分。兰玉娇（2017）研究发现，三个阶段的年龄班中，幼儿因为他人违反规则执行而"告状"的行为占了幼儿总"告状"行为数的40.4%，这一数据与本研究和教师访谈以及观察所得结果大致上是一致的。

2. 教师应对幼儿"告状"

哈耶克（Hayek，1967）认为："不仅人们的行动是遵循规则，而且人们的感知也遵循规则，即人不仅是一种追求目的（purpose-seeking）的动物，而且在很大程度上也是一种遵循规则（rule-following）的动物。"但在实践中并非所有人都遵循规则，有时候违反规则带来额外的"好处"或者"不小心"等都可能成为违反规则的诱因。

在班级活动中，教师经常面对幼儿的"告状"——状告其他幼儿违规，而教师对此的认知与行动至关重要，这直接影响到告状幼儿的积极性，更重要的是影响到幼儿对规则本身的权威性的认识，也影响到班级活动开展的秩序和稳定性。在访谈中，绝大部分教师在谈到幼儿"告状"时均表现出积极的态度［W老师：我一般都会先听一下当事幼儿的陈述，根据事情是咋个的（怎么样），然后跟他们讲清楚……］，即倾听，然后根据自己的价值判断做出仲裁。但在观察中发现，教师对于幼儿的"告状"行为大致有积极和消极两种应对方式，其中积极应对方式多于消极应对方式。

> S幼儿园中班，活动间隙，幼儿解便，涵涵从厕所出来向Z老师说"浩浩没甩手！"（之前，Z老师引导幼儿洗手后在水池内甩手3次，再用毛巾擦干手）。Z老师了解后，把浩浩和涵涵叫到身边，问清楚原委，批评了浩浩，浩浩答应下次不会了，表扬了涵涵，知道要把事情（幼儿违规）告诉老师。

在这一事件中，Z老师对幼儿的"告状"行为采取的是积极的应对方式。但在观察中，也有一些教师消极应对幼儿"告状"的现象，特别是在较忙、注意力难以顾及的时候（F老师：知道了，你先回座位，在随后的时间里并未与"告状"幼儿做进一步交流）。

在访谈中发现有些幼儿教师也被幼儿频繁的"告状"行为所困扰［L老师：不晓得咋子（怎么回事），他们（幼儿）大大小小的事情都要来"告状",又不好不管,有时候吧,弄得我一天到晚都没精力管其他的……],并在观察中证实了这一现象。那么,教师又是为什么这么忙呢?

与中小学班级活动相比较,幼儿班级活动中的规则数量并不少,而且更加细致。如举手发言的姿势、搬凳子的动作;等待教师倒水的时候要把杯子放在桌子中间,两只手背在后面;甚至规定洗完手后朝水池甩三下手,少了都不行;进教室的行走路线;等等。在教师看来,这些规则是养成良好习惯、适应集体生活所必需的(W老师:其实这就是集体生活所要注意的一个问题,就是小孩子也要适应所谓的集体生活,因为他不是一个人在家里想当什么角色就当什么角色,集体生活可能给他带来了他自己需要的……),因此,幼儿遵守规则也是理所当然的。进一步分析,这些规则更多在于维护班级活动的秩序,确保活动安全、顺利进行,这似乎给教师带来了管理的便利,但在规则越来越精细化的同时,由于通过行动来感知世界是幼儿的主要认知方式之一,其表现出来的就是教师所谓的"好动"。随着幼儿违规现象增多,幼儿"告状"行为也多了,教师为了维持规则的权威,只能进一步进行约束。

3. 规则背后的价值取向

"幼儿'好动'→制定规则→幼儿违规→告状→教师解决问题"成了教师在班级活动中有关活动规则制定、实施、维护的行动逻辑。这行动逻辑背后反映的是教师的价值取向,即对"秩序""幼儿"的看法。不少幼儿教师也说出诸如"幼儿园是孩子的主场、一切为了孩子的需要、幼儿中心等"非常漂亮的话语,但在实践中往往以其他甚至相反的价值观念作为指导,其中固然有教师对这些漂亮话语的误解,也有教师对"秩序"的误解,以及对幼儿"好动"的误解。在不少教师看来,班级活动如小学生或者成人般井然有序是最理想的,教师也很省心,活动也会异常顺利地按照预设展开,而幼儿"好动""不听话"却成了教师心中完美秩序的"绊脚石",那么使用越来越多的规则来"规训"幼儿的"好动"和"不听话"就顺理成章了,在教师的"威权"及传统的"听话"教育理念之下,幼儿也难以对规则质疑(H老师:幼儿还小嘛,不会说这个规则不对),教师甚至会制定一些明显只是为了方便教师维系完美秩序的规则,即使这些规则对幼儿而言毫无用处,甚至损害幼儿利益,如限制幼儿的"好动",让幼儿不能顺利与周围环境互动,而"好动"正是幼儿在与环境互动中进行学习的重要表现。

D幼儿园小班1班某天上午，幼儿结束户外游戏后，按照行走路线排队进教室领水果，幼儿的行走路线紧贴教室墙边，Y1老师在边上看着，W老师在水果盘前分发水果。A幼儿经过天气播报栏，在等待的时候停下来拨弄上面的指针［在前天的观察中，A幼儿在排队时也观察过这个"天气播报表"（见图5-2）］，随后上面的指针掉了下来，B幼儿看见后说："这是老师的东西，不能动"，并大声告诉Y1老师，Y1老师看见后，走过来说："叫你们平时不要去乱碰，你给我把它弄好，弄不好你就给我站在这不许动！""闯祸"的A幼儿只好站在那里……

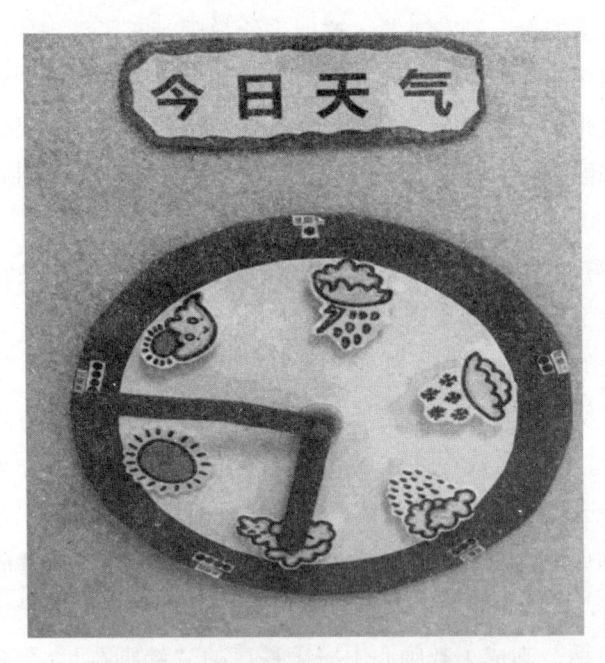

图5-2 D幼儿园小班1班"天气播报表"

在这一事件中，A幼儿并非故意要弄坏"天气播报表"，只是在探索学习。B幼儿把教室环创中的物品理解为"教师的"，而且"教师的"东西不能动，这样一条规则本身就是错误的，也可以看出，这样的规则也是教师制定并实行的，教师不但未对规则进一步澄清，而且使用惩罚的方式来维持这条错误的规则。之所以有这样的规则，可能和以前幼儿把教师或教室的物品"弄乱"有关，教师才宣布了这样一条规则。

不适合幼儿需要的规则数量越来越多，其的不断繁杂和精致化也反映了教师对班级活动管理的"焦虑"，即一方面感叹经常对违规的幼儿教育了那么多，刚说完又违反，幼儿也似乎明白了教师的"苦口婆心"，甚至也能说出很多大道理，但在行动中又"我行我素"；另一方面，"听话"和"告状"的幼儿也并非出于对规则的深刻认同，其只是为了获得教师的表扬，遵守规则和"告状"自然就偏离了规则的初衷。有些"叛逆""不听话"的幼儿面对教师"阳奉阴违"，有些幼儿则迫于教师的威权、为了获得教师的表扬而变得"听话"，部分"听话"的幼儿看到"不听话"幼儿的"违规"行为，"告状"就变成了部分幼儿向教师"邀功"或者获得心理平衡的重要手段。如果教师和幼儿之间难以形成真正的、有意义的"对话"，这种情形只能不断延续下去，教师变得"忙"，但也变得"盲"，幼儿在这样的班级活动环境中获得更多的是人格的"扭曲"，变得"圆滑""怯懦"，甚至"虚伪"。一个很好的幼儿访谈案例可以说明这一点（D幼儿园，早上桌面游戏时间，笔者与K幼儿用插塑材料做成电话，以下是笔者与该幼儿之间的对话。笔者：你好，你在干什么呀？K幼儿：我在做甜甜圈。笔者：我今天在幼儿园看到有小朋友不排队，怎么办呀？K幼儿：你叫他排队就好啦！笔者：我看到你们F老师也不排队呢！K幼儿：那你就叫她排队！笔者：我不敢！K幼儿：你是大人啊！笔者：那你敢吗？K幼儿：不敢，我是小孩）。

（二）幼儿自行解决"违规"问题

除了通过"告状"这一监督班级活动规则执行的方式之外，违规行为也会通过监督方和被监督方的互动来得到解决，这种情况随着幼儿社会性发展水平的提高而逐渐增多，当然也不能忽视幼儿班级活动中人际氛围的影响。

教师们对幼儿监督班级违规现象自然是持支持态度的，毕竟一方面有利于幼儿处理人际关系能力的发展，另一方面也减轻了教师的管理压力（D老师：小朋友相互监督违规还是好的嘛，我们老师也轻松了许多……）。因此，教师们主动采取一些措施来鼓励幼儿监督班级违规现象，如口头鼓励、表扬、设立具有监督职能的"值日生"制度等，当然，也有不少幼儿的监督行为没被教师注意到。

图5-3是X幼儿园大班某幼儿（挂了绿色值日牌）在监督其他幼儿有没有按照规定程序洗手。主班教师Y2老师介绍了该班的值日生制度，值日生的

195

职责之一就是监督其职责范围内其他幼儿遵守规则的情况。在观察中发现，值日生会随时提醒不按程序洗手的幼儿，如果被提醒幼儿不听从，值日生会向教师"告状"。

图 5-3　X 幼儿园大班幼儿值日生监督幼儿洗手

有些幼儿监督违规行为是在教师注意力范围之外的，并且行使监督权的幼儿并不会向教师"告状"（X 幼儿园大班，H 老师组织幼儿排队出教室去操场，值日生 A 幼儿在队伍中看到排在末尾的几个幼儿在打闹，就大声说道："你们在干什么呀？"那几个在打闹的幼儿顿时安静了下来），这说明行使监督权的幼儿对规则本身具有深刻的认同感，且有强烈的责任意识，甚至有些幼儿还会对成人的行为按照规则进行监督（S 幼儿园小班，上午 10 点 15 分，户外活动，W 老师沿着草坪上的白线走，做出飞机飞翔的动作，幼儿跟着做，笔者也在边上一边跟着走一边拍摄，一个幼儿提醒笔者，老师说了，要踩在白线上走……）。

当然，有时候幼儿并不总是"尽心尽责"地去监督班级活动中的违规行为，特别是其对规则本身的认同度不高的时候，容易出现"视而不见"的情况。因为幼儿自己不太认同这些规则，意味着自己也可能会违规，他人对自己的监督也会损害自己的利益，而这些行为大多发生在教师注意力范围之外。

X 幼儿园中班设立了入园时区角游戏预约制度，并有专门的值日生去监督这一规则的执行。在笔者的观察中发现，虽然 D 老师再三强调区角游戏预约规则，并对违反区角游戏预约规则的幼儿进行惩罚，如禁止玩今天的区角游戏等，但是一半左右的幼儿入园后会忘记这一规则，而教师也并未仔细观察。到了区角游戏时间，在教师宣布按照今天来园时预约的区角去游戏时，那些没有预约区角的幼儿匆忙跑到区角预约处，把标有自己名字的标签放到想玩的区角，这些幼儿在做这一行为的时候，不管是预约了的还是没有预约的幼儿都知道这些行为违反了区角预约规则，但是大家并没有相互行使监督权，或者向教师"告状"。

总体而言，教师对幼儿相互监督班级活动规则执行持支持与鼓励的态度，原因不再赘述。但有时候，由于教师注意力范围的有限或其他因素，不少幼儿的相互监督行为发生在教师注意力范围之外，教师自然无法做出反应。这时，幼儿就在教师注意力范围之外按照自己的行事规则行动，这在某种程度上反而给了幼儿自己解决问题的机会，从另一个侧面也反映了幼儿对班级活动规则的真实认同程度。

本章小结

在本章中，就幼儿教师对班级活动幼儿知情权、言论自由权、意见受尊重权和监督权的认知、态度和行动以及行动逻辑进行了探讨。

幼儿对班级活动的各方面充分知情是实现幼儿班级活动参与权的第一步，幼儿教师无一例外地认为幼儿有权了解与之相关的信息，并且积极肯定幼儿对活动知情的积极作用，且幼儿教师特别强调在活动中幼儿对活动要求、规则、安全的注意，体现了幼儿教师对幼儿班级知情的工具价值取向。然而在实践中，教师对于幼儿获取、理解信息的能力有低估的倾向，倾向于以口头语言能力来衡量幼儿的信息获取、理解能力，且窄化幼儿班级活动中的知情权范围，主要重视班级活动的要求、安全和程序等方面的信息，教师不太重视幼儿在班级活动中诸如课程设计、环创等方面的知情权。良好的沟通方式是幼儿充分知情的重要保障，这些良好的沟通方式具体表现为积极情绪、共情立场、适合幼儿的交流技巧等，在实践中，也有部分教师采用消极的沟通方式。

个体与他人互动涉及识别表达的意义，对于对方表达方式的认同，直接涉及个体表达的意义是否能被理解。研究发现，几乎所有的幼儿教师均表示幼儿有权自由发表意见，但对幼儿表达能力理解片面，认为语言表达能力即表达能力的倾向很明显。幼儿教师也认识到幼儿表达意见和想法与否与幼儿自身个性有关。幼儿有关集体教学活动方面表达意见较少，幼儿教师倾向于掌控活动控制权，利用与儿童年龄和经验之间的差异来创造对他们的权威；幼儿游戏是其自由表达意见的重要途径，幼儿教师没有认识到这一点，而重在追求游戏的工具价值，且对幼儿在游戏中表达意见和想法的方式也过于重视幼儿的语言表达，忽视幼儿通过肢体动作、表情等传达出来的信息，这也导致了教师试图规范和控制儿童游戏的内容和方式。

幼儿在班级活动中自由表达意见和想法只是幼儿参与的一个重要方面，幼儿的意见还需要得到尊重，幼儿的意见和想法才能真正影响与之相关的一切活动。按照教师尊重幼儿意见和想法的积极程度来划分，依次有教师倾听幼儿意见和想法、支持幼儿发表意见、考虑幼儿的意见、幼儿参与活动决策过程。在班级活动中，教师以被动倾听为主，集体教学中的倾听容易成为工具。影响教师倾听幼儿的因素有三个：教师的"教师中心观"、班级活动观；活动的性质，在高结构班级活动中教师的倾听行为少于在低结构班级活动中；幼儿的个性特征，外向、善于表达的幼儿更容易向教师"报告"，而内向、不善表达的幼儿则倾向于"沉默"，在班级活动中，教师更容易倾听那些外向、善于表达的幼儿。绝大部分教师表示提倡、倾听、尊重和鼓励幼儿发表不同的意见，但有些教师在了解、支持幼儿和创设支持性环境氛围方面存在问题。有的教师有倾听幼儿的意识，在实践中也在倾听幼儿，在倾听了幼儿的意见和想法后都会有相应的反馈，这种反馈一般是以语言和行为传递给幼儿的，且反馈都是基于教师自己对幼儿意见和想法性质的判断。幼儿参与班级活动决策的基本要求至少包括透明和内容丰富、自愿、尊重、相关、对幼儿友好、包容性。在实践中，幼儿参与班级活动决策的范围主要是班级规则的制定，且教师对低年龄班的幼儿参与班级活动的决策能力有低估的倾向，在环创设计等环节幼儿教师基本不会让幼儿参与决策。

在班级活动中，班级规则是维系幼儿园班级活动重要的纽带，也是确保幼儿身心发展的重要保障。幼儿对班级活动中事件的评价与监督是其行使参与权的重要方面之一，也是幼儿主体性的重要表现，它往往通过对班级活动规则执行的监督来体现。在幼儿园班级活动中有调节性规则、构成性规则、惯例性规则。"告状"是幼儿监督班级活动规则执行的重要途径。教师对幼儿"告状"时均表现出积极的态度，即倾听，然后根据自己的价值判断最终做出仲裁。但在实践中，教师对于幼儿的"告状"行为大致有积极和消极两种应对方式，其中积极应对方式多于消极应对方式，且有些幼儿教师也被幼儿频繁的"告状"行为所困扰。"幼儿'好动'→制定规则→幼儿违规→告状→教师解决问题"成了教师在班级活动中有关活动规则制定、实施、维护的行动逻辑。这种行动逻辑背后反映的是教师的价值取向，即对"秩序""幼儿"的看法。不适合幼儿需要的规则数量越来越多，其的不断繁杂和精致化也反映了教师对班级活动管理的"焦虑"。幼儿对班级活动规则的监督违规行为也会通过监督方和被监督方的互动得到解决，这种情况随着幼儿社会性发展水平的提高而逐渐增多，当然也不能忽视幼儿班级活动中人际氛围的影响，教师对此基本持支持态度，但这类监督往往在教师注意力范围之外发生。

第六章 幼儿行使班级活动参与权的样态

关于儿童行使参与权的评价，在前人的研究中提出了各种各样的评价模型，在文献综述部分做了较为详尽的介绍，较有影响的有哈特（1992）的"参与阶梯"、希尔的"参与模型"、特雷泽的"参与类型"等。综观这些参与模型，主要体现为对儿童参与决策、儿童意见和想法在活动决策中影响程度的评估，而评估儿童参与的程度取决于儿童理解和拥有活动目标的程度、能够做出选择和采取主动方式以及他们对实现目标的实际贡献程度。

在实践中，儿童参与并非只是体现在对决策的参与，诸如信息知晓、自由发表意见、意见受尊重、监督以及活动的外在因素等，构成了儿童参与权实现的整体。那么，在既定的幼儿班级活动参与权行使场域、教师对幼儿行使班级活动参与权采取行动的基础上，幼儿的班级活动参与权呈现何种样态呢？

在幼儿园班级活动中，幼儿行使活动参与权并非"我行我素"、超然于所有影响因素之外，而是在一定时空中与教师的互动，因此，应对幼儿参与进行整体和关系性理解。实际上，在班级活动这一特定时空中，幼儿与教师之间的关系是相互依赖和具有互惠性的，其并非截然对立的"主—客"关系。进一步而言，这种参与式民主是通过教师和幼儿之间的社会互动而产生的，两者分享权力和责任。因此，关注幼儿班级活动参与权不能仅从幼儿权利的角度理解，正如莫罗（Morrow，2008）所言："我们正面临着将儿童参与权抽象为自身目的的危险，从而忽视儿童和成人相互联系的方式，以及成人和机构约束儿童的方式。"[1]

曼尼翁（2010）提出将儿童的参与定义为"空间—关系过程"（spatial-

---

[1] MORROW V. Dilemmas in children's participation in England [M] //INVERNIZZI A, WILLIAMS J. Children and citizenship. London: Sage, 2008: 120-130.

relational process），并强调基于参与过程应该对儿童和成人都有益处的思想，儿童与成人作为共同学习者和共同解释者，这意味着教师面临着反思自己角色的挑战，并质疑他们可能认为理所当然的、关于关系和儿童的观点。曼尼翁认为"空间是物质环境和物理形式的物品以及空间方面的话语，儿童和成人在其中一起讨论、谅解、实践和求知。空间不仅是参与和行动的背景或容器，空间也是行动的一部分"。

基于曼尼翁对儿童参与"空间—关系过程"的理解，幼儿班级活动参与权也是在班级这一空间中，教师与幼儿分享权力，在班级活动中形成互惠互赖关系，共同建构班级活动的意义，这也可以说是对幼儿班级活动参与权的理想型理解。教师与幼儿的权力分享是构建"空间—关系过程"的核心，这种权力分享在实践中则表现为"教师主导—幼儿主导"的关系。基于这一理解，从幼儿角度出发，对幼儿班级活动参与权样态的分析可以用四种类型来加以分析：影响型，教师与幼儿分享权力，共同构建班级活动的意义；卷入型，教师主导，幼儿跟随教师的步伐；主导型，幼儿主导，教师提供条件；陪侍型，教师和幼儿都无法主导（见图6-1）。

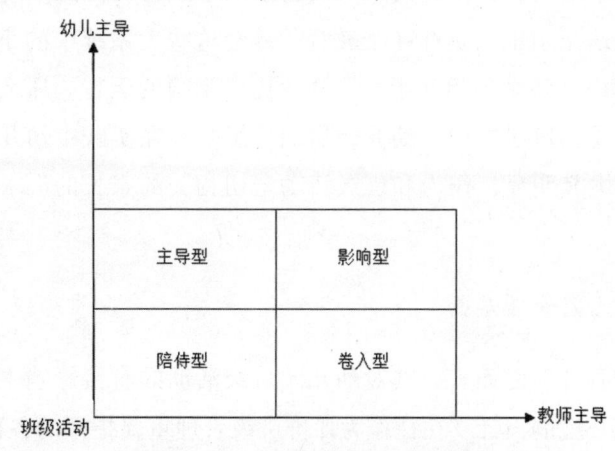

图 6-1 幼儿班级活动参与样态类型

在实践中，幼儿的班级活动参与权受到班级之外的环境、教师和幼儿自身因素的影响。"主导型"的幼儿参与样态极为少见，在本研究中并未发现此种类型。因此，根据这一类型划分，本章将对现实中存在的三种类型的幼儿班级活动参与权样态进行分析，主要分析这三种样态的形成原因、教师与幼儿如何互动、幼儿有什么样的表现、采取了什么样的行动、其行动逻辑是什么等。

第一节 "陪侍型"班级活动参与样态

"陪侍"（in attendance），旧时指辈分或地位低的人站在辈分或地位高的人旁边侍候，在本文中更多使用其引申意义，即在权力、地位上处于弱势者对权力、地位强势者行动的追随。从中可以看出，在情境中形成"陪侍"现象的主要因素是在这一情境中行为主体之间权力、地位的差异。

一、"陪侍型"班级活动参与样态的成因

龚廷泰（1994）指出，系统论强调各种事物都是一个系统，系统是普遍的，整个世界就是系统的集合，即宇宙间一切事物都自成系统同时又互为系统，整个物质世界其实是由具有无限层次的更小的子系统所组成的一个立体纵横、网络交错的总系统。[①] 根据系统论观点，幼儿园班级可以是相对独立的系统，但这一系统又嵌套在更大的幼儿园系统中成为幼儿园系统中的功能组成要素，而且幼儿园也只是存在于教育、社会这些大系统中的小系统。系统中的各个要素相互联系、相互影响，共同构成系统的运行。那么作为幼儿园中的班级必然受到班级之间、幼儿园层面的影响，在实践中幼儿园管理层面对班级的影响尤其明显，作为和班级活动密切相关的家长的诉求也是一个不可忽视的因素。

（一）幼儿园管理层面

从幼儿园管理层面而言，其对幼儿园班级活动的直接影响主要体现在幼儿园班级外部环境的设计、往往作为评价班级管理重要指标的各种硬性规定，以及对教师管理的各种要求和规定。

班级外部环境（幼儿园室外和室内环境）的设计主要由幼儿园管理者进行设计，这在之前的论述中已有说明。当然，幼儿园管理者并非凭空或者完全凭自己的意愿来设计幼儿园室外环境。在《幼儿园管理条例》中，对幼儿园室外环境创设做了很多原则性的规定，幼儿园管理者也会基于经验、外在

[①] 龚廷泰，陈章龙. 社会研究方法导论[M]. 北京：中国商业出版社，1994：22.

具有导向性的检查标准或者基于对幼儿需要、兴趣的"预设"进行幼儿园环境创设。但在实践中，管理者对幼儿需要和兴趣的"预设"往往不那么准确，如之前提到的水池，以及不少幼儿园采用的塑胶地面、人工草坪过度平整化等。有些幼儿园看似美如园林，却潜藏着不少在成人看来有趣，但幼儿不一定觉得有趣甚至不适合幼儿身心发展的设计。其主要原因在于在设计之初，幼儿园管理者几乎不会向幼儿、普通的班级幼儿教师征询意见，这导致幼儿参与活动受到"客观"的限制。

幼儿园的园务管理往往带有一定的"行政化"色彩，这种"行政化"色彩在公立幼儿园尤为明显。"行政化"有时带来相对僵化和不切实际的管理行为，管理者对常规的依赖、管理过程的预设、评价指标的"痴迷"，往往在很大程度上阻碍了教师的专业自主性［F老师：我们班级的环创啊，很多是他们（保教管理的领导）规定了必须有哪些版块，我们就按（照）规定来，其实有时候我们想有些东西是不是没必要……］。幼儿兴趣的生成性及变化是班级集体教学活动设计的重要参考，但在幼儿园保教中却没能给它留下充分的空间（Y2老师：嗯，我有考虑过以幼儿的兴趣来生成课程和班级活动主题，但是你知道的，这需要时间来考虑成熟，我们的活动设计都是提前交了的……）。活动的预设还体现在诸如J幼儿园的月主题设计、"红歌会"等大型节庆活动的设计，过多的活动预设对幼儿教师的专业自主产生了负面影响。幼儿园管理层面对教师业务评价也有一定的片面性，如以对教师集体教学、游戏活动的评价作为评价教师业务能力的重要指标。幼儿教育生活化、游戏化又决定了教师的日常教育，其和幼儿的互动及处理问题是其工作的主要部分，但这些在对教师的评价中往往很难体现出来，这导致教师往往更重视那些高结构活动。

（二）家长层面

家长是在园幼儿教育的重要利益相关者，更是幼儿园的"衣食父母"，因此家长的诉求也是影响班级活动的重要外在因素。在现实中，并非所有的家长都能够以专业的眼光看待幼儿园、幼儿以及幼儿教育，家长的诉求及观念无疑会对幼儿园及幼儿教师的工作产生压力。如在访谈中，就家长会不会要求教拼音识字、算术训练等问题，H老师说：

开学报名的时候，因为经常会有一些新的（家长）来报名，他会问幼园教不教写字、教不教加减法之类的，有的家长就会因为你不教直接就走了。因为旁边的私立幼儿园很多，他们就会去选择技能（拼音识字、算术教学）性比较强的，他们觉得我会直接看到成果。但是老师会给他解释，我会说我们不是不教，只是教的方式不一样，不会像那种让你每天布置作业，回去给你写一篇字，或者做一篇加减法的那种，我是通过……家长他是不会理解（的）。

虽然幼儿园和教师坚持了遵守相关规定的立场，但在班级活动中对这方面的考虑还是会有所顾忌。

在幼儿园生源竞争激烈的背景下，家长的择园观念会对幼儿园形成压力，有些在竞争中处于劣势的幼儿园为了争取生源，往往迎合家长的观念和诉求。肖灿（2014）在幼儿家长择园因素研究中发现，在影响家长择园的七个因素中，环境与设备因素排名第二。幼儿园的外在环境是家长能看得见的，且能根据自己的标准做出评价，虽然他们的标准往往不符合幼儿的标准，但在择园的决定权上，家长往往有最终的决定权。因此，不少幼儿园在资金有限的情况下，为了迎合家长的择园标准，在硬件上投入较多。

家长对教师的班级组织活动方面同样有自己的要求，如希望能够看到幼儿在园学习、生活的情况，加之一些负面事件的影响，家长对幼儿的安全显得相当焦虑，有的幼儿园甚至在教室开通监控供家长随时查看。同时，家长对能看到幼儿在舞台上的表现有着极高的热情，这也在某种程度上促成了不少类似诸如"红歌会"等成人主导下的幼儿活动。

二、"陪侍型"班级活动参与样态中的幼儿

在"陪侍型"幼儿参与样态中，来自幼儿园管理和家长等的外部因素对班级活动形成了外在的限制和规定，身处班级活动中的幼儿参与活动自然受到影响，幼儿与幼儿教师一样是相对被动的，被动适应是幼儿在"陪侍型"参与样态中最大的特点。在此样态中，幼儿对活动的设计、组织、环境创设基本没有发言权，幼儿多以自己对活动的理解被动地参与活动。教师也在被动的要求下组织活动，按照上级安排的线性活动按部就班地走，按照较为严格的一日活动安排、按照上级的每月活动预设不断地在看似井然有序的活动中找到一丝缝隙，根据自己的理解"享受"着外界预设之外的乐趣，比如活动中的音乐、节奏、表演或者其他。正如前文所述的水池设计、"红歌会"等

活动，组织者与幼儿在两个"理念"世界中平行，但又统一于"红歌会"这一活动，有些教师虽然对此颇有微词，但也无能为力。教师和幼儿都"陪侍"着来自班级活动的外部力量对活动的安排，在难以改变的情况下，"适应"似乎是唯一的选择，如对既有班级活动环境的适应、对不理解活动的适应。

  S 幼儿园，小班幼儿刚入园 5 天，今天有个活动环节是让幼儿学会挽起袖子（洗手的一个环节），大部分幼儿在三位老师的指导下都在尝试并学会了挽袖子的方法，两位老师用手机拍下幼儿学会挽袖子的照片（事后 W 老师告诉笔者，照片要发到家园联系微信群里，让家长知道幼儿学会了什么）。有两个幼儿因为分离焦虑伤心地哭着，两位老师看了这两个幼儿一会儿，拍完其他已经学会挽袖子的幼儿之后，尝试着让这两个在哭的幼儿停止哭泣、学挽袖子并拍照，有个幼儿没配合老师的要求，仍在哭着。另外一个幼儿被教室里另一幼儿玩陀螺的场景吸引，暂时忘记了哭泣，机械地挽起袖子，X 老师抓紧时机拍下照片，高兴地走了。这名幼儿回过神来，继续哭泣，三位老师并未再理会。

  在这一事件中，幼儿教师以"巧妙"的手段满足了家长的诉求，全然不顾幼儿的感受，幼儿只有被动适应，家长得到的也并非真实的情况。家长的诉求对教师形成的压力不但让教师的行动情非所愿，而且打乱了班级活动本该有的节奏，偏离了"一切为了孩子，为了孩子的一切"的初衷。玩沙、玩水是幼儿在园非常喜欢的活动，但在所调研的三个幼儿园中，S 幼儿园有非常好的沙池和水池；X 幼儿园除了水池高度欠妥之外，沙池相当完善；D 幼儿园没有沙池和水池。在笔者对每个幼儿园一个多月的调研中，只有 X 幼儿园每天有全园性的户外活动时间（40 分钟左右），幼儿可以在户外活动时间里自由玩沙、玩水；S 幼儿园虽然有完善的沙池、水池，但在调研期间从未有幼儿自由玩沙、玩水的时间（除去教师集体教学活动使用之外）；D 幼儿园的幼儿完全没有在园玩沙、玩水的机会。在谈起这一情况时，Y1 教师的话具有一定的代表性，她说：

  因为玩沙很麻烦啊！会把衣服这些打（弄）湿，鞋子里面又穿起沙（沙子弄进鞋里），然后裤子这些又弄湿了，老师的工作好难做，天天下午放学的时候要给家长解释,今天为什么衣服打湿了,衣服为什么弄脏了,今天鞋子又怎么样了。家长能理解你的都还好,不能理解你的,就会说你们老师怎么天天咋子(四川方言)的吗?家长就要说老师……

在随后的观察中,证实了在某种程度上家长传递给教师的"安全焦虑"。

  S幼儿园中班,上午10点50分。Z老师看到户外的场地有其他班的幼儿在活动,于是临时决定带幼儿在院内散步。Z老师在前面带领幼儿,Y老师和笔者跟在队伍后面,在经过沙石区时大多数幼儿都很兴奋,有的幼儿停下来捡卵石玩。Y老师说:"不要捡石头、扔石头,会伤到其他小朋友!"Y老师看到笔者在拍摄,有点不好意思地往前走,不过还是扫视了几个还准备捡石头玩的幼儿,最终幼儿们恋恋不舍地离开沙石区。笔者问走在最后的一个幼儿:"你喜欢玩沙吗?"幼儿:"喜欢。"笔者:"那你玩过沙吗?"幼儿:"玩过,在海滩上。"笔者:"那你在幼儿园玩过沙吗?"幼儿:"没有。"队伍在继续前行。

  家长对幼儿学习、活动的理解以及"安全焦虑"让教师很无奈,且倍感压力。幼儿在此情形下,除了适应,别无选择。幼儿也全然不知道"那些"是他们应得的权利。教师与幼儿在"陪侍型"活动参与样态中是单向的"命令—听从"的关系,教师只能在幼儿、家长、上级之间选择家长和上级并成为他们的代理人,毕竟幼儿是弱势的一方,也不清楚自己的权利。总之,教师和幼儿在"陪侍型"班级活动参与样态中都是被动的,适应是他们最好的选择,也是他们的行动逻辑所在。

第二节 "卷入型"班级活动参与样态

  "卷入"(be involved)一词在汉语中是"吸引进去",也可以理解为对某个活动、某个事物、某个产品与自己的关系或重要性的主观体验状态。在学术研究中,"卷入"一般对应英语"involved",但该词却不完全契合汉语语境。因为在汉语语境中,"卷入"一词带有贬义成分,而在英文中,

"involved"是一个中性词。本文所指的"卷入"为英文的原意,在《剑桥英语学习词典》(在线)中,"involved"有"being in a close relationship with someone(与某人有密切关系)""difficult to understand or deal with(难以理解或处理);complicated(复杂的)""interested in or taking part in an activity or event(对活动或事件感兴趣或参加某一活动或事件)"三种解释,在本研究中指的是第三种解释,即"对活动或事件感兴趣或参加某一活动或事件"。

"卷入型"班级活动参与样态最大的特点是幼儿基本上以被动参与为主,教师主导着班级活动的设计,幼儿在具体环节上可能会有一些有限的自主选择,但活动的主线仍然掌控在教师手中。

X幼儿园的科学课。Y老师从昨天幼儿在教室被香蕉皮滑倒一事,引出让幼儿想想幼儿园有没有垃圾。幼儿对这一问题表示出兴趣,纷纷说在哪里看到了垃圾。Y老师说:"那我们今天就看看幼儿园哪些地方有什么垃圾。"她拿出5张调查表,告诉幼儿,只有5张,不能每个人都有,怎么办呢?有幼儿建议分组,Y老师说:"分组的话,哪些人负责记录,哪些人负责准备材料呢?"有幼儿说可以选最乖的做记录,有幼儿说可以让小组长做记录,有幼儿说可以大家讨论……Y老师继续问:"那要去做调查,需要准备哪些材料?"有幼儿说要水彩笔和油画棒,Y老师让各组幼儿自己决定各自的分工,有小组采取剪刀石头布的方式,有小组采取讨论的形式。分工完毕,Y老师讲解了一下调查表使用方法。在正式调查之前,Y老师请小组的负责幼儿复述老师的要求,让各小组决定去幼儿园的哪些区域,幼儿提到的大多是幼儿园户外活动区,Y老师提示说,也可以到一楼、二楼、三楼,如果遇到问题可以问谁,然后提示如何使用礼貌用语。幼儿们开始行动……

相对而言,这样的活动在幼儿园较为常见,甚至可以说具有一定的典型性。活动由教师发起(结合幼儿已有经验),教师掌控着活动的主题、活动展开的环节、活动所需要的资源,甚至对活动结果的评价。幼儿在这类活动中有参与,体现了幼儿一定的主动性和能动性,但这些都以教师掌控活动的发起、设计为前提条件。幼儿对活动的参与是被限制的,在某种程度上可以称之为"练习",通过"练习"达到幼儿某些方面素质的提升。类似这样的活动在哈特的"参与阶梯"中属于 Level 5：被咨询且被告知,项目是由成人设计和运行的,但是儿童理解这个过程,他们的意见得到了认真地对待。当然,在现实中更高结构的幼儿班级活动也屡见不鲜,教师主导、幼儿被"卷入"的程度更加明显。

一、"卷入型"班级活动参与样态的成因

广告心理学对"卷入"的研究更多的是从"度"的角度进行的,并提出了一系列的"卷入度"解释、评估模型。本文则从主体自主角度来分析,意指主体在活动中自主地涉入。在班级活动中,"卷入型"班级活动参与样态是指幼儿自主涉入度较低、教师自主涉入度较高的状态。换句话说,教师主导着班级活动的绝大部分,幼儿只能跟随教师的脚步。此中涉及如何理解教师的儿童观及对教师与幼儿之间的权力关系的看法。

(一) 教师的儿童观

在谈及幼儿参与班级活动规则、环创、游戏等时,教师普遍倾向于低估幼儿的能力(这点先前已有不少案例和论述),倾向于把幼儿当成是向成人学习的学习者,教师作为班级活动的主导者因此也变得顺理成章。这些观念的背后倾向于用社会化理论的观点来看待和对待幼儿以及班级活动。

杜尔凯姆(Durkheim, 1961)认为,社会化是指让儿童成为他们所生活社会的成员的过程。规范的社会化模式来源于洛克的儿童形象,即"白板",儿童仅仅是他们所处环境的产物,因此,能够被他们在这种环境中的经历所塑造。通过提供正确的教育,儿童可以被塑造成一个负责任的成人和一个能为社会做贡献的人。因此,儿童被描绘成一个正在成长中的成人,成人应该认真对待特定的教育需求,使儿童成长为成熟的负责任的公民。

社会化理论应用在幼儿园教育中,即主要关注幼儿通过内化幼儿教师观念、行为的方式进行学习,以及在这一过程中积极和消极刺激的作用。幼儿被看成教师观念和知识的复制者,需要社会化。教师的作用是向幼儿灌输成为独立个体的能力。为此,幼儿教师是幼儿在社会化过程中的重要他人,主要关注的是幼儿将成为什么样的人,而不是他们现在是什么样的人。正如布朗利等人(Brownlee et al., 2009)在研究中指出的那样："对儿童学习持指

导观念的教育者认为幼儿是需要成人来引导的、具有依赖性的行动者,并扮演他们的榜样。"然而,对儿童学习持建构性概念的教育者将幼儿视为解读世界、塑造学习的能手,而成人的角色则被认为是支持儿童的参与。

从社会建构主义的观点来看,幼儿不是被动的接受者,而是在自己的社会化过程中发挥着积极的作用。幼儿教育中的学习可以看作是一个动态的过程,儿童通过积极的意义创造融入社会文化、实践和价值观。马修斯(Matthews,2007)认为,孩子的"白板"形象通常适用于婴儿,虽然我们不能否认人类婴儿相对于其他灵长类动物有极端的依赖性,但越来越多的证据表明婴儿不是"白板"。根据平克(Pinker,2002)的研究,"婴儿从进入这个世界的那一刻起就用他们的大脑对这个世界做出反应。因此,传统的社会化理论是不完善的,因为它未能认识到儿童解释社会世界并采取行动的能力"。

这些教师的深层理论观点体现在班级活动实践中,"卷入型"幼儿参与样态占了相当大的比重,幼儿在这种参与样态中,更多的是在教师的主导下寻求"缝隙"体现自主,其中消极抗争是其主要表现形式。

(二)教师的儿童权利本质观

希尔等学者(2004)认为,"几乎所有关于儿童参与的论述都至少蓄地提到了权力的概念;然而,很少会涉及明确的……权力的含义和权力如何运作"。辛克莱尔(Sinclair,2004)也指出,"参与是一种复杂而动态的现象,参与的关键要素是儿童参与权力问题,如决策、参与活动和实践的性质、参与儿的特点和参与程度"[1]。澄清权力是什么以及如何运作对于理解幼儿班级活动参与至关重要,因为任何参与协商或决策的过程都涉及某种权力。通过分析教师在班级活动实践中体现出来的权力观,是理解"卷入型"幼儿参与样态形成原因的要点。

之所以在"卷入型"样态中幼儿处于教师的"统治"之下,形成幼儿对教师主导的依从,如课程、游戏、生活活动中教师对活动的主导、一日活动的线性化,是因为幼儿教师在师幼权力关系中,体现出来的是以现有的"基

---

[1] SINCLAIR R. Participation in practice: Making it meaningful, effective and sustain able [J]. Children and Society, 2004 (18): 106-118.

于谁有权力：成人、儿童还是两者都有？以此来划分儿童参与"[1] 的理论作为指导。很显然，在这一理论指导下，教师的权力显然要远远大于幼儿。

这种权力观还体现在哈特（1992）的"参与阶梯"中，即成人和儿童之间的"共享权力"通常被认为是参与的"高点"；在希尔（2001）的"参与类型"中，完全参与需要成人"放弃"他们的一些权力。虽然在类型上有所不同，但其本质是相同的：权力被理解为成人拥有，如果他们愿意的话可以转移给儿童的东西。这在马科诺奇（Heloise Maconochie, 2013）看来即是"独立自主"（sovereign）[2] 的权力观。

马奎尔（Maguire, 1987）认为，"独立自主"的权力观是一种权力从社会等级的顶端向下散发，用于控制和使人民服从，并重新创造维持统治关系的意识形态。在这样的权力观之下，权力被认为是一种在强大主体中固有的商品，是一种由一群主体（如统治阶级）强加给其他主体的力量。它在拥有它的人（如成人）和缺乏它的人（如儿童）之间是两极分化的。希尔等人（2004）认为，从这个意义上讲，权力是一种零和博弈（zero-sum），只有从另一方获得权力。根据这一权力观，在涉及儿童参与权时，则致力于探讨如何在成人和儿童之间减少权力差异，以及如何对儿童"赋权""倾听儿童"。

在幼儿班级活动中，参与意味着幼儿与教师在环境中的互动，在参与过程中，教师作为幼儿能力发展的观察者和支持者发挥着重要作用，幼儿和教师之间的信任构成了参与问题的基础。幼儿与他们信任的教师以及他们喜欢与之建立良好关系的人交流得更好。当我们考虑到幼儿及其在班级活动中的参与时，"独立自主"的权力观存在问题，不可否认，教师在智力、体力、知识、经验上都有巨大优势，幼儿在生活、学习方面要依赖于教师。然而，"独立自主"的权力观没有考虑到幼儿的能动性，也没有考虑到幼儿会以自己的方式对抗教师的行动。因此，梅耶尔（2000）和克里斯坦森（2004）认为，权力的讨论需要从承认而不是忽视幼儿的从属地位开始，然后超越这一"独立自主"的权力观——"一个群体拥有权力，另一个群体没有权力，转向更为复杂的理解"。克里斯坦森（2004）进而提出"我们应从把权力视为居于

---

[1] GALLAGHER M. Foucault, power and participation [J]. International Journal of Children's Rights, 2008, 16 (3): 395-406.

[2] MACONOCHIE H. Young children's participation in a Sure Start Children's Centre [D]. Sheffield: Sheffield Hallam University, 2013.

人和社会地位上，转向把权力视为嵌入社会过程和话语中"。

二、"卷入型"班级活动参与样态中的幼儿

"卷入型"班级活动参与样态中，幼儿教师的儿童观以及对师幼之间权力关系的实践导致教师在此样态中持主导地位，并对幼儿进行规训。幼儿在此参与样态中处于被动、被规训地位，但幼儿也以自己的行动寻找"缝隙"竭力彰显自主。

抛开之前"独立自主"的权力观，权力被行使而不是被占有、分散的观念，这起源于福柯对权力的理解。以福柯的权力观来看待班级活动中师幼权力关系，我们能得到新的理解。根据福柯的权力观，权力不集中在社会结构的某些领域，也不是个人持有、占有、划分或分配的商品，它只通过行动存在，是一种无所不在的力量，作为所有社会关系无处不在的一个特征。因此，权力不是在强大的个人、团体或机构中固有的，而是分散在复杂的话语网络、技术和关系中的。权力不是一种"物品"，而是一种"关系"，是流动的，对不断地变化和影响是开放的。

> 权力必须作为一种循环的东西来分析，或者更确切地说，作为一种只以链条的形式起作用的东西来分析。它从不局限于这里或那里，从不在任何人的手中，从不被当作商品或财富。权力通过类似网络的组织来使用和行使。[①]

在《规训与惩罚》（1977年）和《福柯：知识与权力》（2001年）中，福柯着重于权力作为支配地位的整体性。他探索了知识和权力的规训机制塑造"个体"的方式，利用日益复杂的监测技术来创造、分类和控制社会主体中的异常现象，并将个体构建为"温顺的主体"。规训权力能够通过知识和真理的主张以及运用一系列技术或规训，如监督、规范化、排除、分类和管制，来塑造整个人群和个人主体性，因此，规训权力是一种客观的力量。将福柯的思想运用到幼儿班级活动参与中，作为一种话语和技术，参与可以被看作

---

① FOUCAULT M. Power/knowledge: Selected interviews and other writings 1972-1977 [M]. London: Harvester Wheatsheaf, 1980: 98.

是另一种更有效地管理幼儿的手段而不必让他们意识到这一点。这不是通过强迫或直接武力，而是通过"倾听"的技巧使幼儿更经常地受到注视，但这并非对幼儿参与班级活动的贬低，而是为我们如何理解师幼之间的权力提供视角。与权力本质上是消极或压抑的观点形成鲜明对比的是，福柯认为权力本身就具有生产力（行动、效果和主体），即使在最压迫时也是如此，但这并非是对"卷入型"参与样态中教师对班级活动的绝对把控的合理性进行辩护，福柯后来关于"治理"的研究对这一点做了很好的说明，参与作为一种管理权力的形式，并不是因为它控制或抑制了个人的自由，而是因为它为主体定义了一种特定的可能性，即将自由付诸实践，管理自己。

（一）幼儿消极顺从

面对幼儿教师的"胡萝卜加大棒"，在班级活动中，幼儿也并非作为绝对的"容器"而存在，幼儿以消极顺从表现自主，这在教师看来就是幼儿不听话、不情愿或者拖拖拉拉等。

图 6-2　幼儿趴在小圆凳上休息

D 幼儿园大班，上午户外体育活动。今天仍然是教师创编的固定体育活动，小圆凳是这个活动的道具之一。Y 老师带着幼儿到操场，操场中由 W 老师事先准备好了小圆凳，围成一圈，先到的幼儿

<<< 第六章 幼儿行使班级活动参与权的样态

看到凳子比较兴奋,当作鼓敲了起来,Y老师严厉批评了其中几个幼儿,甚至把一个再三警告无效之后仍然在敲凳子的幼儿赶到边上站着,然后命令幼儿蹲着趴在小圆凳上休息(见图6-2),有几个幼儿非常不情愿地趴在上面,眼睛却四处张望。两分钟后,幼儿基本安静下来,活动开始……活动结束后,笔者访谈了两个幼儿,笔者:"为什么要趴在小圆凳上休息呢?"A、B幼儿:"老师说的。"笔者:"那你喜欢这样休息吗?"A、B幼儿:"不喜欢!"笔者:"那可以不那样休息吗?"A幼儿:"不行。"B幼儿:"要罚站的!"

在这一事件中,教师无疑用她的权威、惩罚手段来控制幼儿的行为,所谓"休息",只不过是教师对秩序的追求。面对教师的权威和惩罚,大多数幼儿选择了顺从,但这种顺从是消极的,并非幼儿自愿。幼儿以这种消极顺从来表达自己的想法,但作为外在行为的信号,又被教师倾向于理解为不听话、不守纪律。类似这样的消极顺从在班级活动中非常常见,如要求幼儿安静休息时,有些幼儿虽然还想做游戏或者其他,但都不得不整齐划一地趴在桌面上"休息"。在教师看来,要求幼儿休息是体现了遵循幼儿身体节律的行为,是站在幼儿立场考虑,但是这种机械的"管制"无疑是效果甚微的。与此相类似的是,教师有时为了体现幼儿"充分参与了",利用权威进行"安排"幼儿参与而无视幼儿的自主意愿,在围绕幼儿在活动中的参与机会与教师的访谈中,W老师介绍了她的做法:

> 比如在戏剧中,有些小朋友真的特别不想参与,那么我们就会在戏剧中让他去扮演石头,他可以不动,但是我们要设定一个游戏情节,让他知道他是在这个游戏里面的。他自己不想参与,但老师会给他一个角色让他参与到里面。你可以不动,你可以演一个石头,你不想演爸爸妈妈,你可以演一个小娃娃;你不想演爸爸妈妈,你可以演一个(张)床,(反正)你要融到游戏里面成为游戏里的一个部分。不一定要成为一个角色,爸爸妈妈或者娃娃,但是你可以成为其他的,比如桌子、凳子、小铲子(你的手可以怎么样)、小沙发这些。

在福柯关于治理的研究中，权力作为社会生产而非社会控制而存在，它描述的是个人自我管理的过程。有效的治理并不取决于粉碎主体的能动性，而是以特定的方式培养这种能动性，使自我是约束自我的"同谋"（福柯，1992）。因此，主体被重新定义，例如作为自主学习者或参与学习的幼儿。这一论点的核心是这样一个观点，即权力的行使需要主体自愿的服从。权力在"规范化"的情况下最有效：自我期望和自我治理产生顺从的主体，这些主体通过自己的思想、言语和行为，积极地再现主导话语，例如"参与"，而不是被迫这样做。在"卷入型"班级活动参与样态中，幼儿面对教师的权威和预设往往只能选择顺从，因为不顺从意味着要被惩罚，顺从则能被教师视为遵守活动秩序、听话或者乖。

在"卷入型"班级活动样态中，教师对活动的预设、对幼儿的规训和控制并不意味着教师完全不会在认为合适的范围内赋予幼儿权力，因为教师知道幼儿喜欢自由活动，因此，他们在班级活动的安排或者在具体的活动中安排自由活动、操作的环节，让幼儿获得自控感。在观察中也发现，三所幼儿园的幼儿在早上桌面游戏活动时间里，都可以自由选择玩什么、和谁玩，在活动的间隙，幼儿也可以在遵守某些规则的情况下自由活动。因此，在"卷入型"班级活动参与样态中，教师不仅通过拒绝，而且通过许可来支配。

（二）幼儿消极反抗

在"卷入型"班级参与活动样态中，消极反抗是幼儿在应对教师权威和规训时的另一种反应。消极反抗与消极顺从不同，消极反抗采取的是与教师对抗性的行动，但又力图避免教师惩罚的策略。但与消极顺从相同的是，两者都是幼儿通过行为、情绪表现自主。

> S幼儿园中班，上午。户外活动结束后，幼儿回到教室。Z老师要求幼儿回到座位上安静坐着。Y老师和Z老师让幼儿把垫在背上的汗巾拿出来，有些幼儿自己就完成了，有些幼儿在教师协助下把汗巾拿出来。Z老师要求幼儿自己把汗巾折叠好放在本组桌上的筐里，然后趴在桌上安静休息。大部分幼儿按照老师要求折好汗巾，然后趴在桌上休息。由于刚从户外活动回来，靠近笔者边上的两个幼儿还处于兴奋状态，他们把汗巾筐和毛巾当成玩具在桌上玩了起

来。Z老师发现后过来严厉批评了他们，让他们趴着安静休息。趁着Z老师出去，两个幼儿又偷偷用汗巾和汗巾筐玩起了游戏……

在班级活动中，教师掌控着时间节奏、空间规划、各种材料等，对这些资源的掌控是形成教师权力、权威的重要基础。他们出于管理的效率而形成精细化的规则。在这一事件中，幼儿刚从剧烈的户外运动中停下来，休息本无可厚非，但是以统一趴在桌子上不能动的方式休息似乎欠妥。这两个幼儿看似调皮，或者不听话，却展现了幼儿在面对教师严格的规训与控制时，通过"隐秘"的行动把内在的"自由意志"表达出来。在一次与幼儿的谈话中，也印证了幼儿的"狡黠"（在午睡结束后，笔者问一名幼儿："今天睡得好吗？"幼儿："我没睡着。"笔者："没睡着？那你在做什么？"幼儿："我在玩手指。"笔者："老师没发现吗？"幼儿："没有，老师来了，我就闭起眼睛……"）。

除了对规则采取消极反抗之外，幼儿对班级活动的时间安排也会有自己的挑战策略。班级活动的时间节律往往体现在一日活动安排表中，时间节律的主动权掌握在教师手里，幼儿根据教师发出的活动时间节点信号或指令，跟随时间节律过着班级生活。时间安排也体现了教师的权力意志，尽管这种意志体现自认为是对幼儿身心节律的关照。幼儿在面对教师的活动时间节点指令时，也会采取诸如借故拖延、装作没听到等策略进行反规训，以彰显自己的自由意志、满足自己的乐趣需要。

X幼儿园中班，某天上午10点20分左右，H老师宣布区角游戏开始。幼儿们按照各自预约的区角开始游戏。由于室内空间有限，建构区的材料较多，且要求的空间要大一些，H老师把建构区的活动地点安排在室外的人工草坪上。到了11点，H老师用钢琴弹奏乐曲提醒幼儿活动结束，应收拾好建构材料回活动室休息。建构区的幼儿仍然在玩着建构游戏，直到H老师出来提醒，才慢吞吞地开始收拾，在收拾材料的过程中，又似乎忘记了当前的任务是收拾材料，又拿着建构材料开始玩了起来，直到H老师出来很生气地再次下达指令，几名幼儿迅速地收拾好材料回教室。

按照该班区角活动规则，谁在哪个区角玩了就由谁一起收拾材料，几名幼儿似乎揣摩透了 H 老师的"法不责众"，采取故意拖延的策略，因为游戏活动的时间安排并不能满足幼儿自由游戏的需要。幼儿的策略无疑是成功的，既在规训的范围内，又逃脱了惩罚。但是，随着教师对规则的修订，或者增加惩罚的力度等规训措施的完善，这种策略成功的机会也会变小，不过幼儿总能有"巧妙"获益而又不受惩罚的策略。

(三) 幼儿积极反抗

巴伯（Bernard Barber）指出"人不是生活在一个顺从的而是在一个抵抗的环境之中，生活在一个他必须不断努力加以控制的环境之中"①。当个体非常重要的利益受损且消极反抗策略失去效力的时候，个体倾向于使用积极反抗的方式展示自己的利益诉求。与消极顺从和消极反抗不同，积极反抗带有强烈的外在表现，如通过强烈的情绪表现、行为表现来对损害其利益者显示其抗争。

在"卷入型"班级活动参与样态中，幼儿的自主性在教师的规训控制之下主要呈现被压迫的态势。当幼儿通过消极顺从、消极反抗无法满足其需要时，就有可能采取积极反抗的方式彰显其自由意志，"哪里有压迫，哪里就有反抗"也充分说明了在权力系统中本身就孕育着反抗的可能。当然，幼儿是否采取积极反抗与幼儿的个体差异以及教师的规训手段、策略等有直接联系。在积极反抗中，"强硬"的教师往往能凭借其体力、能力、"智慧"赢得对抗，当然，教师也会选择性地向幼儿做暂时性的妥协。

> D 幼儿园，某天中午。按照一日活动安排，幼儿排队进入寝室午休。在走廊上，隔壁大班的老师与一名女幼儿在"对峙"，幼儿在寝室门口靠墙站着，望着老师。老师大声地说："你到底睡不睡？"女孩："不睡！"教师："其他小朋友都睡，你为什么不睡？"幼儿："就不睡！"教师试图拉幼儿进寝室，幼儿哭闹起来，坐在地上不肯起来，过了几分钟，还是站起来了。教师："那你爱站着就站着吧！"

---

① 巴伯. 科学与社会秩序 [M]. 顾昕，郑斌祥，赵雷进，译. 北京：生活·读书·新知三联书店，1991：6.

隔了几分钟，教师："你过来，我慢慢和你说。"幼儿走过去，教师："你说你怎么站的？我会像你那样站吗？说话的时候眼睛看哪里？你看（指着笔者），叔叔在那里，看到你坐在地上，好吗？"最终，幼儿很不情愿地被老师带进寝室。

幼儿有自我主张，但往往是任性的。虽然带有强烈的情绪，但幼儿确实传达了主体意识觉醒的信号。按照一日活动安排，幼儿必须按时休息（在所调研的三所幼儿园的班级，绝大部分教师都要求幼儿在规定时间午休），教师为了追求秩序的完整性、对规则权威性的损害以及对安全的顾虑，用规则和其他幼儿的顺从表现为武器强制幼儿午睡。在教师看来，幼儿强烈的反抗是对规则和权威的挑战，是不合理性逻辑的。但是幼儿的积极反抗也是维护自己权利的一种方式，尽管有时只是暂时性的利益（针对幼儿自己选择座位的问题，W老师：一般当孩子还处在有情绪的时候呢，我们会遵循他的意见，但当他情绪慢慢稳定了、开始适应幼儿园生活了，我们还是会按照老师的要求做。因为在一个集体中要是完全没有规则的话，这个班的很多活动是没有办法开展的。24个小朋友、24张嘴、24个想法，你不可能一一实现他们所有的想法，那么你就要有一个统一的标准……）。

教师清楚高结构、高控制的班级活动不利于幼儿的自主，甚至幼儿的利益，但出于对权威的维护以及秩序的追求很难做出让步，因为让步意味着权威、秩序的崩塌，会导致更多例外的产生，这会让班级活动无法按照预设顺利进行，也会额外花费更多的精力成本、时间成本和心理成本等。因此，教师衡量是否"容忍"那些"麻烦制造者"的标准是对其最终利益的考量。虽然对于积极反抗型的幼儿会做出暂时性的妥协，但终将归于服从规则的"平静"，对那些对规则形成威胁的"麻烦制造者"采取"胡萝卜加大棒"的政策，恢复在原有规则约束下的稳定。

第三节 "影响型"班级活动参与样态

"影响"（influence）在《现代汉语词典》（第7版）中的解释有两种：（1）作为动词，指对别人的思想或行动起作用；（2）作为名词，指对人或事物所起的作用。① 本研究中，这个词作为动词解，即人以间接或无形的方式来作用或改变他人的行为、思想，在"影响型"班级活动参与样态中，则指幼儿以间接或无形的方式来作用或改变教师的行为、思想。这与乔娜（2016）所指出的"儿童的参与被视为一种与尊重和倾听儿童并对他们的事务感兴趣的成年人解释世界的共同活动"的理念相一致。

一、"影响型"班级活动参与样态的成因

幼儿与教师共同对班级活动设计、进程、评价产生影响是"影响型"班级活动参与样态的主要特征。在此样态中，教师把幼儿视为班级活动的共同构建者，考虑幼儿的需要、兴趣、想法和意见，并努力营造民主的班级活动环境，幼儿的需要、兴趣、想法和意见对班级活动产生了影响。这是较为理想的班级活动参与样态，但在调研中这种的样态较为少见，"陪侍型"与"卷入型"参与样态是幼儿园班级活动参与样态的主流。之所以有"影响型"班级活动参与样态，主要与教师正确的班级活动观、幼儿观以及幼儿自身的个性特征有关。克朗等人（2017）对幼儿园见习教师与4—6岁儿童合作的行为以及参与课堂活动的权利进行研究发现，在幼儿对班级活动产生影响的情境中，教师均采用以儿童为中心的教学方法，实行民主的课堂管理；教师为孩子们提供了不同的选择，并尊重他们的选择；教师向他们提出指导性问题，以帮助表达他们的观点和愿望；既考虑儿童的愿望，又为儿童创造决策机会。

从符号互动论的视角来看，互动是个体在社会中生存与发展的重要前提，也是形成社会变化过程、结果的基础。由此看来，班级活动也是教师与幼儿无数个互动构成的情境和结果。教师在日常实践中与幼儿一起工作并与他们互动的作用，被视为支持幼儿参与和加强参与式教育的必要条件。调研发现，形成"影响型"班级活动参与样态与教师和幼儿双方有着密切的联系。

教师在班级活动中占据主导地位，他们的班级活动观、幼儿观对形成什么样的班级活动参与样态至关重要。在对X幼儿园大班的系列班级活动的观察和分析中可以看到教师的活动观和幼儿观特点（以下是对X幼儿园大班的Y老师进行的访谈和观察所做的整理，以呈现事件的原貌）。

---

① 中国社会科学院语言研究所词典编辑室. 现代汉语词典：第7版[M]. 北京：商务印书馆, 2016: 1573.

X 幼儿园大班 1 班。主班 Y 老师在户外活动时发现，明宇看到草坪上有一个矿泉水瓶就把它捡起来，另一位幼儿看到后就说："别人丢在那的东西很脏，不能随便碰！"明宇："这是垃圾，要污染环境。"其他幼儿看到后，很有兴趣，在得到 Y 老师对于"矿泉水瓶是垃圾"的肯定后，大家就在草坪找起矿泉水瓶，不过却再也没有发现，幼儿有点失落。Y 老师发现，户外的场地中确实有不少的垃圾（纸屑、落叶、矿泉水瓶等），于是就思考能否在这个月设计以环保为主题的活动。随后的三周中，Y 老师以"生活中哪些地方有垃圾？→乱扔垃圾会……→怎么办？（垃圾分类与处理）"为活动逻辑主线设计活动，涵盖健康、语言、社会、科学、艺术五大领域，活动按照主线逐步推进，幼儿的兴致和活动参与度都很高。最后完整呈现出来的活动如图 6-3 所示。

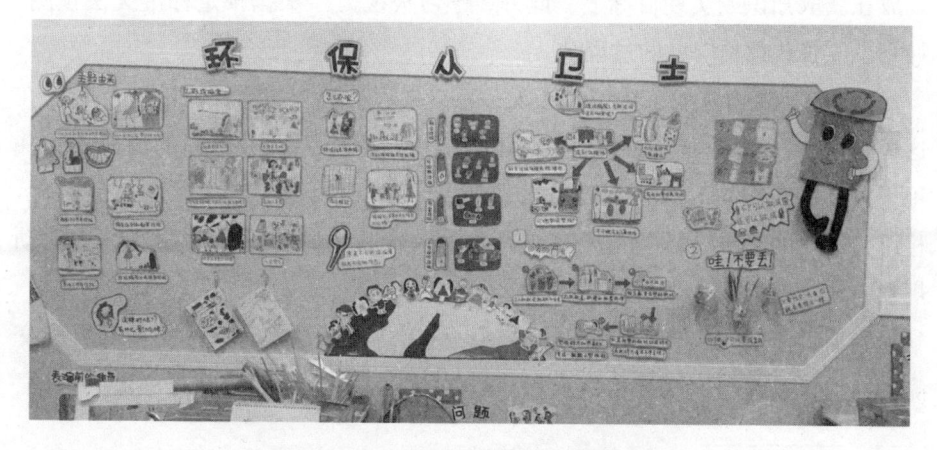

图 6-3　X 幼儿园大班 1 班主题活动生成

教育工作者在日常实践中与儿童一起工作并与他们互动的作用，被视为支持儿童参与和加强参与式教育的必要条件。卡尔森（Karlsson，2005）认为，支持儿童的参与可以通过教育者表明的三种不同视角来评判。在第一种视角中，教育者只为加强自己的想法和学习观念，儿童的观点和能力才得到低水平的支持；在第二种视角中，教育者根据成人认为重要的学习目标或价值观支持儿童在互动中的发展；在第三种视角中，教育者对儿童的观点很敏感，他们认为了解儿童的想法是他们与儿童共同工作的基础。在这一班级活动中，Y老师属于第三种视角。Y老师之所以能以幼儿的兴趣点为契机设计班级活动，很大程度上在于Y老师对班级活动、幼儿的看法以及教师在班级活动中的角色定位使然（Y老师本科毕业，从教5年，对学前教育事业充满热情，好学，善于反思，也乐于、敢于实践新的理念）。成人的社会角色是影响儿童对成人认知的重要因素。帕森斯等人（Parsons et al., 1951）认为"社会角色通常被认为是功能和权力关系相当静态的归属"①。但是从社会认可的行为可能性的角度来看，虽然在社会角色和情境中可以发现规律性，但它们不是静态的，互动的个体为彼此的行为创造了条件。

在这里，教师被定位为与幼儿相对平等（教师还是掌控着时间、空间、资源）的角色。与以预定结果和同质评估模型为特点的班级活动观（如"陪侍型"与"卷入型"）不同，班级活动也被视为类似在德勒兹（Deleuze）与瓜塔里（Guattari, 1987）的"根茎"（rhizomes）②隐喻下的学习观、活动观。幼儿参与班级活动设计的重点放在当时学习过程中的任何事情上，而不是放在获取知识或实现目标上。此外，学习被视为"根据预定标准无法预测、计划、监督或评估"③的过程。

"根茎"隐喻挑战了传统的因果关系，知识被视为关系领域的一部分。在这种视角中，教师可以避免确定具体的知识目标作为学习过程的出发点，并用于评估每个幼儿，幼儿不再是被塑造、开发、教育和/或照顾的被动对象。相反，幼儿的兴趣、需要、愿望被听取和考虑，教师将他们的想法纳入活动规划，使幼儿成为产生新现实的一部分。

雅斯贝尔斯（Karl Theodor Jaspers）认为，教育是人对人的主体间灵肉交流的活动，是人与人精神相契合和我与你的对话，训练和控制是心灵的阻隔，

---

① PARSONS T, SHILS E. Toward a general theory of action [M]. Cambridge: Harvard University Press, 1951: 190-233.
② Deleuze和Guattari（1987）使用"根茎"的隐喻来描述知识创造中的网络。他们描述根茎，使其作为动态实体。不同于具有固定根源的树根，根茎是有结节的、多面的、不定的，并且它们以非线性和非层次性的组合与其他事物相连。有根茎，任何事物都可以与其他事物相互连接。它试图超越人们认为理所当然和已经定义的既定立场和惯常的思维、谈话和行动方式。它是一种哲学，着重于不断产生的渗漏（leakages），并认为这些渗漏是任何结构或系统所固有的非话语性、不可解释性的潜能，不需要被解构，而需要被激活。
③ OLSSON L M. Movement and experimentation in young children's learning: Deleuze and Guattari in early childhood education [M]. New York: Routledge, 2009: 117.

如果把教育当作训练，人就成为单纯的客体。① 幼儿作为"自我生活世界的专家"②，对周围世界有着独特的看法和体验。在形成"影响型"的班级活动参与样态过程中，幼儿的个性特征（如外向、勇敢、表达能力强等）可能是较弱的因素，鲁达西尔等人（Rudasill et al., 2006）的研究发现"幼儿的性格和语言能力会影响到其师幼关系的质量。例如，性格外向但语言能力较差的幼儿容易与教师发生冲突，师幼关系可能会不和谐；性格内向但语言发展较好的幼儿会易于与教师产生依恋关系"③。

在实践中，幼儿的个性特征能不能得以充分表现，很大程度上取决于能不能遇到类似 Y 老师的教师。如果是专制且专注于按部就班机械执行活动预定方案、以教师为中心的教师，有个性的幼儿只会是他们眼里的"麻烦制造者"。如果是以"幼儿中心"观念为班级活动指导的教师，幼儿原来诸如内向、胆怯、表达能力差等个性特征会得到改善，原来外向、勇敢、表达能力强等个性特征则会得到进一步强化，最终形成良性循环，进而形成良好的师幼关系，从而为形成"影响型"班级活动参与样态奠定基础。

二、"影响型"班级活动参与样态中的幼儿

在"影响型"班级活动参与样态中，由于得到教师的支持，幼儿乐于参与到班级活动中，在看到自己的意见和想法变成班级活动实践后，幼儿参与班级活动的积极性、责任感都能得到提高。在调研期间，我对 S 幼儿园小班 2 班建构区活动规则的形成进行了详细调研，包括对教师和幼儿进而访谈、观察，以下是对整个事件过程和结果的描述和分析。

> S 幼儿园小班 2 班主班教师 K 老师观察到幼儿最近对新开放的建构区很有兴趣。一到区角活动时间，很多幼儿都进入建构区，虽然 K 老师在班上说过每个区角一次不能进太多人，但最多的时候有

---

① 雅斯贝尔斯. 什么是教育 [M]. 邹进, 译. 北京: 生活·读书·新知三联书店, 1991: 2-3.
② DANBYS M J. Children as experts in their lives: Child inclusive research [J]. Child Indicators Research, 2011 (2): 185-189.
③ RUDASILL, MORITZ M, SARA E, et al. Temperament and language skills as predictors of teacher-child relationship quality in preschoo [J]. Early Education and Development, 2006, 17 (2): 271-291.

10 名幼儿进入。在一次建构区游戏中，3 名幼儿因为争抢玩具发生了肢体冲突，在 K 老师和 M 老师的协调下纠纷得以解决。K 老师为此制定了设计区角活动规则的计划。在一次例行的区角活动总结中，K 老师就建构区中的问题和幼儿一起进行了总结，有幼儿说"不能打架、不能拿太多玩具……"，总结之后，具体的问题主要有：人数多、太吵、乱丢玩具、霸占太多玩具。然后把问题抛给幼儿，让其思考如何解决。有些幼儿站起来说了自己的想法和理由，有些幼儿在 K 老师的邀请下说了一些想法和理由，K 老师进行了记录总结，然后把每一条再次让幼儿讨论，最后基本取得一致意见。K 老师又让幼儿想办法把这些规则呈现出来，有幼儿说画画，有幼儿说记住就行了，最后 K 老师建议以图文结合的方式来呈现。在规则实施后两天，在总结区角规则执行情况时，幼儿提出 9 个人太多，再次进行商讨，最终达成一致，每次只能进去 8 个人。最终的区角活动规则如图 6-4 所示。

图 6-4　S 幼儿园小班 2 班建构区规则

班级活动规则实质上是一种以调节幼儿关系、规范幼儿参与班级活动为目的的行为准则。童世骏认为"没有主体间性就没有规则，规则或规范是根据一种主体间承认的意义而有效的"①，即规则是互动的产物，班级活动规则实际上是幼儿不同的交往关系和参与班级活动的方式的产物。在裘指挥与张丽对班级规则的分析中，以上事件规则的产生类型属于"理性自发型"，即

---

① 童世骏. 没有"主体间性"就没有"规则"：论哈贝马斯的规则观 [J]. 复旦学报（社会科学版），2002（5）：23-32.

"主要指学生通过交往协作、冲突博弈而生成的规则"①。

规则的形成并非一蹴而就，因为幼儿的交往关系和参与班级活动的方式在变化，不能随意复制粘贴其他班的类似规则。所制定的规则必须是基于幼儿"需要它"，而非前文所论及的班级规则泛化，即只有在幼儿交往和活动参与中遇到"麻烦"时，成为幼儿顺利交往、参与班级活动的"需要"时，才有必要引导幼儿制定相应的规则，而不是宽泛地问"我们班需要什么规则呀？"。

在意识到区角活动规则成为幼儿交往和参与班级活动的"需要"之后，K老师没有独断，而是与幼儿商讨，因为幼儿参与规则制定的核心是班级主体间（幼儿与幼儿、幼儿与教师）的平等协商，让幼儿意识到制定、维护班级活动规则牵涉到每个人的利益，也是大家的共同责任。在商讨中，幼儿相互倾听、教师倾听幼儿的意见和想法，体现了交往主体间的平等对话。幼儿的想法是五花八门的，甚至有些超出成人的预期，这也印证了"幼儿是他们生活的专家"，而并非如之前提到的对小班幼儿能力低估出现的情形。幼儿的想法和意见的多样性得到尊重，对形成民主、融洽的班级人际氛围起到了至关重要的作用。

班级活动不同于普通意义上具有较强稳定性的法律，它本身是幼儿交往和参与活动的产物。随着规则在实际中规范幼儿的交往和参与班级活动，幼儿会体验到现有规则的"不恰当性"，班级活动各主体间进行新的协商，修改班级活动规则也体现了规则的弹性，让幼儿知道了规则是为了交往和班级活动参与而存在的，而不是为了约束、阻碍大家的交往和参与。当规则偏离了这一目的是可以改变的，并非一成不变。在实践中，幼儿也不会机械教条地对待班级活动规则。

在规则的陈述表现上有两种方式：一为"不能……禁止……"的律令式；二为具有正向意义的协商式，如"爱护……轻轻……"。当然，在习惯了成人"律令式"的要求时，幼儿在制定规则时也可能出现"律令式"的规则。教师应尽量引导幼儿生成正向规则，因为正向规则给人协商式的感受，也有表达幼儿权利的意味。为了达到这一点，可能需要教师在平时多使用正向意义、

---

① 裴指挥与张丽（2006）根据生成路径把班级规则分成"理性自发型、理性自上而下型、非理性行为规范"。

协商的话语。幼儿的语言表达和理解能力有限，在制定规则时，K老师并未使用非常书面语式的语言来呈现规则，因为规则是规范幼儿交往和参与活动的，必须被幼儿所理解，而非应付上级检查，因此，幼儿化语言和图画是呈现班级活动规则的最好方式。

在这一事件中，我们可以看到，在"影响型"班级活动参与样态中，幼儿是作为班级活动的主人而出现的，与教师之间是平等的，教师则作为引导和提供条件的角色而出现。幼儿的意见和想法最终影响了整个事件，体现了幼儿是班级活动的主人这一理念。正如普劳特等人（Prout et al., 2006）所说的，儿童的潜在贡献是巨大的，但只有通过他们的积极参与才能实现。当然，在观察中发现，非常完整的"影响型"班级活动参与样态在实践中不是常态，而"陪侍型"与"卷入型"班级活动参与样态在班级活动中占据主导地位。

本章小结

教师与幼儿的权利分享是构建"空间—关系过程"的核心，这种权利分享在实践中则表现为"教师主导—幼儿主导"的关系。对幼儿班级活动参与样态的分析可以采用如下四种类型：影响型，教师与幼儿分享权利，共同构建班级活动的意义；卷入型，教师主导，幼儿跟随教师的步伐；主导型，幼儿主导，教师提供条件；陪侍型，教师和幼儿都无法主导。

幼儿园管理中的班级活动室外环境创设、园务管理的"行政化"色彩是"陪侍型"班级活动参与样态形成的主要成因。在班级室外环创中，对幼儿需要、兴趣的理解偏差是导致不利于幼儿班级活动参与的重要因素。园务管理中，对常规的依赖、管理过程的预设、评价指标的"痴迷"，以及对幼儿教师业务评价的不合理往往在很大程度上阻碍了教师的专业自主性，影响着幼儿班级活动的参与；家长对幼儿园的评价以及对幼儿教育观念的偏差又约束着幼儿园教育理念和实践，也对班级活动的内容、过程等产生深刻影响，从而影响幼儿班级活动的参与。在"陪侍型"班级活动参与样态中，幼儿园管理和家长等外部因素对班级活动形成了外在的限制和规定，身处班级活动中的幼儿参与活动自然会受到影响。幼儿与幼儿教师一样是相对被动的，被动适应是幼儿在"陪侍型"参与样态中最大的特点。在此样态中，幼儿对活动的设计、组织、环境创设基本没有发言权，幼儿多以自己对活动的理解被动地参与活动。教师也在被动的要求下组织活动，按照上级安排的线性活动按部就班地走，按照较为严格的一日活动安排、按照上级的每月活动预设不断地在看似井然有序的活动中找到一丝缝隙，根据自己的理解"享受"着外界预设之外的乐趣。

教师实践中的"以教师为中心"的班级活动观念、儿童观以及"独立自主"的儿童权利本质观是形成"卷入型"班级活动参与样态的主要原因。在实践中，教师体现出来的是以社会化理论为指导的班级活动观，低估了幼儿的能力。在"卷入型"班级活动参与样态中，幼儿教师的儿童观以及对师幼之间权利关系的实践导致教师在此样态中居主导地位，并对幼儿进行规训。幼儿在此参与样态中处于被动、被规训地位，但幼儿也以自己的行动寻找"缝隙"竭力彰显自主。幼儿彰显自主的方式有消极顺从、消极反抗、积极反抗三种表现形式。

幼儿与教师共同对班级活动的设计、进程、评价产生影响是"影响型"班级活动参与样态的主要特征。在此样态中，教师把幼儿视为班级活动的共同构建者，考虑幼儿的需要、兴趣、想法和意见，并努力营造民主的班级活动环境，幼儿的需要、兴趣、想法和意见对班级活动产生了影响。然而，这一较为理想的班级活动参与样态较为少见。"影响型"班级活动参与样态主要与教师正确的班级活动观、幼儿观以及幼儿自身的个性特征有关。在"影响型"班级活动参与样态中，幼儿乐于参与到班级活动中。在看到自己的意见和想法变成班级活动实践后，幼儿参与班级活动的积极性、责任感都能得到提高。幼儿与教师之间是平等的，教师作为引导和提供条件的角色而出现，幼儿的意见和想法最终影响了整个事件。

结论、反思与创新

一、研究结论

本研究旨在从理论研究角度论证幼儿班级活动参与权正当性及其理论基础、价值基础、性质、构成条件，以及描述幼儿班级活动参与权的实践，并解释围绕幼儿班级活动参与权发展出来的教育实践样态，而非从应然的角度去讨论幼儿教师应该怎样。

认识幼儿班级活动参与权的本体是研究的重要基础，这涉及对幼儿班级活动参与权的理论基础、价值基础、性质以及条件性权利的深刻认识。

分析儿童发展理论、理性能力理论与幼儿班级活动参与权的关系，以及作为幼儿班级活动参与权理论基础的可能性，形成对幼儿班级活动参与权的理解。以"需要"为重点，研究认为："需要"与"想要"不同，"需要"指向人性的完满、具有向善的特质，也是社会互动的基础，这也是理解人类社会的重要钥匙。权利与义务是人与人关系的重要体现，个体的需要正是在履行对他人的义务过程中得以满足的，而成功履行对他人的义务则意味着个体有权利要求满足履行义务所需要的条件，这也是需要和权利之间的天然联系，权利的正当性也在于此。幼儿班级具有"社会共同体"的特点，幼儿在班级活动中具有参与权，也是基于幼儿和成人的"需要"，这种需要是正当的，幼儿正是在参与班级活动的过程中，身心得以健全和发展。幼儿的成功社会化并非单向度地向成人世界学习，而是一个幼儿和成人共同建构社会意义的过程，就这一意义而言，成人与幼儿之间存在的是相互需要的关系。基于此，幼儿班级活动参与权是幼儿在园的一项基本权利，教师和园方等有为此积极作为的义务。

正义、平等和自由是权利的价值基础，幼儿的班级活动参与权作为幼儿在园的一项基本权利也是以此为价值基础的。正义是权利的逻辑基础，体现在幼儿班级活动参与权中则为：第一，幼儿参与班级活动具有天然的合法性，也是幼儿满足其"需要"的根本所在；第二，自由于幼儿班级活动参与权而言，主要体现为正义所规约范围内对幼儿拥有和行使幼儿班级活动参与权作为重要价值目标的支持；第三，平等之于幼儿班级活动参与权的意义在于使不同幼儿在行使各自班级活动参与权方面达成某种程度上的和谐与一致；第四，正义制约着自由和平等，共同形成幼儿班级活动参与权的价值基础。

就幼儿班级活动参与权的性质而言，幼儿班级活动参与权是幼儿自由权的体现，也是幼儿在班级活动中的一项积极权利。根据对幼儿班级活动参与权性质的分析，以及从参与权实现条件的角度出发，幼儿在班级活动中知情权、言论自由权、意见受尊重权和监督权的实现是幼儿班级活动参与权实现的重要条件。总体而言，限定这些权利的原则是幼儿在行使和实现这些权利的同时不能侵害其他幼儿或权利主体的正当权利。

在幼儿班级活动参与权行使场域中，教师的幼儿能力观和园务管理是影响幼儿班级活动参与权的两大重要因素。在实践中，不少幼儿教师机械地把发展心理学阶段式幼儿发展理论对应于幼儿，狭隘理解幼儿能力，倾向于低估幼儿能力；教师的"太忙了"后面有着深刻的园务管理因素影响，班级活动组织时间的线性化和紧凑，以及教师对遵守规则的"依赖"解释了教师们的行动逻辑。

在幼儿教师的幼儿班级活动参与权实践方面，最大的问题在于教师对幼儿在班级活动中的知情权、言论自由权、意见受尊重权和监督权的误解，认知与行动的不一致，其深层次的原因在于教师的幼儿发展观、幼儿能力观以及对自身角色的认知，因此也就很好理解教师的行动逻辑。如教师基本认可幼儿的班级活动的知情权，但主要在于幼儿对活动要求、规则、安全的知情，体现了幼儿教师对幼儿班级知情的工具价值取向；倾向于以口头语言能力来衡量幼儿的信息获取、理解能力，窄化幼儿的知情权范围，且部分教师采用消极的沟通方式影响了幼儿知情权；教师基本认可幼儿言论自由权，但对幼儿表达能力片面理解，认为语言表达能力即表达能力的倾向明显。教师容易利用其与儿童角色地位和能力的差异形成对幼儿的权威、掌控，较少认识到游戏是幼儿自由表达意见的重要途径，而重在追求游戏的工具价值。按照教师尊重幼儿意见和想法的程度，可将教师的行为划分为教师倾听幼儿意见和想法、支持幼儿发表意见、考虑幼儿的意见、幼儿参与活动决策等四种。教师以被动倾听为主，集体教学中的倾听容易工具化。教师的"教师中心"班级活动观、活动性质、幼儿个性特征影响教师倾听幼儿。教师在了解、支持幼儿和创设支持性环境方面有待加强。"告状"是幼儿监督班级活动规则执行情况的日常表现，教师对幼儿"告状"大都表现出积极态度，教师的积极应对多于消极应对。"幼儿'好动'→制定规则→幼儿违规→告状→教师解决问题"是教师在班级活动中有关活动规则制定、实施、维护的行动逻辑，不适合幼儿需要的规则的繁杂、精致化反映了教师对班级活动管理的"焦虑"。幼儿也会通过与被监督幼儿的互动监督班级活动规则的执行，教师对此基本持支持态度。

教师与幼儿的权利分享是构建"空间—关系过程"的核心，在实践中则表现为"教师主导—幼儿主导"的关系。照此可以把幼儿班级活动参与权样态分成影响型、卷入型、主导型、陪侍型。室外环境创设、园务管理的"行政化"色彩以及家长不合理的诉求是"陪侍型"班级活动参与样态形成的主要原因，教师和幼儿在此样态中只能被动适应，幼儿至多能以自己的方式"寻求"外界预设之外的乐趣。教师"以教师为中心"的班级活动观、儿童观以及"独立自主"的幼儿权利本质观是形成"卷入型"班级活动参与样态的主要原因，幼儿处于被动、被规训的地位，但幼儿以消极顺从、消极反抗、积极反抗寻找"缝隙"以彰显自主。幼儿与教师共同、平等地对班级活动的设计、进程、评价产生影响是"影响型"班级活动参与样态的主要特征。在此样态中，教师的角色是引导者和支持者，幼儿的需要、兴趣、想法和意见对班级活动产生了实质性影响，但这一样态较为少见。

二、研究的局限

在本研究的理论研究部分采用了理论研究法，而对幼儿班级活动参与权的正当性、价值基础、性质、构成条件等研究主要采用了演绎、推理的方法。这些方法本身的局限性决定了理论的不完善，因为任何演绎、推理都是建立在一个看似不可辩驳的公理之上的。事实上，社会、文化和价值的多元一直挑战着一以贯之式的所谓公理。因此，这些公理本身的内涵是需要批判的，而非绝对的理所当然，由此产生的理论不完善也在情理之中，毕竟真理只能无限接近，我们也只能通过不断地构建理论去接近事实的真相。但是，构建理论本身也是为了解释、调控和预测实践，这对当下的幼儿参与权、幼儿班级活动参与权实践有一定的指导意义。随着理论研究的推进，新的理论或许会驳斥，甚至推翻原有的理论，这也是人认识世界过程的一部分。

在描述解释幼儿班级活动参与权实践的过程中，本研究使用了扎根理论的方法。虽然在研究过程中采取了一些方法、措施来确保其信度和效度，但研究方法本身的特点以及研究者能力限制等因素，在一定程度上影响了研究的结果。如理论饱和的相对性，理论抽样的结果具有不可重复性，在原则上需要把这一过程不断持续下去，因此很难达到绝对的理论饱和。在扎根理论研究中，主、客双方都会影响理论建构，研究者虽然尽力悬置先见，但也只是尽力而已。无法完全悬置先见是一个客观事实。而客观事实的展现需要时间、精力、物力以及研究者巧妙的方法、策略。这些都影响着最终的理论构建，建构的理论一定存在不完善之处。

三、研究创新

基于本研究的研究目的以及研究过程，笔者认为本研究可能的创新在于：

1. 使用理论研究法分析了儿童发展理论与理性能力理论作为幼儿班级活动参与权理论基础的可能与局限。从"需要"的角度对幼儿班级活动参与权的正当性做了论证，厘清了幼儿班级活动参与权以正义、平等和自由为价值基础及其作为幼儿自由权、积极权利的性质，以及以幼儿在班级活动中的知情权、言论自由权、意见受尊重权和监督权作为幼儿班级活动参与权的构成条件。

2. 在质性研究中挖掘出诸如"他们太小""太忙了""告状"等本土概念，并分析了这些本土概念背后隐藏的意义，以此解释在幼儿班级活动参与权的行使场域中，以教师的幼儿能力观以及园务管理为主要影响因素的教师与幼儿在幼儿班级活动参与权实践中的行动逻辑。

3. 提出了幼儿班级活动参与样态的四种类型：主导型、陪侍型、卷入型与影响型。分别分析了幼儿班级活动参与权实践中陪侍型、卷入型、影响型样态的成因以及幼儿在这些样态中的行动逻辑。这一分类较为完整地展现了幼儿班级活动的参与样态。

后　记

　　每次去幼儿园，都觉得幼儿园的一切既熟悉又陌生。熟悉，是因为从事这一领域工作已十载有余；陌生，是因为心里总会不自觉地用某些理论视角去体察看似熟悉的现象。各种游戏、活动看似热闹，孩子们也确实身处活动、游戏中，但是，他们真的"参与"其中了吗？我们的老师又是怎样理解幼儿参与活动的？有把"参与与幼儿自身利益相关活动"当成幼儿的一项权利来看吗？带着这些思考展开以上研究，不容乐观的结论让我心情沉重。成人世界何尝不是如此？很多时候，我们在各种场合的"参与"是真的"参与"吗？

　　在本研究中，虽然对幼儿班级活动参与权实践样态进行了深描，也做了原因分析，但并未就改善路径策略做太多思考，这也是接下来我努力的方向。新童年社会学所持的儿童观给了我们一丝希望，改变以往对儿童的看法，或许是实现儿童在游戏、活动中真正"参与"的指路明灯。然而，与以往根深蒂固的传统儿童观相比，新儿童观似乎还处于黎明破晓前的一刻，成人放下对幼儿的"傲慢与偏见"仍是漫漫长路。苏格拉底说："未经审视的人生是不值得过的"，我想，未经审视的理论和思想同样是不值得相信的，新的儿童观理论前提预设也要经历理性法庭的审判，时刻提醒我们，反思自身的理论和思想永远有必要。

　　在本书写作过程中，许多恩师给了我大量的教诲和启发，每每想起，不禁心生感怀。于他们而言，最好的感恩就是努力在思想和学术之路上走得更远，为这个不太完美的世界变得更完美尽微薄之力。感谢岭南师范学院的领导、同事的帮助，使本书得以出版。在本书撰写过程中，参阅了许多专家学者的研究成果，除在书中注明外，在此，对这些专家学者表示衷心感谢！

　　书稿行将付梓，除了感激，不免浮想。回想起追求心灵自由的每一次冲动，感慨万千。此刻安静地独坐于书桌前，耳边再次响起《蓝莲花》：没有什么能够阻挡，你对自由的向往……

附 录

附录一 观察计划

一、观察内容、对象、范围

根据本研究的研究问题,观察的内容聚焦于幼儿园班级中与幼儿活动参与权相关的事件,具体涵盖与幼儿的信息知晓权、言论自由权、意见受尊重权和监督权相关的事件。根据2014年《C市幼儿园等级评定办法》,选取C市三所幼儿园,其中一级、二级、三级各一所作为研究对象,每所幼儿园选取大、中、小班各一个为观察对象。

幼儿园班级中与幼儿活动参与权相关的事件由幼儿、教师、物品以及由这三者互动形成的活动构成,幼儿的班级活动参与权正是以这些事件为载体反映出来的。通过对这些事件的分析,可以得出幼儿和教师之间的权利关系,并以此来判断幼儿班级活动参与权的实现状况,以及造成这种状况的原因。

二、观察的时间

每个班连续观察一周时间,共5个月。每个班连续观察一周的考虑在于:一周内涵盖的内容基本可以反映出该班级的大致情况,包括集体教学、生活和游戏等各个方面,在观察的同时采取访谈的方式进一步丰富资料。

三、方式与手段

以研究者的名义公开进入幼儿园班级，研究者的角色为参与的观察者，即观察多于参与，以既是"局内人"又是"局外人"的双重身份研究。采取录音和录像的方式，这两种方式的好处在于能完整展现整个事件，但缺点在于要考虑是否会影响事件的"真实性"，不过现在手机录像录音已得到一般人比较广泛的接受。

四、伦理道德考量

尊重研究对象的意愿，观察所取得的原始材料不公开，且在研究报告中不会呈现与被研究对象有关的敏感信息，不伤害研究对象。

附录二 观察提纲

实地半参与式、半结构性观察主要围绕人物、事件、时间、地点、如何发生、为什么会发生 6 个方面来进行。具体根据下表来记录事件：

谁？（有谁在场？各自的角色、地位、身份是什么？）
什么？（发生什么事情？他们之间的互动如何开始？不同参与者在行为上有什么特点？）
何时？（发生的时间。）
何地？（地点有什么特色？其他地方是否也发生类似的行为？这个行为或事件与其他地方发生的行为或事件有什么不同？）
如何？（事件如何发生？事情各方面之间存在什么关系？有什么明显的规范或规则？这个事件是否与其他事件有所不同？）
为什么？（为什么会发生这些事件？对于该事件人们有什么不同的看法？人们行为的目的、动机和态度是什么？）

在事件中重点记录如下信息：

1. 幼儿在事件中处于什么角色地位？

2. 发生什么事件？师幼如何互动？师幼双方行为有什么特点？

3. 事件发生的持续时间及时间分配。

4. 发生事件的环境（人和物）有什么特点？其他地方有类似行为吗？事件有没有相似性？

5. 为什么会发生这一事件？当事师幼各自有什么看法？各自的行为目的、动机和态度是什么？

附录三 观察记录表

观察日期：_____

观察地点：_____

带班教师：_____

时间	活动现场记录	反思

附录四　幼儿教师访谈提纲

非常感谢您答应接受我的采访。我先用1分钟为您介绍我在采访中要做的事情。我们的谈话内容将用录音笔全程记录，以便我在整理与您的谈话内容时能准确记录您提供的信息。逐字逐句转录的文本还希望您能过目，检查一下是否如实、准确地记录了您所说的内容。不知您是否接受，如果不接受录音，我能笔录这次谈话吗？我们的谈话内容只有我们两个人知道，将来写成的研究报告中出现的人名、园名，我都会用英文字母代替，请您不要担心泄密问题。我们现在可以开始了吗？（以下问题中所涉及的班级活动指幼儿在班级中的一日活动，如集体教学活动、生活活动和游戏等。）

（根据情境选择相应的导入语）

1. 您认为幼儿应该享有哪些重要的权利？

2. 您认为有必要让幼儿了解教学、游戏、生活等活动的目的、过程、要求等方面的信息吗？

（1）如果没有，为什么？

（2）如果有，这对幼儿来说有什么意义呢？幼儿园是通过哪些方式让幼儿获得此类信息的？能不能举一些例子？

3. 您认为幼儿有权对班级教学、游戏和生活活动中的人和发生的事持有自己的看法吗？

（1）如果没有，为什么？

（2）如果有，这对幼儿来说有什么意义呢？据您观察幼儿是通过什么方式来表达自己看法的？

4. 对班级活动中发生的同一件事情，当幼儿的观点和您或其他幼儿的观点不一致的时候，您会如何处理？能不能举一些例子？

5. 在您的班级管理中，幼儿（小、中、大班）会对班级教学、游戏和生活活动的某些方面提出意见和建议吗？您认为幼儿有权这么做吗？

（1）如果不会，您觉得原因是什么呢？

(2) 如果会，这对幼儿来说有什么意义呢？您一般会怎么处理呢？能不能举一些例子？

6. 在您经历的班级管理中，幼儿（小、中、大班）会对班级教学、游戏和生活活动中共同规则的执行情况进行监督吗？

(1) 如果没有，为什么？

(2) 如果有，这对幼儿来说有什么意义呢？您会怎么处理呢？能不能举一些例子？

7. 在幼儿班级教学、游戏和生活活动中，您觉得哪些事情是幼儿不能参与的？

8. 在幼儿班级教学、游戏和生活活动中，如果幼儿参与的机会有限，您会怎么处理？能不能举一些例子？

9. 您认为班级教学、游戏和生活活动中的规则应该由谁来制定呢？

10. 在您经历的班级管理中，幼儿（小、中、大班）主要参与哪些事情呢？

再次感谢您的配合！谢谢！

注：访谈围绕上述问题展开，但并非按照上述表达方式机械地罗列问题，而是根据访谈情境融入上述问题。

附录五　一日活动结束后幼儿访谈提纲

××小朋友，你好！我们一起看看我今天拍的照片（视频）好吗？

在一定情境（如活动照片、视频、模拟角色游戏或情境等）中，围绕以下几个核心问题进行访谈：

1. 这是（发生了）什么？

2. 为什么要做这个？（为什么是这样？）是谁要求的呢？

3. 你喜欢这个（些）活动吗？为什么？不喜欢的话，为什么？

4. 如果我想参加（照片中的）活动，我该怎么办？

5. 你想（参加、做）就可以（参加、做）吗？为什么？

6. 今天的这些（照片中的）活动中，你最讨厌做什么？为什么？

注：对幼儿的访谈围绕上述问题展开，但在具体的访谈中会根据具体情境调整问哪些问题，或者问问题的顺序，并非机械地按照以上问题及问题顺序完成每一次访谈。

附录六　备忘录示例

2018年5月20日

阅读之前在S幼儿园所得观察和访谈资料，多次看到教师说"唉，太忙了""你看我这一天到晚就没停下来过""最近事情太多了，其实有些事情……""你看嘛，我们从孩子入园到现在，连喝水的时间都没有"等。这引发了我的思考，"忙"似乎是"质性研究"中所提到的本土概念。按道理，"忙"至少是教师在尽心尽力地做好班级管理，但在观察中幼儿参与班级活动的情况并未有什么改变，幼儿并没有因为教师的"忙"而有更多的参与机会。这两者之间有联系吗？如果有，那联系是什么？

教师为什么这么"忙"？接下来访谈的教师还会这么说吗？教师"忙"的背后是什么原因？为什么教师那么"忙"，班级活动样态和理想中的班级活动样态仍然有很大差距呢？教师对自己这么"忙"是怎么理解的？接下来要尝试就这些问题继续观察班级活动、访谈教师，特别是访谈时要采取一些策略，避免由我引发出教师对"忙"的感叹，而是由教师自己来描述、评价自己的日常班级活动管理状态。

主要参考文献

一、中文类

（一）著作

［1］常健. 人权的理想·悖论·现实［M］. 成都：四川人民出版社，1992.

［2］陈奎熹. 教育社会学研究［M］. 台北：师大书苑出版社，2002.

［3］陈世联. 幼儿社会教育［M］. 海口：南海出版公司，2009.

［4］陈向明. 质的研究方法与社会科学研究［M］. 北京：教育科学出版社，2000.

［5］冯建军，周兴国，梁燕冰，等. 教育哲学［M］. 武汉：武汉大学出版社，2011.

［6］公丕祥. 权利现象的逻辑［M］. 济南：山东人民出版社，2002.

［7］管华. 儿童权利研究：义务教育阶段儿童的权利与保障［M］. 北京：法律出版社，2011.

［8］郭宝宏. 论人的需要［M］. 北京：经济科学出版社，2008.

［9］范进学. 权利政治论：一种宪政民主理论的阐释［M］. 济南：山东人民出版社，2003.

［10］教育部基础教育司. 幼儿园教育指导纲要（试行）解读［M］. 南京：江苏教育出版社，2002.

［11］姜勇. 国外学前教育学基本文献讲读［M］. 北京：北京大学出版社，2013.

［12］黄鸣奋. 需要理论及其应用［M］. 北京：中华书局，2004.

[13] 金生鈜. 教育研究的逻辑 [M]. 北京：教育科学出版社, 2015.

[14] 金生鈜. 教育与正义：教育正义的哲学想象 [M]. 福州：福建教育出版社, 2012.

[15] 郝卫江. 尊重儿童的权利 [M]. 天津：天津教育出版社, 1999.

[16] 何志鹏. 权利基本理论：反思与构建 [M]. 北京：北京大学出版社, 2012.

[17] 蒋建华, 劳凯声. 教育政策与法律概论 [M]. 北京：北京师范大学出版社, 2015.

[18] 劳凯声, 郑新蓉. 规矩与方圆：教育管理与法律 [M]. 北京：中国铁道出版社, 1997.

[19] 李龙. 法理学 [M]. 武汉：武汉大学出版社, 1996.

[20] 刘晶波. 社会学视野下的师幼互动行为研究：我在幼儿园看到了什么 [M]. 南京：南京师范大学出版社, 2006.

[21] 刘晓东. 解放儿童 [M]. 北京：新华出版社, 2002.

[22] 刘少杰. 后现代西方社会学理论 [M]. 北京：社会科学文献出版社, 2002.

[23] 陆士祯, 魏兆鹏, 胡伟. 中国儿童政策概论 [M]. 北京：社会科学文献出版社, 2005.

[24] 裘指挥. 早期儿童社会规范教育的合理性研究 [M]. 南昌：江西人民出版社, 2009.

[25] 史秋琴. 儿童参与与公民意识 [M]. 上海：上海文化出版社, 2007.

[26] 石中英. 教育哲学 [M]. 北京：北京师范大学出版社, 2007.

[27] 黄瑞琴. 质的教育研究方法 [M]. 台北：心理出版社, 1999.

[28] 唐淑. 学前教育思想史 [M]. 北京：人民教育出版社, 2009.

[29] 唐淑, 钟昭华. 中国学前教育史 [M]. 北京：人民教育出版社, 1993.

[30] 王雪梅. 儿童权利论：一个初步的比较研究 [M]. 北京：社会科学文献出版社, 2005.

[31] 王勇民. 儿童权利保护的国际法研究 [M]. 北京：法律出版社, 2010.

[32] 吴康宁. 教育社会学 [M]. 北京：人民教育出版社，1998.

[33] 夏勇. 人权概念起源 [M]. 北京：中国政法大学出版社，2001.

[34] 夏勇. 走向权利的时代 [M]. 北京：社会科学文献出版社，2007.

[35] 徐显明. 人权法原理 [M]. 北京：中国政法大学出版社，2008.

[36] 徐显明. 人权研究：第9卷 [M]. 济南：山东人民出版社，2010.

[37] 严海良. 人权论证范式的变革从主体性到关系性 [M]. 北京：社会科学文献出版社，2008.

[38] 叶澜. 教育研究方法论初探 [M]. 上海：上海教育出版社，2014.

[39] 叶敬忠，李小云. 社区发展中的儿童参与 [M]. 北京：中央编译出版社，2002.

[40] 赵敦华. 现代西方哲学新编 [M]. 北京：北京大学出版社，2001.

[41] 赵明. 近代中国的自然权利观 [M]. 济南：山东人民出版社，2003.

[42] 张文娟. 中国未成年成人保护机制研究 [M]. 北京：法律出版社，2008.

[43] 张维平. 平衡与制约：20世纪的教育法 [M]. 济南：山东教育出版社，1995.

[44] 张文显. 二十世纪西方法哲学思潮研究 [M]. 北京：法律出版社，2006.

[45] 中国学前教育研究会. 百年中国幼教 [M]. 北京：教育科学出版社，2003.

(二) 译著

[1] 阿德勒. 理解人性 [M]. 陈太胜，陈文颖，译. 北京：国际文化出版公司，2000.

[2] 西美尔. 社会学：关于社会化形式的研究 [M]. 林荣远，译. 北京：华夏出版社，2002.

[3] 布列钦卡. 教育科学的基本概念 [M]. 胡劲松，译. 上海：华东师范大学出版社，2003.

[4] 施特劳斯. 自然权利与历史 [M]. 彭刚，译. 北京：生活·读书·新知三联书店，2006.

[5] 多尔多. 儿童的利益: 学会尊重孩子 [M]. 王文新, 译. 上海: 上海社会科学院出版社, 2012.

[6] 卢梭. 社会契约论 [M]. 何兆武, 译. 北京: 商务印书馆, 1980.

[7] 卢梭. 论人类不平等的起源和基础 [M]. 李常山, 译. 北京: 商务印书馆, 1962.

[8] 卢梭. 爱弥儿 [M]. 李平沤, 译. 北京: 商务印书馆, 1978.

[9] 阿德勒. 六大观念: 真、善、美、自由、平等、正义 [M]. 陈珠泉, 杨建国, 译. 北京: 团结出版社, 1989.

[10] 博登海默. 法理学: 法哲学及其方法 [M]. 邓正来, 姬敬武, 译. 北京: 华夏出版社, 1987.

[11] 乔金森. 参与观察法 [M]. 龙筱红, 张小山, 译. 重庆: 重庆大学出版社, 2009.

[12] 范伯格. 自由、权利和社会正义: 现代社会哲学 [M]. 王守昌, 戴栩, 译. 贵阳: 贵州人民出版社, 1998.

[13] 亨特. 人权的发明: 一部历史 [M]. 沈占春, 译. 北京: 商务印书馆, 2011.

[14] 罗尔斯. 正义论 [M]. 何怀宏, 何包钢, 廖申白, 译. 北京: 中国社会科学出版社, 2001.

[15] 特纳. 社会学理论的结构: 下 [M]. 邱泽奇, 等译. 北京: 华夏出版社, 2001.

[16] 托马斯. 儿童发展理论: 比较的视角 [M]. 郭本禹, 王云强, 陈友庆, 等译. 上海: 上海教育出版社, 2009.

[17] 科萨罗. 童年社会学 [M]. 程福财, 等译. 上海: 上海社会科学院出版社, 2014.

[18] 杜威. 民主主义与教育 [M]. 王承绪, 译. 北京: 人民教育出版社, 1990.

[19] 克斯特尔尼克. 儿童社会性发展指南: 理论到实践 [M]. 邹晓燕, 译. 北京: 人民教育出版社, 2009.

[20] 班杜拉. 社会学习心理学 [M]. 郭占基, 周围韬, 译. 长春: 吉林教育出版社, 1988.

[21] 埃里克松. 童年与社会 [M]. 罗一静, 徐炜铭, 钱积权, 译. 上

海：学林出版社，1992.

[22] 凯. 儿童的世纪 [M]. 魏肇基，译. 上海：上海晨光书局，1936.

[23] 弗莱纳. 人权是什么 [M]. 谢鹏程，译. 北京：中国社会科学出版社，2000.

[24] 蒙台梭利. 童年的秘密 [M]. 马荣根，译. 北京：人民教育出版社，1990.

[25] 密尔. 论自由 [M]. 许宝骙，译. 北京：商务印书馆，1959.

[26] 多亚尔，高夫. 人的需要理论 [M]. 汪淳波，张宝莹，译. 北京：商务印书馆，2008.

[27] 洛克. 洛克谈人权与自由 [M]. 石磊，译. 天津：天津社会科学院出版社，2011.

[28] 哈特. 儿童参与：社区环保中儿童的角色与活动方式 [M]. 贺纯佩，王振江，邵伟东，等译. 北京：科学出版社，2000.

[29] 米尔恩. 人权哲学 [M]. 王先恒，施青林，孔德云，等译. 北京：东方出版社，1991.

[30] 普林格尔. 儿童的需要 [M]. 禹春云，段虹，张思前，译. 北京：春秋出版社，1989.

（三）期刊

[1] 包运成. 教育中的儿童参与权保障的法理基础 [J]. 重庆文理学院学报（社会科学版），2015（1）.

[2] 包运成. 论我国社会教育中的儿童参与权法律保障 [J]. 西南石油大学学报（社会科学版），2014（5）.

[3] 包运成. 论我国学校教育中儿童参与权的法律保障 [J]. 淮海工学院学报（人文社会科学版），2016（10）.

[4] 包运成. 自媒体对我国儿童行使参与权的影响及法律应对 [J]. 吉林师范大学学报（人文社会科学版），2015（6）.

[5] 包运成. 论中国家庭教育中的儿童参与权保障 [J]. 河北北方学院学报（社会科学版），2016（1）.

[6] 曹春香. 幼儿参与的关键是脑的参与 [J]. 学前教育研究，1999（1）.

[7] 陈世联. 论儿童的参与权 [J]. 幼儿教育（教育科学版），2007 (10).

[8] 段立章. 观念的阻隔与超越：当代中国儿童权利文化的构建 [J]. 山东大学学报（哲学社会科学版），2014 (2).

[9] 段立章. 儿童权利观念：沿革、障碍与培育 [J]. 甘肃社会科学，2014 (6).

[10] 冯晓霞. 家长的教育观念与儿童权利保护：中国家庭中的儿童权利保护问题 [J]. 学前教育研究，1996 (3).

[11] 高思妹. 幼儿参与课程评价：培养公民意识的一种方略 [J]. 现代教育科学，2012 (2).

[12] 宫秀丽. 儿童权利意识的本体价值与培养理念 [J]. 青少年犯罪问题，2009 (4).

[13] 管华. 儿童权利的证成 [J]. 西部法学评论，2014 (3).

[14] 贺颖清. 中国儿童参与权状况及其法律保障 [J]. 政法论坛，2006 (1).

[15] 李保民. 幼儿教师儿童权利观念的建构：以虐童案为视角 [J]. 济宁学院学报，2015 (4).

[16] 李季湄. 《儿童权利公约》和幼教改革 [J]. 学前教育研究，1996 (3).

[17] 刘占兰. 幼儿权利的保护原则及教育责任 [J]. 中国教师，2009 (11).

[18] 刘焱. 儿童权利保护：问题与思考 [J]. 学前教育研究，1996 (3).

[19] 刘焱. 增强儿童权利保护意识，全面认识教育职能 [J]. 教育研究，1996 (6).

[20] 刘焱. 中国履行《儿童权利公约》研讨会综述 [J]. 学前教育研究，1996 (3).

[21] 马晓琴，曾凡林，陈建军. 儿童参与权和童年社会学 [J]. 当代青年研究，2006 (11).

[22] 皮艺军. 儿童权利的文化解释 [J]. 山东社会科学，2005 (8).

[23] 苏坚贞，冷小刚，王琛夏，等. 上海市3—6岁幼儿参与国外体育运动的现状分析 [J]. 学前教育研究，2012 (9).

[24] 孙晓轲. 幼儿园空间设计与参与理念的演变 [J]. 学前教育研究, 2011 (12).

[25] 唐锋, 周小虎. 幼儿参与课程评价: 缘由、问题与对策 [J]. 教育导刊（下半月）, 2015 (1).

[26] 田欣影, 戴聚坤, 张丽. 赋权视角下的儿童权利保护: 基于20世纪以来国际性政策文本的分析 [J]. 南昌航空大学学报（社会科学版）, 2015 (2).

[27] 王本余. 儿童权利的观念: 洛克、卢梭与康德 [J]. 南京社会科学, 2010 (8).

[28] 王本余. 儿童权利的基本价值: 一种教育哲学的视角 [J]. 南京社会科学, 2008 (12).

[29] 王本余. 论儿童权利的本性及其教育诉求 [J]. 南京晓庄学院学报, 2009 (1).

[30] 王本余. 认真对待儿童权利: 从制度理念到教育行动 [J]. 教育研究与实验, 2013 (1).

[31] 王丽新. 调动幼儿参与活动的策略探析 [J]. 辽宁师专学报（社会科学版）, 2012 (9).

[32] 王顺双. 论最大利益原则在儿童性权利保护中的法律运用 [J]. 理论月刊, 2014 (2).

[33] 王玮. 基于儿童参与的校园景观环境设计: 以日本福冈壱岐南小学校园景观环境设计为例 [J]. 华中建筑, 2015 (3).

[34] 王雪梅. 儿童权利保护的"最大利益原则"研究: 上 [J]. 环球法律评论, 2002 (4).

[35] 王雪梅. 儿童权利保护的"最大利益原则"研究: 下 [J]. 环球法律评论, 2003 (1).

[36] 魏惠斌. 最大利益原则与我国儿童权利保护 [J]. 福建政法管理干部学院学报, 2008 (4).

[37] 韦禾. 儿童的权利——一个世界性的新课题: 中国履行《儿童权利公约》研讨会综述 [J]. 教育研究, 1996 (8).

[38] 吴鹏飞. 我国儿童法律体系的现状、问题及其完善建议: 以域外相关法律体系为借鉴 [J]. 政治与法律, 2012 (7).

[39] 吴鹏飞,刘白明. 我国近二十年来儿童权利理论研究述评 [J]. 江西青年职业学院学报, 2011 (4).

[40] 吴鹏飞. 中国儿童权利理论研究综述 [J]. 东吴法学, 2012 (1).

[41] 吴鹏飞,刘白明. 中国儿童福利权的政策保护: 以 "新儿纲" 为考察对象 [J]. 前沿, 2012 (7).

[42] 徐湘荷. 儿童犯错, 谁之过? ——哈里斯的群体社会化理论述评 [J]. 上海教育科研, 2004 (6).

[43] 许卓娅. 用历史生态的眼光重新认识儿童权利 [J]. 早期教育, 2001 (12).

[44] 张扬,李慧娟. 当代西方儿童权利观念形成的历史进程 [J]. 吉林广播电视大学学报, 2014 (5).

[45] 张扬. 儿童权利在权利学说上争议之探讨 [J]. 辽宁大学学报（哲学社会科学版）, 2014 (6).

[46] 张扬. 儿童权利在人权维度上的证成与批判 [J]. 人民论坛, 2010 (32).

[47] 张扬. 西方儿童权利保护论与解放论之争议与调和 [J]. 青少年犯罪问题, 2014 (1).

[48] 张宪冰,刘仲丽,张萌. 儿童权利观的合理意蕴及启示 [J]. 东北师范大学学报（哲学社会科学版）, 2014 (2).

[49] 张志伟. 需要的意蕴与表征 [J]. 江汉论坛, 2004 (8).

[50] 征汉年,马力. 论权利意识 [J]. 北京邮电大学学报（社会科学版）, 2007 (6).

[51] 钟启泉. 话说 "儿童权利" [J]. 基础教育课程, 2012 (5).

（四）其他文献

[1] 台湾中华书局辞海编辑委员会. 辞海: 下 [M]. 台北: 台湾中华书局, 1982.

[2] 朗特里. 西方教育辞典 [M]. 上海: 上海译文出版社, 1988.

[3] 米切尔. 新社会学词典 [M]. 蔡振扬, 谈谷铮, 雪原, 译. 上海: 上海译文出版社, 1987.

[4] 顾明远. 教育大词典: 教育心理学卷 [M]. 上海: 上海教育出版

社，1990.

[5] 中国社会科学院语言研究所词典编辑室. 现代汉语词典：第5版[M]. 北京：商务印书馆，2009.

[6] 曹贤余. 儿童最大利益原则下的亲子法研究[D]. 重庆：西南政法大学，2014.

[7] 程红艳. 儿童在学校中的自由[D]. 上海：华东师范大学，2004.

[8] 董晓飞. 哲学视野中的需要理论研究[D]. 北京：中共中央党校，2013.

[9] 段立章. 儿童宪法权利研究[D]. 济南：山东大学，2016.

[10] 管华. 儿童权利研究[D]. 武汉：武汉大学，2010.

[11] 何善平. 3—6岁儿童受教育权保护研究[D]. 西安：陕西师范大学，2013.

[12] 栾亚丽. 民主价值论[D]. 北京：中共中央党校，2007.

[13] 刘智成. 儿童游戏权研究[D]. 南京：南京师范大学，2014.

[14] 孙晶晶. 弱势儿童权利保护研究[D]. 武汉：武汉大学，2011.

[15] 孙艳艳. 儿童与权利：理论建构与反思[D] 济南：山东大学，2014.

[16] 王本余. 教育中的儿童基本权利及优先性研究[D]. 南京：南京师范大学，2007.

[17] 王勇民. 儿童权利保护的国际法研究[D]. 上海：华东政法大学，2009.

[18] 吴鹏飞. 嗷嗷待哺：儿童权利的一般理论与中国实践[D]. 苏州：苏州大学，2013.

[19] 原晋霞. 幼儿园集体教学活动研究：幼儿参与的视角[D]. 南京：南京师范大学，2008.

[20] 张利洪. 学前儿童受教育权研究[D]. 重庆：西南大学，2013.

[21] 张霞. 幼儿园戏剧主题活动中幼儿参与类型研究[D]. 南京：南京师范大学，2015.

[22] 仲建维. 沉重的主体：学校教育中学生权利之研究[D]. 上海：华东师范大学，2006.

[23] 周宏芬. 教育正义论[D]. 南京：南京师范大学，2006.

[24] 国家中长期教育改革和发展规划纲要（2010—2020）[EB/OL]. 中华人民共和国中央人民政府, 2010-07-29.

[25] 国务院. 国务院关于当前发展学前教育的若干意见[EB/OL]. 中华人民共和国中央人民政府, 2010-11-24.

二、英文类

（一）著作

[1] ADLER P A, ADLER P. Membership roles in field research [M]. London: Sage Publications, 1987.

[2] ALDERSON P. When does citizenship begin? Economics and early childhood [M]. London: Sage Publications, 2008.

[3] ALDERSON P. Changing our behaviour: Promoting positive behaviour by the staff and pupils of Highfield Junior School [M]. London: Sage, 1997.

[4] ZELIZER V A. Pricing the priceless child: The changing social value of children [M]. Princeton: Princeton University Press, 1994.

[5] ARCHARD D. Children, rights and childhood [M]. London: Routledge, 1993.

[6] CRIMMENS D, WEST A. Having their say: Young people and participation: european experiences [M]. Lyme Regis: Russell House, 2004.

[7] BLANCHET T. Lost innocence, stolen childhoods [M]. Dhaka: University Press Ltd, 1996.

[8] BOYDEN J, MANN G. Children's risk, resilience, and coping in extreme situations [M]. Canada: Dalhousie University, 2005.

[9] BRAGG S, FIELDING M. Students as researchers: Making a difference [M]. Cambridge: Pearsons, 2003.

[10] BRONFENBRENNER U. The ecology of human development: Experiments by nature and design [M]. Cambridge: Harvard University Press, 1979.

[11] VERHELLEN E. Understanding children's rights [M]. Ghent: Children Rights Centre, 1996.

[12] Children's Rights Alliance for England. The real democratic deficit

[M]. London: Vintage, 2000.

[13] CLARK A, KJØRHOLT A T, MOSS P. Beyond listening: Children's perspectives on early childhood services [M]. Bristol: The Policy Press, 2005.

[14] COOKE B, KOTHARI U. Participation: The New Tyranny? [M]. London: Zed Books, 2001.

[15] CRIMMINS D, WEST A. Having their say: Young people and participation: european experiences [M]. Lyme Regis: Russell House, 2004.

[16] JOHNSON V, IVAN-SMITH E. Stepping forward: Children and young people's participation in the development process [M]. London: Intermediate Technology Publications, 1998.

[17] PERCY-SMITH B, THOMAS N. A handbook of children's participation: perspectives from theory and practice abingdon [M]. London: Routledge, 2010.

[18] GORDON C. Power/knowledge: Selected interviews and other writings [M]. London: Harvester Wheatsheaf, 1994.

[19] TRESEDER P. Empowering children and young people [M]. London: Children's Rights Office and Save the Children, 1997.

[20] PHILLIPS A. Feminism and politics [M]. Oxford: Oxford University Press, 1998.

[21] REASON P, BRADBURY H. Handbook of action research [M]. London: Sage, 2006.

[22] SCRATON P. Childhood in "crisis"? [M]. London: UCL Press, 1997.

[23] HANNAM D. A pilot study to evaluate the impact of student participation aspects of the citizenship order on standards of education in secondary schools [M]. Cambridge: Cambridge University Press, 2001.

[24] BREEN C. Children's needs, rights and welfare: Developing strategies for the 'whole child' in the 21st century [M]. Southbank: Thomson Dunmore Press, 2004.

[25] HART R. Children's participation: From tokenism to citizenship [M]. Florence: UNICEF, 1992.

[26] HART R. Children's participation: The theory and practice of involving young citizens in community development and environmental care [M]. New York:

UNICEF, 1997.

[27] HUTCHBY I, MORAN-ELLIS J. Children and social competence: Arenas of action [M]. Lewes: Falmer Press, 1998.

[28] INVERNIZZI A, WILLIAMS J. Children and citizenship [M]. London: Sage, 2008.

[29] JAMES A. Childhood identities: Self and social relationships in the experience of the child [M]. Edinburgh: Edinburgh University Press, 1993.

[30] JAMES P, ROUT A. Constructing and reconstructing childhood [M]. London: Falmer, 1997.

[31] JAMES A, JENKS C, PROUT A. Theorizing childhood [M]. Cambridge: Polity Press, 1998.

[32] KELLMER-PRINGLE M. The needs of children [M]. London: Hutchinson, 1980.

[33] KIRBY P. Measuring the magic? Evaluating and researching young people's participation in public decision making [M]. London: Carnegie Young People Initiative, 2002.

[34] LANSDOWN G. Criteria for the evaluation of children's participation in programming, early childhood matters [M]. The Hague: Bernard van Leer Foundation, 2004.

[35] LANSDOWN G. Promoting children's participation in democratic decision-making [M]. Florence: UNICEF Innocenti Research Centre, 2001.

[36] LANSDOWN G. Challenging discrimination against children in the EU: A policy proposal by Euronet [M]. Euronet: Brussels, 2000.

[37] LANSDOWN G. Taking part: Children's participation in decision-making [M]. London: Institute of Public Policy Research, 1995.

[38] LANSDOWN G. Regional analysis of children and young people's participation in South Asia: Implications for policy and practice [M]. Kathmandu: UNICEF ROSA, 2004.

[39] LANSDOWN G. It's our world too! A report on the lives of disabled children. Rights for disabled children/disability awareness in action [M]. London: UNICEF, 2001.

[40] LANSDOWN G. Every child's right to be heard: A resource guide on the UN committee on the rights of the child general comment [M]. London: Save the Children/United Nations Children's Fund, 2011.

[41] LANSDOWN G. The evolving capacities of the child [M]. London: UNICEF, 2005.

[42] LEE N. Childhood and Society: Growing up in an age of uncertainty [M]. Maidenhead: Open University Press, 2001.

[43] MAKIN L, WHITEHEAD M. How to develop children's early literacy [M]. London: Paul Chapman, 2004.

[44] MARSHALL K. Children's rights in the balance The participation protection debate [M]. Edinburgh: The Stationery Office, 1997.

[45] DAVIS J M, HILL M, PROUT A. Children, young People and social inclusion: Participation for what? [M]. Bristol: The Policy Press, 2006.

[46] HENDRICK H. Child welfare and social policy [M]. Bristol: Policy Press, 2005.

[47] BUTLER J, SCOTT J. Feminists theorise the political [M]. London: Routledge, 1992.

[48] REDDY N, RATNA K. Journey in children's participation. The concerned for working children [M]. London: Routledge, 2002.

[49] PINKER S. The blank slate: The modern denial of human nature [M]. New York: Viking, 2002.

[50] JAMES A, PROUT A. Constructing and reconstructing childhood: Contemporary issues in the sociological study of childhood [M]. Bristol: Falmer Press, 1990.

[51] QVORTRUP J, BARDY M, SRGITTA G, et al. Childhood matters: Social theory, practice and politics [M]. Avebury: Aldershot, 1994.

[52] JAMES A, JAMES A L. European childhoods: Cultures, politics and childhoods in Europe [M]. Basingstoke: Palgrave Macmillan, 2008.

[53] DOWD N E. Justice for kids: Keeping kids out of the juvenile justice system [M]. New York: New York University Press, 2011.

[54] GLENDINNING C, KEMP P A. Cash and care: Challenges in the wel-

fare state [M]. Bristol: The Policy Press, 2006.

[55] KUTASH I L, WOLF A. Psychotherapist's casebook: Theory and technique in practice [M]. San Francisco: Jossey-Bass, 2016.

[56] WERTSCH J, Del Rio P, Alvarez A, et al. Sociocultural studies of mind [M]. Cambridge: Cambridge University Press, 1995.

[57] SEBBA J, ROBINSON C. Evaluation of UNICEF UK's rights respecting schools award [M]. London: United Nations Children's Fund, 2010.

[58] SEVENHUIJSEN S. Citizenship and the ethics of care: feminist considerations on justice, morality and politics [M]. London: Routledge, 1998.

[59] Ruck M D, PETERSON-BADALI M, FREEMAN M. Handbook of children's rights: Global and multidisciplinary perspectives [M]. London: Routledge, 2017.

[60] BEAUCHAMP T, CHILDREN J. Principles of biomedical ethics [M]. Oxford: Oxford University Press, 2001.

[61] TRESEDER P. Empowering children and young people [M]. London: Children's Rights Office and Save the Children, 1997.

[62] United Nations Children's Fund, United Nations Educational Scientific and Cultural Organization. A human rights-based approach to education for all: A framework for the realization of children's right to and rights in education [M]. New York: United Nations, 2007.

[63] GERALDINE V B. The international law on the rights of the child [M]. Dordrecht: Kluwer, 1995.

[64] WAKSLER F C. Studying the social worlds of children: Sociological readings [M]. London: Falmer, 1991.

[65] KEHILY M J. An introduction to childhood studies [M]. Maidenhead: Open University Press, 2009.

[66] WILLOW C. The right to be heard and effective child protection [M]. Bangkok: Save the Children Fund, 2010.

[67] WITTKAMPER J. Guide to the global youth movement [M]. New York: Global Youth Action Network, 2002.

[68] WOODHOUSE B B. Hidden in plain sight: The tragedy of children's

rights from Ben Franklin to Lionel Tate [M]. Princeton, NJ: Princeton University Press, 2008.

[69] YOUNG I M. Inclusion and democracy [M]. Oxford: Oxford University Press, 2000.

[70] YOUNG I M. Justice and the politics of difference [M]. New Jersey: Princeton University Press, 1990.

(二) 期刊

[1] MOYO A. Child participation under South African law: Beyond the Convention on the Rights of the Child? [J]. South African Journal on Human Rights, 2015, 31 (1).

[2] ASTIN A W. Student involvement: A developmental theory for higher education [J]. Journal of College Student Personnel, 1984, 25 (4).

[3] THOMAS N. Towards a theory of children's participation [J]. International Journal of Children's Rights, 2007, 15 (2).

[4] ARNOTT M A. Public policy, governance and participation in the UK: A space for children? [J]. International Journal of Children's Rights, 2008, 16 (3).

[5] ARNSTEIN S. Eight rungs on the ladder of citizen participation [J]. Journal of the American Institute of Planners, 1969, 35 (4).

[6] WYSE D. Felt tip pens and school councils: Children's participation rights in four English schools [J]. Children & Society, 2001 (15).

[7] BAE B. Children's right to participate-challenges in everyday interactions [J]. European Early Childhood Education Research Journal, 2009, 17 (3).

[8] WOODHOVSE B B. Listening to children: Participation rights of minors in Italy and the United States [J]. Journal of Social Welfare and Family Law, 2014, 36 (4).

[9] BEN-ARIEH A, ATTAR-SCHWARTZ S. An ecological approach to children's rights and participation: Interrelationships and correlates of rights in different ecological systems [J]. American Journal of Orthopsychiatry, 2013 (83).

[10] BAE B. Children's right to participate-challenges in everyday interactions [J]. European Early Childhood Education Research Journal, 2009, 17 (3).

[11] EVANS C A. Ethical implications of child welfare policies in england and wales on child participation rights [J]. Ethics and Social Welfare, 2009, 3 (1).

[12] CHAN K H. Rethinking children's participation in curriculum making: A rhizomatic movement [J]. International Critical Childhood Policy Studies Journal, 2011, 4 (1).

[13] CHECKOWAY B. What is youth participation? [J]. Children and Youth Services Review, 2011, 33 (1).

[14] CHAWLA L, HEFT H. Children's competence and the ecology of communities [J]. Journal of Environmental Psychology, 2002, 22 (1).

[15] CHAWLA L, BLANCHET-COHEN N. "Don't just listen- do something!" Lessons learned about governance from the Growing Up in Cities Project [J]. Children, Youth and Environments, 2005, 15 (2).

[16] CHAWLA L. Evaluating children's participation: Seeking areas of consensus [J]. PLA Notes, 2001, 13 (2).

[17] ANDERSEN C S, DOLVA A. Children's perspective on their right to participate in decision-making according to the United Nations Convention on the Rights of the Child Article 12 [J]. Physical & Occupational Therapy In Pediatrics, 2015, 35 (3).

[18] COCKBURN T. Children and citizenship in britain: A case for a socially interdependent model of citizenship [J]. Childhood, 1998, 5 (1).

[19] COCKBURN T. Partners in power: A radically pluralistic form of participative democracy for children and young people [J]. Children and Society, 2007, 21 (6).

[20] COHEN E F. Neither seen nor heard: Children's citizenship in contemporary democracies [J]. Citizenship Studies, 2005, 9 (2).

[21] DEKKER, JEROEN J H. The century of the child revisited [J]. The International Journal of Children's Rights, 2000, 8 (1).

[22] GALLAGHER M. Foucault, power and participation' international [J]. Journal of Children's Rights, 2008, 16 (3).

[23] GRAHAM A, FITZGERALD R. M. Supporting children's social and e-

motional well-being: Does "Having a say" matter? [J]. Children and Society, 2010, 24 (6).

[24] KRUGER H. The realization of children's rights to participate in selected medical decisions in South Africa [J]. South African Law Journal, 2018, 135 (1).

[25] WOODHOUSE B B. Enhancing children's participation in policy formation [J]. Arizona Law Review, 2003 (45).

[26] KOSHER H. What children and parents think about children's right to participation [M]. International Journal of Children's Rights, 2018, 26 (2).

[27] HORAN H, DALRYMPLE J. Promoting the participation rights of children and young people in family group conferences [J]. Practice: Social Work in Action, 2003, 15 (2).

[28] PROUT A, TISDALL K. Moving the participation agenda forward [J]. Children and Society, 2004, 18 (2).

[29] HONNETH A. Recognition and respect [J]. Acta Sociologica, 2004, 47 (4).

[30] HOOD S, KELLEY P, MAYALL B. Children as risky subjects: a risky enterprise [J]. Children and Society, 1996, 10 (2).

[31] JANS M. Children as citizens: Towards a contemporary notion of child participation [J]. Childhood, 2004, 11 (1).

[32] JENKS C. Many childhoods? [J]. Childhood, 2004, 11 (1).

[33] SUNDHALL J. A political space for children? The age order and children's right to participation [J]. Social Inclusion, 2017, 5 (3).

[34] PETTERSSON K E. Children's participation in preschool documentation practices [J]. Childhood, 2015, 22 (2).

[35] KOMULAINEN S. The ambiguity of the child's "Voice" [J]. Social Research' Childhood, 2007, 14 (1).

[36] KRAPPMANN L. The weight of the child's view [J]. The International Journal of Children's Rights, 2010 (18).

[37] FEDERLE K. On the road to reconceiving rights for children: A post-feminist analysis of the capacity principle [J]. DePaul Law Review, 1992, 22

(17).

[38] KORAN N. Perceptions of prospective pre-school teachers regarding children's right to participate in classroom activities [J]. Educational Sciences Theory & Practice, 2017, 17 (3).

[39] LANSDOWN G, JIMERSON S R, SHAHROOZI R. Children's rights and school psychology: children's right to participation [J]. Journal of School Psychology, 2014, 52 (1).

[40] ERIKSSON L, GRANLUND M. Perceived participation: A comparison of students with disabilities and students without disabilities [J]. Scandinavian Journal of Disability Research, 2004, 6 (3).

[41] LLOYD K, EMERSON L. (Re) examining the relationship between children's subjective wellbeing and their perceptions of participation rights [J]. Child Indicators Research, 2017, 10 (3).

[42] LUNDY L. "Voice" is not enough: Conceptualising Article 12 of the United Nations Convention on the Rights of the Child [J]. British Educational Research Journal, 2007, 33 (6).

[43] MACNAUGHTON G, HUGHES P, SMITH K. Young children's rights and public policy: Practices and possibilities for citizenship in the early years [J]. Children and Society, 2007, 21 (6).

[44] MANNION G. Going spatial, Going relational: Why "listening to children" and children's participation needs reframing [J]. Discourse: Studies in the Cultural Politics of Education, 2007, 28 (3).

[45] HEIMER M, SMAN N E, PALME J. Vulnerable children's rights to participation, protection, and provision: The process of defining the problem in Swedish child and family welfare [J]. Child & Family Social Work, 2017, 23 (2).

[46] POWELL M A, SMITH A B. Children's participation rights in research [J]. Childhood, 2009 (16).

[47] MATTHEWS H. Children and regeneration: Setting an agenda for community participation and integration [J]. Children and Society, 2003, 17 (4).

[48] MATTHEWS S. A window on the "new" sociology of childhood [J].

Sociology Compass, 2007, 1 (1).

[49] MAYALL B. The sociology of childhood in relation to children's rights [J]. International Journal of Children's Rights, 2001, 8 (3).

[50] MELTON G. Children, politics and morality: The ethics of child advocacy [J]. Journal of Clinical Psychology, 1987 (14).

[51] MEREY Z. Children's participation rights in social studies textbooks in turkey [J]. Procedia-Social and Behavioral Sciences, 2014 (116).

[52] MOOSA-MITHA M. A difference-centred alternative to theorization of children's citizenship rights [J]. Citizenship Studies, 2005, 9 (4).

[53] PENIK N, MATIC J, MILAKOVIC A T. Fulfillment of the child's participation rights in the family and the child's psychosocial adjustment: Children's and parents' views [J]. Revija Za Socijalnu Politiku, 2016, 23 (3).

[54] PAVLOVIC Z. Cross-cultural study on the rights of the child in slovenia: The first ten years [J]. School Psychology International, 2001, 22 (2).

[55] PERCY-SMITH B. From consultation to social learning in community participation with young people' children [J]. Youth and Environments, 2006, 16 (2).

[56] PROUT A. Children's participation: Control and self-realisation in british late modernity [J]. Children and Society, 2000, 14 (4).

[57] PUNCH S. Youth transitions and interdependent adult-child relations in rural Bolivia [J]. Journal of Rural Studies, 2002, 18 (2).

[58] QUENNERSTEDT A. Children's rights research moving into the future-challenges on the way forward [J]. The International Journal of Children's Rights, 2013 (21).

[59] QVORTRUP J. Useful to useful: The historical continuity of children's constructive participation [J]. Sociological Studies of Children, 1995 (7).

[60] RIEKKINEN M. Public participation of children: Foundations and a review of Russian legal practices under the Convention on the Rights of the Child [J]. Baltic Journal of Law & Politics, 2009, 2 (2).

[61] RUNESON L. Children's participation in the decision-making process during hospitalization: An observational study [J]. Nursing Ethics, 2002, 9

(6).

[62] ONE S T. Defining rights: Children's rights in theory and in practice [J]. He Kupu The Word, 2011 (2).

[63] WOODYER T. The body as research tool: Embodied practice and children's geographies [J]. Children's Geographies, 2008, 6 (4).

[64] WOOD D, BRUNER J, ROSS G. The role of tutoring in problem solving [J]. Journal of Child Psychology and Psychiatry, 1976 (17).

[65] SHIER H. Pathways to participation: Openings, opportunities and obligations [J]. Children & Society, 2010, 15 (2).

[66] SINCLAIR R. Participation in practice: Make it meaningful, effective and sustainable [J]. Children & Society, 2004 (18).

[67] WILLOW C. Hear! Hear! Promoting children and young people's democratic participation in local government [J]. Journal of Moral Education, 1997 (4).

[68] SMITH N, LISTER R, MIDDLETON S, et al. Young people as real citizens: Towards an inclusionary understanding of citizenship [J]. Journal of Youth Studies, 2005, 8 (4).

[69] SMITH A B. Interpreting and supporting participation rights: Contributions from social-culture theory [J]. The International Journal of Children's Rights, 2002 (10).

[70] SHERIDAN S, SAMUELSSON I P. Children's conceptions of participation and influence in pre-school: A perspective on pedagogical quality [J]. Contemporary Issues in Early Childhood, 2001 (2).

[71] MINTZ S. Placing children's rights in historical perspective [J]. Criminal Law Bulletin, 2008 (2).

[72] BROSTR M S. Children's participation in research [J]. International Journal of Early Years Education, 2012 (3).

[73] STRANDBU A. Children's participation in family group conference as a resolution model [J]. International Journal of Children and Family Welfare, 2004, 7 (4).

[74] TAYLOR N J, SMITH A B, NAIRN K. Rights important to young peo-

ple: Secondary students and staff perspectives [J]. International Journal of Children's Rights, 2001 (9).

[75] THORNE B. Childhood: Changing and dissonant meanings [J]. International Journal of Learning and Media, 2009, 1 (1).

[76] THOMAS N. Towards a theory of children's participation [J]. The International Journal of Children's Rights, 2007, 15 (2).

[77] BIRCH T H. Moral considerability and Universal Consideration [J]. Environmental Ethics, 1993, 15 (4).

[78] COVELL T. Children's participation rights in film classification systems [J]. The International Journal of Children s Rights, 2017, 25 (2).

[79] TOMANOVIC S. Negotiating children's participation and autonomy within families [J]. The International Journal of Children's Rights, 2003 (11).

[80] TISDALL K, DAVIS J. "Making a difference? Bringing children's and young people's views into policy-making" [J]. Children and Society, 2004, 18 (2).

[81] VIVIERS A, LOMBARD A. The ethics of children's participation: Fundamental to children's rights realization in Africa [J]. International Social Work, 2013, 56 (1).

[82] WALL J. Can democracy represent children? Toward a politics of difference [J]. Childhood, 2012, 19 (1).

(三) 其他文献

[1] MACONOCHIE H. Young children's participation in a Sure Start children's Centre [D]. Sheffield: Hallam University, 2013.

[2] MAYALL B. Sociologies of childhood and educational thinking: Professorial lecture [D]. London: Institute of Education, University of London, 2003.

[3] MELTON G B. Background for a General Comment on the Right to Participate, Article 12 and Related Provisions of the Convention on the Rights of the Child [D]. South Carolina: Clemson University, 2006.

[4] PANTER-BRICK C, SMITH M. Abandoned children [D]. Cambridge: Cambridge University Press, 2000.

[5] Council of Australian Governments. Belonging, being and becoming: The early years learning framework for australia [R/OL]. (2019-09-19) [访问日期]. https://www.acecqa.gov.au/sites/default/files/acecqa/files/National-Quality-Framework-Resources-Kit/belonging_ being_ and_ becoming_ the_ early_ years_ learning_ framework_ for_ australia.pdf.